O PROCURADOR

Luís Costa Pinto

O PROCURADOR

Como e por que Augusto Aras tornou-se um Procurador-Geral da República contestado e deixou de denunciar Bolsonaro, enquanto agia para salvar o país do autoritarismo

GERAÇÃO

Copyright © by Luís Costa Pinto
1ª edição – Julho de 2024

Grafia atualizada segundo o Acordo Ortográfico da Língua Portuguesa
de 1990, que entrou em vigor no Brasil em 2009.

Editor e Publisher
Luiz Fernando Emediato

Capa
Antonio Emediato

Diagramação
Alan Maia

Preparação
Nanete Neves

Revisão
Josias A. de Andrade

**Dados Internacionais de Catalogação na Publicação (CIP)
de acordo com ISBD**

P659p   Pinto, Luís Costa
         O Procurador: como e por que Augusto Aras tornou-se um
Procurador Geral da República contestado e deixou de denunciar
Bolsonaro, enquanto agia para salvar o país do autoritarismo /
Luís Costa Pinto. – São Paulo : Geração Editorial, 2024.
272 p. : 15,6cm x 23cm.

Inclui índice.
ISBN: 978-65-5647-146-4

1. Jornalismo. 2. Jornalismo político. 3. Política brasileira.
4. Justiça. 5. Justiça brasileira. I. Título.

2024-1469	CDD 070.44932
	CDU 070(81)

Elaborado por Odilio Hilario Moreira Junior - CRB-8/9949

Índices para catálogo sistemático
1. Jornalismo político 070.44932
2. Jornalismo político 070(81)

GERAÇÃO EDITORIAL
Rua João Pereira, 81 – Lapa
CEP: 05074-070 – São Paulo – SP
Telefone: +55 11 3256-4444
E-mail: geracaoeditorial@geracaoeditorial.com.br
www.geracaoeditorial.com.br

Impresso no Brasil
Printed in Brazil

No Brasil, realidade e ficção muitas vezes se confundem.

*Vivemos num país onde, não raro, a mentira
é mais verossímil que a verdade.*

*E onde a verdade, quase sempre,
tem de se esforçar para ser crível.*

Nossos dramas políticos sugerem narrativas ficcionais.

*Aqui, tudo é verdade ainda que, muitas vezes,
não pareça ter sido.*

*Quando o tempo cronológico encontra
o tempo histórico, estão criadas as condições
para a tragédia.
É disso que tratamos.*

SUMÁRIO

Prólogo *11*

SERENDIPITY *33*

INVISIBILIDADE CRIMINOSA *53*

INDESEJÁVEL LINDÔRA *69*

PANDEMIA *107*

GOLPE *163*

RUÍNAS DO REFUGO *205*

Epílogo *251*
Entrevista final

Índice Onomástico *259*

Prólogo

Depois de ter se deixado tomar por uma sensação descrita por ele mesmo como uma epifania institucional, responsável por fazê-lo levantar da cadeira onde estava sentado em seu gabinete na sede da Procuradoria-Geral da República em um dia qualquer lá pelos fins do mês de abril de 2019, o subprocurador-geral Antônio Augusto Brandão de Aras tratou de traçar um planejamento competente e eficaz a fim de não morrer com os burros n'água. Afinal, considerava ser o seu nome razoavelmente desconhecido dos comentaristas de conjuntura da mídia. Também não havia se submetido ao escrutínio da categoria à qual pertencia, posto serem antigas e notórias as divergências públicas existentes entre ele e a Associação Nacional dos Procuradores da República (ANPR). Nos meandros da política nacional, desfrutava da amizade pessoal de lideranças ligadas à esquerda, ou mesmo filiadas ao Partido dos Trabalhadores, num momento em que o presidente de plantão era o radical adversário do PT a quem os petistas rotulavam de extremista de direita, Jair Bolsonaro.

Ou seja, mesmo estimulado pelos raios da epifania institucional, o *insight* recebido naquele momento iluminado — passava diante de si o cavalo selado dizendo portar a chance única de virar Procurador-Geral da República — estava longe de ser considerado um pleito factível e razoável. Caberia, entrementes, àquele prontuário à guisa de biografia política e ora dando expediente como plantonista na Presidência, indicar ao Senado Federal o nome que desejava ver à frente do posto. Muito além de ser mera honraria, procuradores-gerais da República detêm o comando de todo o Ministério Público da União. Logo, a caminhada seria vorazmente difícil. Ainda carecia de ser rápida. Aras tinha de construir um arco de apoio a seu nome.

Ao promover uma breve e decepcionante checagem com colegas de carreira acerca de quais lealdades poderia acessar no trajeto até o cargo almejado de procurador-geral, Augusto Aras concluiu faltarem-lhe alianças, defensores e apoio sólido nas duas outras instituições que compõem com o Poder Executivo o tripé dos Três Poderes republicanos — o Congresso Nacional e o Supremo Tribunal Federal. A decepção veio depois de conversas quase sussurradas nos corredores, nas salas e nos elevadores da PGR. A Procuradoria-Geral ocupa o maior dos dois prédios cilíndricos e espelhados que marcam a paisagem de Brasília na perspectiva de quem contempla a capital brasileira do Lago Paranoá para o Plano Piloto. O périplo que lhe devolveu à dura realidade de ser um azarão naquela disputa é relatado em depoimento no capítulo *Serendipity*.

No Parlamento, a cabala por simpatias não seria tão difícil dado o bom trânsito conquistado no Legislativo, adquirido ao longo dos anos como advogado. A função foi exercida em paralelo ao ofício de procurador da República, porque a Constituição assegurou o direito aos que haviam ingressado no Ministério Público antes da promulgação da Carta de 1988. Era o caso de Aras. Além disso, ele podia ser considerado um ás no Direito Eleitoral e, assim, imaginava (com algum grau de segurança) poder contar com o auxílio dos petistas baianos na busca por apoios a seu nome. Mesmo não colhendo a seu favor declarações ostensivas dos petistas, o trabalho de bastidor e o voto secreto seriam de imensa valia. O respeito da esquerda baiana à trajetória biográfica do pai dele, Roque Aras, advogado militante das causas sociais, ex-juiz do Trabalho em Feira de Santana (BA), ex-deputado federal pelo MDB e depois candidato a senador pela Bahia e a prefeito da mesma Feira de Santana pelo PT, nos anos 1980, haviam convertido convívio político em amizade pessoal entre o subprocurador e os próceres contemporâneos da política baiana, Jacques Wagner e Rui Costa.

Wagner era senador e Costa, àquele momento, exercia o segundo mandato como governador do estado.

No STF, contudo, as coisas iriam se revelar mais complexas. Uma lanterna-guia acendeu-se naquele túnel escuro, entretanto, a partir de um jantar marcado num dia útil qualquer, no início de julho de 2019, na casa do então ministro do Tribunal Superior Eleitoral, Tarcísio Vieira de Carvalho. Professor da Universidade de Brasília, assim como Aras, e, àquele momento, ainda genro do ex-ministro do Supremo, Ilmar Galvão, Tarcísio convocou para o convescote o então presidente do Supremo Tribunal Federal, José Antônio Dias Toffoli. Além de Toffoli, esteve lá o ministro de personalidade mais forte e marcante da Corte constitucional brasileira: Gilmar Mendes. As opiniões do "ministro Gilmar", como a entidade passou a ser invocada nas duas últimas décadas, sempre que parece haver encruzilhadas intransponíveis ameaçando os avanços no país, têm o dom de influenciar os demais integrantes da Corte constitucional brasileira e os comandos do Executivo e do Legislativo — positiva ou negativamente. Mas, invariavelmente, exercendo inegável influência.

Tendo iniciado a carreira no Ministério Público, ainda nos anos 1980, Mendes conservou muitos amigos e alguns desafetos na Procuradoria-Geral da República. Depois de consumada a deposição da ex-presidente da República, Dilma Rousseff, quando se converteu em porta-bandeira da ala garantista (referência aos que perfilam entre os defensores inveterados dos Direitos e Garantias Individuais durante as lides) no Poder Judiciário, Gilmar Mendes foi ao convescote mais bem preparado para ouvir do que para falar. Ele passou a ser identificado como um dos maiores críticos da Operação Lava Jato e dos métodos mistificadores e embusteiros de investigação (ou coação) dos procuradores da autoproclamada "República de Curitiba" liderados por Sergio Moro, quando o ex-juiz ainda era o titular da 13ª Vara Federal na capital do Paraná. Àquela altura, ele tinha a perfeita noção e uma visão ampla das manipulações promovidas pelos capatazes do "lavajatismo" em ações que corriam no próprio STF com o objetivo de colherem decisões e movimentações processuais favoráveis às teses da agenda dos procuradores e do então juiz federal em Curitiba. Moro migrara do Poder Judiciário para o Executivo e dava expediente no Ministério da Justiça, como ministro do presidente que deveria, ou não, indicar Aras para a Procuradoria-Geral da República. Sendo assim, a prudência ordenava ao ministro Gilmar fazer um esforço genuíno a fim de usar mais as duas orelhas e fechar um pouco a boca naquele momento.

"Não houve nenhuma cobrança de compromissos ou troca de pedidos no jantar da casa de Tarcísio Vieira de Carvalho", assegura Augusto Aras. "Contudo, eu deixei bem claro o que pensava da Lava Jato desde a origem dela. Descrevi para eles como aquela sucessão de operações feria o Direito, avançava contra a Constituição, manipulava a opinião pública e destruía os ritos institucionais do Ministério Público." O que o postulante à PGR falou no jantar era o que Mendes e Toffoli queriam ouvir. A partir da mudança de composição no comando da Procuradoria-Geral da República, os dois ministros passariam a trabalhar nos bastidores do STF com a tenacidade de artesãos para promover a reforma de uma decisão de 2016 (tomada pelo Supremo sob pressão midiática da Operação Lava Jato) que determinava o recolhimento à prisão dos réus condenados em segunda instância mesmo quando ainda houvesse recurso possível a ser apreciado por Cortes superiores. A tese foi o instrumento por meio do qual Sergio Moro, em operação de *lobby* judicial focado e pragmático, exercido no Tribunal Regional Federal da 4ª Região, sediado em Porto Alegre (RS), e no Superior Tribunal de Justiça (STJ), em Brasília, jactou-se por determinar o "imediato recolhimento à cadeia" do então ex-presidente Luiz Inácio Lula da Silva.

Dias Toffoli e Gilmar Mendes queriam mudar a decisão do Supremo Tribunal Federal sobre as prisões em segunda instância. Consideravam o encarceramento de Lula um erro cometido sob a vigência imperial e acachapante das teses lavajatistas nos principais meios de comunicação, na cena política, na sociedade, enfim. Criam, ainda, que o STF tinha um compromisso com a história: revogar o entulho autoritário, punitivista e antigarantista forjado pela infame República de Curitiba. Entretanto, as placas tectônicas da conjuntura só poderiam se mover no sentido pretendido caso a liderança dentro da PGR também mudasse. Como se relata mais adiante neste livro, nos capítulos *Invisibilidade Criminosa* e *Indesejável Lindôra*, a indignação de Aras com a corrupção dos meios de operação, dos métodos de ação e com a transgressão dos limites cautelares inscritos na Constituição, na Lei Geral do Ministério Público e no Código de Processo Penal, vislumbrada ou testemunhada por ele e por seu grupo dentro da Procuradoria-Geral da República, veio a calhar tanto para os propósitos do presidente da República quanto para aquele que estava prestes a se tornar decano do STF com a aposentadoria compulsória do ministro Marco Aurélio Farias de Mello: Gilmar Mendes.

Augusto Aras recebeu o sinal verde para ascender a procurador-geral no jantar da casa de Tarcísio Vieira de Carvalho. Mais tarde, em 2022, o anfitrião da Ceia da Chancela advogaria na Justiça Eleitoral para Jair Bolsonaro na tentativa frustrada de reeleição presidencial. A senha da missão de Aras, autodeterminada e autoimposta, tenha-se isso claro, era detonar a Operação Lava Jato. Definiu-se tacitamente na conversa com os dois ministros do Supremo, em conjunto e em silêncio, que a estratégia de persuasão destinada a engabelar Bolsonaro e evitar a conversão favorável do presidente a duas outras candidaturas, que pleiteavam o mesmo posto de Aras — o subprocurador-geral Paulo Gonet Branco e um outro integrante da carreira do MP que atuava no Rio de Janeiro e submergiu em razão de um atentado contra si — era deixar o chefe de governo confortável a ponto de não se sentir ameaçado por eventuais pedidos de investigação ou por ações criminais instauradas a pedido da PGR.

"O maior mal que nós fizemos ao Brasil foi a judicialização da política. O que eu puder fazer para deter esse processo, que é pernicioso, farei", assegurou Augusto Aras a um Bolsonaro radiante por ouvir aquilo, na penúltima conversa mantida por ambos, em fins de agosto de 2019, antes da indicação à Procuradoria-Geral. O candidato a chefiar o Ministério Público não disse ao encarregado de indicá-lo tudo o que o outro desejava ouvir. Entretanto, a nesga de palavra soprada nas entrelinhas acalentou a alma de quem se sentia obsessivamente perseguido. Tal obsessão era esgrimida a todo tempo para mascarar o despreparo e a incompetência.

O desmonte da Lava Jato foi uma obra entregue pronta e acabada por Augusto Aras ao fim de seus dois períodos consecutivos na Procuradoria-Geral da República — ele terminou reconduzido em 2021. O artífice dessa implosão foi um dos vice-procuradores-gerais de Aras no curso de seus dois mandatos, Humberto Jacques de Medeiros. Sem entrar em confrontos ideológicos com a República de Curitiba, sem abrir divergências públicas com o rol de atos e omissões dos procuradores chefiados por Deltan Dallagnol que se tornaram conhecidos depois do vazamento das mensagens trocadas entre os integrantes do Ministério Público e o então juiz Sergio Moro, o vice-PGR de Aras devastou o lavajatismo apenas cobrando do *bunker* de Curitiba o cumprimento do regramento constitucional e da obediência à Lei Geral que rege a missão do MP.

Havia um dispositivo estranho ao ofício dos procuradores, considerado por muitos ilegal, destinado a gravar conversas telefônicas na sede da PGR do Paraná. Adquirido a pedido do ex-procurador Deltan Dallagnol e operado por meio de comandos dados pela secretária dele, o dispositivo gravou ilegalmente mais de 30 mil diálogos telefônicos. Além das gravações ilegais em Curitiba, descobriu-se também, com base em auditoria determinada por Aras a pedido de Jacques, que um sistema automatizado de controle processual implantado na Procuradoria-Geral da República nos tempos do ex-PGR Rodrigo Janot e sob justificativas esboçadas pela Lava Jato, tornava invisíveis para todos os demais procuradores da República ações e procedimentos que os lavajatistas queriam conservar em sigilo máximo. Sucessora de Janot, a ex-procuradora-geral Raquel Dodge exerceu o cargo por dois anos sem saber da existência do programa de "invisibilidade processual" existente em seu gabinete. Por fim, constatou-se a possibilidade de haver vícios e até mesmo fraude na designação dos procuradores naturais que atuariam nos casos da Lava Jato no Superior Tribunal de Justiça (STJ), desmoralizando um dos preceitos mais caros ao Direito — o da impessoalidade nos procedimentos do Estado durante a persecução penal. "A Lava Jato acabou por causa do déficit de institucionalidade. Tudo ruiu por isso, e não por perseguições ideológicas", conta Humberto Jacques de Medeiros com a tranquilidade de quem sabe ter cumprido com a missão que lhe fora dada sem se submeter a quaisquer desvios legais.

Na esteira da descoberta da invisibilidade de processos na sede da PGR e dos grampos ilegais e do acervo de 30 mil diálogos gravados no Ministério Público do Paraná, caiu no colo de Aras a colaboração premiada, antecedida da revisão dos acordos de leniência firmados por corporações como a J&F, *holding* da família Batista controlada pelos irmãos Joesley e Wesley (JBS/Friboi). Em 4 de dezembro de 2020, ele enviou o memorando de nº 146/2020/GT-LAVAJATO/PGR à coordenadora da 5ª Câmara de Coordenação e Revisão do Ministério Público Federal, a subpro-curadora-geral Maria Iraneide Olinda Santoro Facchini.

Num texto sucinto de apenas três páginas, o procurador-geral da República comunica o envio àquela Câmara de Revisão dos autos do acordo de leniência de "R$ 10.300.000.000,00 (dez bilhões e trezentos milhões de reais)" firmado pela J&F Investimentos com a seccional da Procuradoria no Distrito Federal. O acordo foi fechado em 5 de junho de 2017 e homologado em 24 de agosto daquele mesmo ano, quando o PGR era Rodrigo Janot. "O montante de R$ 2.300.000.000,00 (dois bilhões e trezentos milhões) será adimplido por meio da execução de projetos sociais, em áreas temáticas relacionadas em apêndice deste Acordo", escreveu Augusto Aras para relatar seu estranhamento aos termos do que integrantes da Procuradoria da República no Distrito Federal tinham assinado com a anuência do antecessor dele na Procuradoria-Geral.

Convocada por procuradores lotados em Brasília, a Transparência Internacional, uma Organização Não Governamental sediada em Berlim, na Alemanha, tornava-se cogestora da destinação daqueles recursos — R$ 2,3 bilhões — que seriam pagos em 25 anos pela *holding* do grupo JBS/Friboi. A ONG de origem alemã e que tinha uma sucursal no Brasil aproximou-se do Ministério Público Federal brasileiro em 2005, no bojo das denúncias que deram origem à chamada Ação Penal 470 — vulgarmente popularizada como "mensalão". Três anos depois, justamente em dezembro de 2023, o ministro Dias Toffoli, do STF, suspendeu a vigência de um acordo de leniência firmado entre a PGR (também na época de Janot) e a Odebrecht Construtora, porque continha vícios legais semelhantes aos encontrados no texto da J&F. Colaborações e compartilhamentos de informações oriundas das investigações haviam sido aceitos pelos procuradores à margem do regramento constitucional. Em janeiro de 2024, Toffoli determinou a investigação dos negócios e dos convênios da Transparência Internacional no Brasil e estendeu a suspensão da leniência à *holding* do Grupo JBS.

O desmoronamento da Operação Lava Jato foi o epítome do processo que deixou claro para a sociedade brasileira quão inoportuno, desfocado e desviado de seus princípios originais era o Ministério Público Federal sob o jugo da República de Curitiba com o beneplácito do gabinete da Procuradoria-Geral da República em Brasília. No ano de 2020, enquanto o lavajatismo ruía por dentro, implodido por decisões e determinações técnicas emanadas da dupla Humberto Jacques e Augusto Aras, que corriam em busca de institucionalizar as determinações constitucionais na ação de procuradores, o presidente Jair Bolsonaro afrontava a Ciência e a lógica médica, desdenhando da pandemia por coronavírus — Covid-19 —, e expondo a PGR de Aras ao seu maior teste de estresse: separar o discurso perverso e trágico de um governante, que desdenhava de uma pandemia letal cujas taxas de mortalidade devastaram famílias inteiras e registravam a morte de milhares de brasileiros a cada dia, da ação efetiva (embora nem sempre eficaz) de um governo que flertou com a desfuncionalidade, com a anomia, flertou com crimes e tangenciou o *laissez-faire* na tentativa de retardar ou conter a disseminação da Covid-19.

Caso a separação não fosse feita, lograriam êxito as investidas deflagradas pela oposição a Bolsonaro destinadas a responsabilizá-lo por parte significativa das mortes de brasileiros durante a pandemia por coronavírus. Jair Bolsonaro trocou o ministro da Saúde três vezes durante a pandemia. Nas duas primeiras mudanças de titularidade do Ministério, quando demitiu Luiz Henrique Mandetta e depois o sucessor dele, Nelson Teich, abriu mão da contribuição científica e sanitária que dois médicos poderiam dar na liderança do combate aos avanços da pandemia, porque ambos deixaram de chancelar os discursos grosseiramente grotescos de desdém que ele fazia à Covid-19 e às estratégias internacionais avalizadas pela Organização Mundial da Saúde (OMS) para contê-lo e derrotá-lo. Ao colocar no Ministério da Saúde um general de brigada da ativa, Eduardo Pazuello, o sucessor de Teich forjado na área de intendência e suprimentos do Exército, Bolsonaro passou a responder diretamente pelos atos e omissões do governo no enfrentamento à pandemia. "Ele manda, eu obedeço", chegou a dizer explicitamente Pazuello, provavelmente lançando mão de uma estratégia intencionalmente defensiva e traçada por advogados para eximi-lo de responsabilidades nas determinações muitas vezes dissonantes com a lógica médica e com os ditames da OMS que lhe chegavam pelo superior hierárquico.

A maneira como a Presidência da República atuou na pandemia, sobretudo entre 2020 e 2021, impôs ao procurador-geral Augusto Aras o grande desafio de seu período à frente do Ministério Público. A liberdade para dar curso à devolução da instituição e da atuação dos procuradores e subprocuradores-gerais ao leito constitucional e ao marco legal da Lei Complementar nº 75, conhecida como Lei Orgânica do MP, seguia de pé mesmo com a eclosão da pandemia. O Poder Executivo não impôs quaisquer dificuldades aos procedimentos do PGR e de sua equipe. Ao contrário, o então ministro da Justiça, Sergio Moro, uma espécie de eminência parda da "República de Curitiba", caiu em desgraça perante Bolsonaro, seu clã e seus aliados mais fiéis. Aquilo estimulou e acelerou o desmonte da Operação Lava Jato por dentro da Procuradoria-Geral.

Entretanto, dissociar o discurso anticiência, antivacina, antimedicina e anti-humanitário do personagem e ator político Jair Bolsonaro das ações efetivas tomadas pela equipe do segundo e do terceiro escalões de governo, e também de grupos técnicos abaixo deles, passou a ser mandatório ao procurador-geral no intuito de preservar a palavra empenhada junto a quem o havia indicado para o posto: impedir a politização dos atos inerentes e exclusivos da Procuradoria-Geral, como a denúncia por crimes comuns de presidentes, e a frear o processo avassalador de judicialização da política pelo qual o Brasil vem passando desde 2014, quando o candidato derrotado à Presidência, Aécio Neves, recusou-se a aceitar o resultado eleitoral e a vitória da então presidente Dilma Rousseff e pediu recontagem dos votos daquele pleito.

"As coisas que o personagem político Jair Bolsonaro dizia em relação ao coronavírus, à pandemia, à escalada de mortes, impactavam as pessoas e às vezes chocavam", diz o agora ex-procurador-geral Augusto Aras à luz fria do distanciamento temporal dos fatos. Ao dizer isso, apela para que se passe a escutá-lo com certa parcimônia e bonomia pelo filtro do Direito. "Mas, era discurso político. E não se pode e nem se deve atuar judicialmente contra um discurso político. Aquilo que o governo devia fazer para conter a pandemia — distribuir equipamentos de segurança, estimular a produção de vacinas, comprar vacinas disponíveis e vacinar a população, conscientizar as pessoas para os riscos maiores ou menores de contágio de acordo com os comportamentos pessoais —, o governo efetivamente fez", assegura.

Aras termina a ampla reflexão, contida no capítulo "Pandemia", perguntando-se: "Todos os atos de governo durante a pandemia foram escrutinados por nossa área técnica. A CPI da Pandemia, do Senado, produziu um relatório com muitas palavras, muitos verbos e nenhuma prova concreta de crimes. Tanto foi assim, que o Supremo Tribunal Federal mandou arquivar todos os procedimentos investigatórios abertos a pedido da Procuradoria-Geral da República por falta de provas materiais de crimes cometidos. Seria razoável cassar um presidente da República e transtornar mais uma vez todo o processo político por causa das besteiras que ele falou? Falou besteiras, porém o governo agiu como podia agir em meio a um evento único e imprevisível".

Aras recorre ao conceito das incertezas empíricas no Direito a fim de encontrar argumentos capazes de justificar, em sua visão, a ausência de responsabilidade jurídica de Jair Bolsonaro na trágica *performance* do Estado brasileiro durante a pandemia da Covid-19.

"Quando se tem incertezas empíricas, a responsabilidade jurídica desaparece e passamos a ter a responsabilidade política", contrapõe ao ser confrontado com os fatos trágicos e as estatísticas desastrosas da má *performance* brasileira durante a pandemia de Covid-19. "Bolsonaro fez tudo o que podia fazer como chefe de governo, por meio dos instrumentos de governo: comprou as vacinas, tratou de prover a rede hospitalar pública de instrumentos necessários ao combate à pandemia", diz Aras, cacifando suas teses jurídico-políticas. "Porém, como cidadão, falou tudo o que não deveria ter falado e o que estava na cabeça dele."

A pandemia, certamente, protagoniza o capítulo mais apaixonantemente polêmico deste livro e precisa ser lido à luz do Direito, e não dos anseios e das paixões políticas.

Por fim, a viagem ao inferno que foi o Brasil do cotidiano da política real nos quatro anos transcorridos entre 2019 e 2022, um país onde parecíamos coadjuvar uma distopia, chega ao fim nos capítulos "Golpe" e "Ruínas do Refugo". Neles, narram-se os eventos ocorridos (e também os evitados, aqueles programados e driblados por uma ação silenciosa promovida por bombeiros institucionais) nas celebrações do Dia da Independência — 7 de setembro — de 2021 e de 2022, e se começa a explicar como foi possível o 8 de Janeiro de 2023. Uma semana depois de o presidente Luiz Inácio Lula da Silva tomar posse para seu terceiro mandato, sem que Jair Bolsonaro lhe passasse a faixa presidencial cumprindo o rito de civilidade institucional e política, na data que a então presidente do Supremo Tribunal Federal, Rosa Weber, chamou de Dia da Infâmia (parafraseando Franklin D. Roosevelt, que assim eternizou o ataque japonês a Pearl Harbor, em dezembro de 1941, responsável por lançar os Estados Unidos definitivamente na Segunda Guerra Mundial), o enredo golpista tentado por Bolsonaro em 2021 e em 2022 ganhou a Esplanada dos Ministérios, em Brasília, e barbarizou as sedes dos Três Poderes da República.

O Congresso Nacional, o Palácio do Planalto e o Supremo Tribunal Federal foram invadidos e depredados por uma horda de eleitores fanatizados do ex-presidente Bolsonaro. No cumprimento da missão a que se impuseram — emparedar o poder civil republicano e as três instituições que formam o tripé do Estado Democrático de Direito — movimentaram-se com inegável conhecimento dos flancos abertos na cidade até a Praça dos Três Poderes. Lá, se localizam as sedes do Executivo, do Legislativo e do Judiciário. Era, talvez acreditassem, a última janela temporal de oportunidade durante a qual poderiam agir sem admoestações da Polícia Militar do Distrito Federal ou mesmo de parte das forças militares escaladas para proteger a Esplanada.

Se em 2021, na madrugada do dia 7 de setembro, o então presidente do STF, Luiz Fux, ordenou que atiradores de elite subissem à laje de concreto do prédio da Corte Suprema e se posicionassem para atirar contra eventuais invasores ou golpistas, em 2022 o cenário era diverso. No ano em que tentou a reeleição e perdeu, Bolsonaro não teve força para animar a ponto de ser levado a sério por vivandeiras acampadas nas cercanias dos quartéis espalhados pelo país. Um ano antes, o conselheiro do Conselho Nacional do Ministério Público Militar, Marcelo Weitzel, esteve nas 27 unidades da federação reunido com todos os comandantes das polícias militares e com os respectivos procuradores-gerais de Justiça de todos os Estados e do Distrito Federal. Missão de tal envergadura lhe fora dada pelo quarteto Augusto Aras e Humberto Jacques de Medeiros, procurador-geral e vice-procurador--geral da República; e pelos ministros do Supremo Tribunal Federal que acompanhavam a atuação do MPF — mais proximamente, Dias Toffoli, Luiz Fux, Gilmar Mendes e Alexandre de Moraes.

O objetivo era estabelecer uma estratégia unificada a fim de esvaziar a espiral de Golpe de Estado que parecia ser iminente e seria dado (na tese corrente entre os golpistas) pelo presidente da República com a facção das Forças Armadas que ele acreditava liderar e, sobretudo, com a soldadesca das polícias militares estaduais. No delírio dos planejadores do *golpe* que nunca veio, as PMs garantiriam capilaridade e impressão de grossa adesão às pretensões antidemocráticas de Bolsonaro. Numa estratégia nascida em Brasília, a partir de conversas mantidas por Weitzel com Aras e Jacques de Medeiros, surgiu a solução tão simples quanto eficaz: acertar com o comando de todas as polícias militares, com os governadores e com os procuradores-gerais de Justiça que as 27 PMs da federação estariam em estado de prontidão e aquarteladas entre os dias 6 e 8 de setembro de 2021. Funcionou, e essa história está contada no capítulo "Golpe".

Em "Ruínas do Refugo", derradeiro mergulho deste livro na tentativa de compreender o que se passou com a democracia brasileira entre 2019 e 2022, e por que a Procuradoria-Geral da República deixou de apresentar denúncias contra um chefe de governo que parecia atentar diuturnamente contra o Estado de Direito e a Constituição, revela-se que a mesma conjunção de procuradores e ministros do Supremo protagonista em 2021, foi montada para evitar novamente um garroteamento da democracia durante as celebrações do bicentenário da Independência.

Contudo, ali, os bolsonaristas encastelados nas PMs e nos governos estaduais, tinham os próprios planos para suas carreiras políticas e não acreditavam no sucesso do líder que disputava a reeleição. Antes das urnas de outubro, o golpe não foi levado a sério por ninguém. Na avaliação de quem estava à proa da vigília democrática, tornou-se desnecessário o aparelho de repressão a ele. A prontidão foi mantida e captou a possibilidade de uma nova aventura golpista ainda em 2022, em 19 de dezembro, data marcada para a diplomação do presidente eleito, Luiz Inácio Lula da Silva, no Tribunal Superior Eleitoral.

Amigo próximo de muitos dos integrantes do gabinete de transição de governo e tentando se reconectar a Lula, responsável por sua indicação ao STF e de quem se distanciara em razão de uma decisão depois revista pelo próprio ministro como "equivocada", quando impôs condições inaceitáveis a um ex-presidente da República para que ele fosse ao velório do irmão Genival Inácio, em 2018, Dias Toffoli procurou um general da reserva com linha direta ao presidente eleito, e também o presidente do TSE, Alexandre de Moraes. Foi atrás, ainda, do procurador-geral Augusto Aras, com quem havia estreitado laços de confiança durante a resistência às intentonas golpistas dos 7 de setembro de 2021 e de 2022. Ao trio relatou, em conversas separadas, a nuvem golpista que seus radares informais junto aos militares haviam captado no horizonte do Planalto Central. "Antecipem a diplomação de Lula. Poderá haver problemas no dia 19 de dezembro, em Brasília", advertiu a todos. Pediu que o recado chegasse ao eleito.

Toffoli havia recebido mais de um informe naquele sentido e levou-os a sério. Então procurador-geral da República, Augusto Aras, que se conservava estático na ribalta, porém, atuava ativamente nas coxias de Brasília com o intuito de fazer o ainda presidente Jair Bolsonaro, derrotado na tentativa de reeleição, acatar o veredito das urnas, recebeu as mesmas advertências. Os dois não sabem se as fontes originais eram as mesmas. Contudo, confiavam nos relatos dando conta de renitentes "movimentações golpistas". Toffoli e Aras conversaram sobre os ruídos captados a partir de fontes militares e combinaram que passariam os alertas adiante. Acertaram agir com cuidado para não trincar o frágil cristal das relações que vinham estabelecendo (ou restabelecendo, no caso do ministro do STF) com o núcleo de poder vitorioso no pleito de 2022.

O objetivo do "aparelho golpista" flagrado em franco movimento era impedir a diplomação de Lula e gerar perturbações sociais e políticas no país. A cronologia das ações bate com a investigação da minuta de decretação de Estado de Sítio e de decretação de GLO — Garantia da Lei e da Ordem — que justificassem cancelar a solenidade formal no TSE. A diplomação de um presidente eleito decreta o fim do processo eleitoral e determina a inexorabilidade da troca de comando no país. A partir dali o resultado da eleição vira fato consumado. Bolsonaro, nem até aquele momento, nem depois dele, acatou a derrota nas urnas.

Aras chamou à sua casa Rui Costa, ainda governador da Bahia, e Jacques Wagner, senador e conselheiro sênior muito ouvido por Lula. Contou a eles o que ouvia de "fontes que merecem crédito". E foi peremptório: sugeriu aos petistas que brigassem para antecipar a diplomação do presidente eleito, pois aquilo desarticularia os preparativos para a intentona golpista.

Em linha paralela, Dias Toffoli procurou o colega de STF, Alexandre de Moraes, presidente do TSE e senhor do calendário da Corte Eleitoral, e o general Gonçalves Dias (encarregado da segurança pessoal de Lula e da família dele durante a campanha, depois indicado como ministro do Gabinete de Segurança Institucional na primeira formação do ministério do terceiro mandato lulista) para asseverar os apelos pela antecipação da diplomação. As alegações de Toffoli eram as mesmas de Aras. Moraes nega a conversa. Porém, ela ocorreu.

No dia 28 de novembro, depois de receber lideranças políticas de diversos matizes, Luiz Inácio Lula da Silva anunciou a antecipação da diplomação no TSE, do dia 19 para o dia 12 de dezembro, pediu que todos comparecessem e deixou que vazasse a informação. A assessoria do TSE confirmou a antecipação logo depois.

Em 9 de dezembro, na sexta-feira anterior à diplomação do adversário como presidente eleito, e ainda sem admitir oficialmente a derrota, ao cabo de longo silêncio sobre o processo eleitoral, Jair Bolsonaro resolveu ressurgir no início da manhã diante de um grupo seleto de apoiadores no espaço celebrizado como "chiqueirinho do Palácio da Alvorada". Com olhar perdido, sem encarar ninguém diante de si, parecendo falar em códigos, soou emblemático. "Tenho certeza que entre as minhas funções garantidas na Constituição é ser o chefe supremo das Forças Armadas. As Forças Armadas são essenciais em qualquer país do mundo. Sempre disse ao longo desses quatro anos que as Forças Armadas são o último obstáculo para o socialismo", disse. E prosseguiu: "Quem decide o meu futuro, por onde eu vou, são vocês. Quem decide para onde vão as Forças Armadas, são vocês. Quem decide para onde vai a Câmara e o Senado, são vocês também". À luz de tudo o que iria ocorrer em 8 de janeiro de 2023, parecia ou um lamento, ou uma senha convocatória.

Em razão das advertências levadas à luz por Aras e Toffoli, no dia 12 de dezembro, uma semana antes do programado, o presidente do TSE entregou o diploma de posse ao petista Luiz Inácio Lula da Silva para que ele cumprisse o terceiro mandato como presidente da República. Alexandre de Moraes ligou para cada um dos personagens que gostaria de ver presentes no auditório do Tribunal Superior Eleitoral. Também supervisionou a organização do esquema de segurança. As vias de acesso ao prédio do Tribunal Superior Eleitoral pelas avenidas L2 e L4, na Asa Sul de Brasília, começavam a ter barreiras de contenção dois quilômetros antes da chegada ao pátio de manobristas.

Moraes já tinha feito algo semelhante meses antes, quando insistiu em falar pessoalmente com Jair Bolsonaro e pedir que fosse, republicanamente, à posse dele como presidente da composição do TSE que legitimaria o pleito de 2022. Naquela ocasião foi Alexandre de Moraes quem marcou o lugar destinado a Lula na primeira fila do auditório do TSE exatamente em frente a Bolsonaro. Ele queria os dois frente a frente, antes mesmo dos debates que se dariam no curso da campanha, porque acreditava que produziria distensão entre os antagonistas.

A antecipação da diplomação do presidente eleito desarticulou apenas momentaneamente o ambiente golpista vislumbrado pelo então PGR Augusto Aras e pelo ministro do Supremo, Dias Toffoli, a partir da leitura conexa da conjuntura passada a ele por diversos atores da cena militar. As informações eram sempre analisadas em parceria pela dupla. Desde 2021, eles trocavam impressões sobre o desenvolvimento do drama brasileiro — uma nação vivendo no limiar de novas aventuras antidemocráticas. Atuaram em sintonia para desmontar em silêncio o primeiro arreganho golpista realmente efetivo de Bolsonaro. A linha-mestra da postura adotada era sempre uma convicção compartilhada por Toffoli e Aras: Bolsonaro queria golpear as instituições e se converter em algo parecido com um ditador. Porém, o presidente brasileiro carecia de coragem para acender a centelha do golpe e não tinha apoio efetivo no comando das Forças Armadas. Daí reações que entregassem a ele o que desejava — argumento para se converter em vítima e chamar um dispositivo como a GLO — tinham de ser sopesadas passo a passo.

Antecipar o calendário político nacional em uma semana desorganizou e expôs o levante no qual os bolsonaristas trabalhavam com afinco. Ainda assim, um prédio localizado na via S1, zona central de Brasília, sede da Polícia Federal que ainda estava sob o comando do então ministro da Justiça, Anderson Torres, foi atacado a partir das 19h30min do dia 12 de dezembro de 2022. Com o pretexto de resgatar dali uma liderança menor de movimentos antidemocráticos ligada a produtores rurais do Mato Grosso, uma pessoa que se apresentava como "cacique xavante" e "pastor evangélico" de nome José Acácio Tserere Xavante, grupos organizados de baderneiros tomaram as ruas da capital brasileira lançando botijões de gás para bloquear vias, incendiando automóveis e ônibus de transporte de passageiros e ateando fogo em árvores. Tserere Xavante tinha sido preso a pedido da Procuradoria-Geral da República e do ministro Alexandre de Moraes no âmbito do inquérito que apurava disseminação de *fake news* e tentativa de abolição do Estado Democrático em reação ao resultado eleitoral de 2022.

O badernaço teve início repentino e rapidamente se disseminou sem qualquer repressão da Polícia Militar do Distrito Federal ou mesmo da PF, cujo prédio era ameaçado pela turba. Três carros que estavam estacionados em frente à sede da PF foram destruídos pelo fogo e cinco ônibus incendiados. Diversos botijões de gás, cheios, foram recolhidos em pontos estratégicos do local considerado uma espécie de "centro expandido" de Brasília. Diplomado, o presidente Lula, sua mulher, Rosângela, e alguns assessores e futuros ministros do governo que tomariam posse em 1º de janeiro de 2023 descansavam em um hotel a menos de um quilômetro do epicentro da baderna golpista. Nem a PF, nem a Polícia Militar de Brasília reprimiram os atos na primeira hora em que eclodiram. Ninguém foi preso — sequer no dia seguinte.

Ante a gravidade das ameaças feitas pela intentona do dia anterior e o incômodo silêncio das autoridades federais e distritais que deviam reunir o comando sobre forças policiais encarregadas de manter a ordem pública e o respeito institucional, Augusto Aras foi ao encontro de Dias Toffoli no início do dia 13 de dezembro de 2022. Queria manter a parceria e o compartilhamento de informações, tão funcional até ali, em ritmo de "assembleia permanente" até a posse do novo presidente, Lula, em 1º de janeiro de 2023.

— Uma de minhas fontes militares disse que o Bolsonaro não passará a faixa para o presidente Lula — informou Toffoli tão logo recebeu o procurador-geral.

— Suspeito que seja verdade. Também tive a mesma informação — respondeu Aras. E seguiu, fazendo aflorar uma ideia que terminou por vingar: — Se ele não passar a faixa, é melhor que não esteja nem em Brasília, nem no Brasil.

O procurador-geral da República e o ministro do Supremo Tribunal Federal especularam fazer um apelo formal a Jair Bolsonaro e aos comandantes militares para que ordenassem o desmonte dos acampamentos de bolsonaristas diante dos quartéis do Exército. Ambos também queriam que Bolsonaro reconhecesse formalmente a derrota nas urnas de 2022. Pactuaram, então, promover uma conversa restrita e reservada com o ainda presidente, o sorumbático e recluso Jair Bolsonaro. Com o auxílio de Fábio Faria, ministro das Comunicações, genro do apresentador e empresário Silvio Santos e dono de uma confortável casa em um condomínio tão seguro quanto discreto no Setor de Mansões Dom Bosco, no Lago Sul, em Brasília, foi marcado um jantar para o domingo, 18 de dezembro de 2022. Além do anfitrião, do convidado especial, Jair Bolsonaro, e dos idealizadores do encontro, Aras e Toffoli, chamaram Ciro Nogueira, presidente do Partido Progressistas e ministro da Casa Civil. Nogueira levou com ele o deputado paulista Gilberto Nascimento, de seu partido. Nascimento deu carona aérea ao presidente do PP no dia do jantar. Bolsonaro compareceu com o inseparável tenente-coronel Mauro Cid, seu ajudante de ordens na Presidência.

Jair Bolsonaro estava desolado, triste, amofinado, naquele jantar. Chegou a chorar em alguns momentos, enquanto ouvia as conversas dos presentes. Nos poucos intervalos em que pediu a palavra, externou o temor de ser preso no curso das ações relatadas pelo ministro Alexandre de Moraes, do Supremo Tribunal Federal. Disse que tinha medo da possibilidade de prisão de seus filhos. Revelou, sem ser direto, arrependimento por ter sido presidente.

A luz bruxuleante, certamente imposição de um projeto de decoradores, deu à sala uma atmosfera de casa noturna. Bolsonaro sentou-se numa cabeceira e o anfitrião, Faria, na outra. O procurador-geral Augusto Aras sentou-se à esquerda do ainda presidente da República. Ciro Nogueira, à direita. Toffoli, ao lado de Aras. A certa altura, o homem derrotado nas urnas de outubro de 2022 pelo maior adversário, Lula, pediu para se trancar no escritório da residência. Ali recebeu isoladamente Dias Toffoli e Augusto Aras. Ao sair do escritório, ao cabo das duas conversas, Bolsonaro proclamou aos presentes na sala:

— Não estarei no Brasil no dia da posse do Lula. Não vou passar a faixa a ele. Vou para o exterior.

Fábio Faria e Ciro Nogueira pegaram para si a missão de definir um destino. Por dever de ofício, Nogueira, ainda no comando da Casa Civil, ministério que detém o poder de administração da Presidência, saiu dali comprometido a cuidar dos trâmites burocráticos para a viagem. Mauro Cid também recebeu instruções detalhadas para cuidar da evasão de Jair Bolsonaro de Brasília com o intuito de não se tornar testemunha e coadjuvante da passagem de faixa presidencial e de comando do país.

Na véspera do Natal de 2022, George Washington de Oliveira Souza, um pequeno empresário paraense que frequentava o acampamento antidemocrático de bolsonaristas em frente ao Quartel-General do Exército no Setor Militar Urbano de Brasília, foi preso ao ficar constatado que ele tentou colocar e acionar uma bomba caseira confeccionada com bananas de dinamite num caminhão-tanque estacionado num posto de gasolina dentro do Aeroporto Juscelino Kubitschek. Era um ato terrorista: uma bomba incendiária podia ter explodido no aeroporto que serve a capital do país, na véspera de Natal e a sete dias da troca de comando no governo nacional. George Washington se dizia apoiador de Jair Bolsonaro. Foi levado até o aeroporto JK por um ex-funcionário de gabinete onde a ex-ministra de Bolsonaro, Damares Alves, tinha voz de comando.

Em 30 de dezembro, enfim, após um hiato de dois meses sem promover suas transmissões ao vivo em canais de *streaming* nas redes sociais, Jair Bolsonaro realizou a última *live* do mandato antes de embarcar rumo a uma espécie de autoexílio em Orlando, na Flórida (EUA). "Nada justifica, aqui em Brasília, essa tentativa de ato terrorista ali na região do aeroporto. Nada justifica", disse o ainda presidente da República. Seguiu sem admitir a derrota para Lula. "O elemento que foi pego, graças a Deus, com ideias que não coadunam com um cidadão. Massifica, em cima do cara, como 'bolsonarista' o tempo todo", argumentou no seu português trôpego.

No Brasil, antes da noite de *réveillon*, passagem para o ano de 2023, o ministro Dias Toffoli e o procurador-geral Augusto Aras voltaram a se falar ao menos duas vezes. Trocaram informações sobre suas fontes imiscuídas dentro do poder militar e nos aparatos de segurança do governo que tomaria posse a 1º de janeiro, do presidente Luiz Inácio Lula da Silva, e não registraram nenhuma informação relevante que apontasse para intercorrências anormais nas cerimônias de posse do petista para cumprir seu terceiro mandato presidencial. "O sistema de controle, monitoramento e ação preventiva que estabelecemos em 2021, para atuar no desmonte de eventuais manifestações e provocações antidemocráticas no 7 de setembro daquele ano, foi aperfeiçoado em 2022 e seguiu funcionando até a última hora do mandato do ex-presidente Bolsonaro", contou Aras depois de deixar o cargo de procurador-geral da República. "No dia da posse, tudo funcionou a contento e não houve uma única ameaça de golpe ou atentado. Estávamos em plantão permanente, com todo o esquema pronto para funcionar", explica. E especula: "Talvez o hiato da troca de comando, a primeira semana de mandato, a falta de uma estrutura de comunicação fluida nos núcleos de segurança, tenha permitido a invasão da Esplanada dos Ministérios em 8 de janeiro de 2023 e a depredação das sedes dos Três Poderes. Consumou-se naquele dia o que pareciam tentar em 7 de setembro de 2021 e de 2022, e no dia 12 de dezembro de 2022".

Os golpistas de 8 de janeiro de 2023 não sabiam qual era o passo seguinte a ser dado depois de invadirem os prédios do Congresso, do Supremo Tribunal Federal e do Palácio do Planalto. Estavam sem comando, sem propósito. O suposto líder de um Golpe de Estado que os redimiria estava na Flórida (EUA) e esperava voltar para Brasília aos apupos de um clamor popular regido por baionetas. Só ele e seus apoiadores mais fanáticos acreditavam ser possível tão fantasioso *looping* histórico.

* * *

Os relatos que você lerá a seguir esmiúçam atos decisivos que certamente consignarão Jair Messias Bolsonaro como a personagem mais pérfida a ter passado pela Presidência da República. Mas, de certa forma, explicam por que ele não foi denunciado e impedido de governar em pleno exercício do mandato. Abraçado às suas convicções garantistas, legalistas, fatalistas, e em busca de fazer a ação dos políticos governarem o mundo da Política, do Direito e do Judiciário, o procurador-geral dos difíceis "Anos Bolsonaro", Antônio Augusto Brandão de Aras, pagou um preço para conservar os compromissos firmados consigo mesmo no momento em que passou a vislumbrar com maior precisão a possibilidade de ascender à PGR: sua biografia. Se não cedeu aos apelos corporativistas para que promovesse uma composição com os procuradores e subprocuradores entusiastas da Operação Lava Jato e minou-a, institucionalizando-a o quanto pôde, expondo-lhe os vícios e as ilegalidades que ela cometia — e derrotando-a a partir daí —, também não se vergou diante das inúmeras possibilidades de ceder a apelos de um lado do espectro político e promover uma denúncia política que considerava carente de provas fatais e definitivas contra o presidente que atentou mais do que nenhum outro contra a República e contra o Estado de Direito. "Tentar não é fazer. Falar, especular, não é executar", diz Aras ao analisar em retrospectiva o período 2019-2022. "Em seus anos na Presidência, Bolsonaro falou um monte de asneiras. Jogou tensão no exercício do próprio mandato presidencial e dificultou a vida dele mesmo. Contudo, golpe executado não houve — até porque nós não deixamos. Nós na PGR, nós no Supremo Tribunal Federal, nós no Alto Comando das Forças Armadas e até mesmo nós, um ou outro, alguns dos integrantes do Congresso Nacional."

BRASÍLIA, 4 DE SETEMBRO DE 2019.

SERENDIPITY

Sem solenidade alguma que expressasse poder ou autoridade, envergando a camisa do uniforme de um time de futebol do Estado de São Paulo, calção frouxo e chinelos, a personagem em tudo contrastava com a austeridade modernista, flutuante e genial do vão livre do Palácio da Alvorada. Sustentado pelas emblemáticas colunas desenhadas por Oscar Niemeyer, tiradas do papel a partir dos cálculos poéticos de Joaquim Cardozo, o vazio emoldurava a encarnação do nada. A tarde caía como um viaduto. O país ainda não trajava o luto, o que só viria a ocorrer quase um ano depois, no auge da pandemia da Covid-19 e em decorrência do trágico desempenho do governo ante o inesperado. Em despojos majestáticos, a figura jogou-se, braços abertos, para receber o interlocutor. Convocara-o para, enfim, dar-lhe a notícia da assunção ao posto intensamente cobiçado e somente conquistado depois de quase três meses de guerrilha travada com os veículos de mídia. A noite daquela segunda-feira estava apenas começando.

— Você sabe o tamanho da pica que o aguarda? — indagou Jair Bolsonaro, rindo, galhofeiro, deixando exposta a arcada amarelada de tártaros, formada por dentes irregulares e gengivas macilentas.

Para amplificar o gesto com o qual pretendia denotar ao mesmo tempo tranquilidade, segurança e proximidade com o convidado (com quem, de resto, não tinha intimidade alguma), o presidente da República abriu a boca de forma tão exagerada que um de seus olhos se fechou como se estivesse a dar uma piscadela cúmplice.

Em tudo diferente dele, hirsuto e conservando-se entre o solene e o desconfortavelmente acabrunhado, o subprocurador-geral Augusto Aras meneou a cabeça branca, emoldurada por cabelo e barba precocemente grisalhos, e sorriu de volta. Não esperava a aspereza bruta da pergunta quando fosse receber a notícia ansiosamente aguardada. Seria, finalmente, indicado para o comando da Procuradoria-Geral da República.

— Teve muita gente grande por aí que me pediu para reconduzir a Raquel Dodge. Mas, não dava — prosseguiu Bolsonaro ante o silêncio feliz de Aras.

Rodrigo Maia, presidente da Câmara dos Deputados, e Gilmar Mendes, ministro do Supremo Tribunal Federal, formavam a dupla mais notável da "gente graúda" à qual se referia o presidente. O anfitrião foi adiante, abusando dos próprios maus modos:

— Olha o que a mulher fez com o Temer. Enfiou no cu dele.

O palavreado chulo e a falta de educação espantosamente torpes do chefe do Poder Executivo renovaram e aprofundaram o silêncio, tornado instantaneamente rígido, do futuro procurador-geral da República.

Indicada por Michel Temer — vice-presidente que assumiu a cadeira de Dilma Rousseff depois que a primeira mulher eleita para o cargo de Presidente da República viu-se deposta na esteira de um *impeachment* consumado sem a necessária existência de crime de responsabilidade para legitimá-lo, em maio de 2016 —, Raquel Dodge foi a opção adotada pelo ocupante de ocasião da Presidência depois de se ver investigado e denunciado pelo então procurador-geral Rodrigo Janot. Usando elementos extraídos dos inquéritos abertos por Janot na PGR, Dodge sucumbiu à pressão de colegas do Ministério Público que integravam a chamada Operação Lava Jato. Em 19 de dezembro de 2018, um dia antes do tradicional recesso de fim de ano do Poder Judiciário, ela enviou uma denúncia contra Temer ao Supremo Tribunal Federal por corrupção e lavagem de dinheiro num suposto esquema de favorecimento de empresas do setor portuário. Entre procuradores e subprocuradores-gerais da República, o episódio não passou à história como prova de independência de Raquel Dodge, mas sim como covardia dela: a procuradora-geral capitulou ante a força política corporativa da corrente de "lavajatistas" no Ministério Público Federal, assentaram seus próprios pares.

A conversa em que Bolsonaro anunciava a Aras a sua sagração não se deu a portas fechadas, nem apenas entre eles. Um amigo comum e o onipresente tenente Mauro Cid, ajudante de ordens da Presidência, testemunharam-na.

— Obrigado, presidente. É uma honra para mim. Sei que terei muito trabalho pela frente — respondeu um quase protocolar, posto que assustado, Augusto Aras.

O susto decorria de ter recebido a indicação que pediu. Entretanto, associada às primeiras percepções da vasta aridez dos diálogos e das profundas divergências em torno das visões de conjuntura que tinham e das quais não comungavam, era a véspera de uma amizade que nunca se consumou. O protocolo que os distanciava se dava em razão da forma sisuda como Aras costuma se portar publicamente, parecendo sempre mais sênior do que de fato era. Afinal, mal entrara nos 60 anos naquele momento. Quando caiu na estrada em busca do apoio de políticos e de setores da sociedade civil para a empreitada de se converter em Procurador-Geral da República sem passar pelo crivo da eleição promovida pela associação nacional da categoria, algo inédito desde 2003, ele buscou o sinal verde e a adesão ostensiva à sua pretensão do então presidente do Supremo Tribunal Federal, José Antônio Dias Toffoli.

Até ali o mais jovem integrante do STF, Corte à qual chegara por indicação de Luiz Inácio Lula da Silva durante o segundo mandato do ex-sindicalista na Presidência, Toffoli não desfrutava nem da confiança, nem da amizade de Bolsonaro quando foi proclamado o resultado da eleição de 2018. Recém-empossado em janeiro de 2019, o então presidente da República fazia questão de se autorrotular como "extrema-direita". Orgulhava-se daquilo, em verdade, e para os convivas mais íntimos do Palácio da Alvorada costumava classificar Dias Toffoli como "aquele comunista do PT". Os dois haviam cruzado caminhos em Brasília ainda no início dos anos

38 — O Procurador

1990, quando Bolsonaro exercia os primeiros mandatos de deputado Federal e Toffoli assessorava a bancada do Partido dos Trabalhadores na Câmara. Sempre estiveram em lados opostos.

— Doutor Aras, o presidente Fernando Henrique me aconselhou a usar com Bolsonaro o movimento de *clinch*, do boxe — disse Dias Toffoli a um ouvinte atencioso. — Aliás, você sabe o que é *clinch*?

Augusto Aras sabia. Contudo, o diapasão do conselho e a amplitude da interlocução que o jovem ministro do STF tinha tido maturidade para estabelecer, de certa forma, espantaram-no. Na luta de boxe, o *clinch* é um movimento defensivo do qual um lutador lança mão a fim de se livrar de uma sequência de ataques desferidos pelo oponente, imobilizando os braços do adversário com um abraço. Toffoli prosseguiu, numa conversa que antecedeu em um par de meses a sagração de Aras:

— Dando certo essa sua postulação, e tem tudo para dar, teremos de usar o *clinch* no ringue do dia a dia, meu amigo. Não podemos nos afastar do presidente a ponto de ele se sentir confortável para nos golpear com um *jab*.

O *jab*, outro golpe usado no boxe, consiste no ataque frontal do adversário com punhos cerrados. Quando encaixa, derruba o antagonista. O diálogo com o presidente do Supremo, a quem conhecia até com certa proximidade em razão de Dias Toffoli ter advogado para o Partido dos Trabalhadores por um período razoavelmente longo, durante pleitos nacionais e municipais, antes de ser indicado à Corte constitucional e ele ser um militante e produtor de teses e jurisprudências do Direito Eleitoral, passou como um lampejo iluminado por sobre as lembranças de Augusto Aras enquanto Jair Bolsonaro o comunicava da decisão de indicá-lo à PGR.

Alberto Fraga, um tenente-coronel reformado da Polícia Militar do Distrito Federal, foi quem apresentou formalmente Aras a Bolsonaro. Fraga assessorou o *lobby* das PMs estaduais no Congresso Nacional em 1997. Em 1998, elegeu-se para o primeiro de uma pencá de mandatos como deputado federal. Homem rude, de modos rústicos e frequentador dos bares e padarias que são *point* da caserna em Brasília, o tenente-coronel reformado logo caiu nas graças do capitão da reserva Jair Bolsonaro, convencido a largar o Exército no fim dos anos 1980 ao ser flagrado planejando um atentado na Vila Militar do Rio de Janeiro. Fraga e Bolsonaro logo formaram uma dupla no dia a dia da atividade parlamentar e sempre eram vistos juntos, conversando, no fundo do plenário da Câmara. Ulysses Guimarães apelidou aquele fundão do *habitat* onde reinava no topo da cadeia alimentar de "*Valle de los Caídos*", pois era onde ficavam as criaturas desimportantes do baixo clero parlamentar. Naquele hiato histórico do Brasil, contudo, os humilhados e derrotados no curso da florescente redemocratização brasileira detinham o poder e eram exaltados.

Nos desvãos do Direito, o subprocurador Augusto Aras havia cruzado caminhos com Alberto Fraga e sabia da boa relação dele com o falso *outsider* vitorioso nas urnas de 2018. Bolsonaro venceu, dizendo ser uma voz de combate à política e aos políticos, apesar de já contabilizar, naquele ano, sete mandatos de deputado federal. Exerceu-os por quase três décadas sem jamais ter presidido nenhuma comissão da Câmara, nem liderado bancadas, nem sequer ter relatado ou apresentado quaisquer projetos de lei relevantes.

A pedra de toque da conversa entre Aras e Fraga, capaz de levar o desbocado político distrital a aceitar patrocinar a pretensão do subprocurador ao então presidente da República, foi o rosário de reclamações comuns aos três: não poderiam prevalecer as intervenções da PGR nos assuntos de cunho político, travando deliberações do Congresso Nacional, nem no retardamento de decisões que impactavam a economia. Durante a conversa, por mais de uma vez o ex-tenente-coronel da PM de Brasília certificou-se da adesão do candidato a procurador-geral a uma linha de "não intervenção" do Ministério Público nas decisões emanadas do Palácio do Planalto sob o comando bolsonarista. Tendo recebido sinais firmes de que Aras não seria seduzido pelas pulsões de denunciar o presidente ou as pessoas em torno dele e de sua equipe de governo, como haviam feito procuradores-gerais pretéritos — Antônio Fernando de Souza e Roberto Gurgel, contra diversos políticos sobretudo do PT na Ação Penal 470, vulgarmente conhecida como "Mensalão", Rodrigo Janot, nas ações oriundas da Operação Lava Jato contra integrantes do governo Dilma Rousseff e contra Michel Temer, e mesmo Raquel Dodge, também contra Temer —, o amigo de Bolsonaro patrocinou a causa e cobrou com afinco uma definição do presidente. Ela chegou naquele 4 de setembro e, no dia seguinte, tornar-se-ia pública.

— Acabei de indicar o senhor Augusto Aras para chefiar o Ministério Público Federal — disse Jair Bolsonaro na manhã do dia 5 de outubro de 2019 ao discursar numa solenidade em que se inaugurava o Observatório Nacional da Agricultura. Horas antes, ele assinou o ato de indicação do subprocurador e encaminhou-o ao Diário Oficial.

— Já estou apanhando da mídia, e esse é um bom sinal. Sinal de que a indicação é boa — asseverou, discursando ao mesmo tempo para a plateia formada por empresários e executivos do agronegócio e para os jornalistas que faziam a cobertura diária do governo. E prosseguiu.

— Ele, Aras, terá respeito pelo produtor rural e vai casar preservação ambiental com o trabalho no campo — atestou o presidente, como se buscasse justificativas para a escolha. — Uma das coisas conversadas com ele, e que já era prática dele também, é na questão ambiental: o respeito ao produtor rural e o casamento da preservação do meio ambiente com o produtor — definiu Bolsonaro num raciocínio tortuosamente tosco, porém típico dele. Quem o escutasse, que tratasse de decifrar o que desejava falar.

Horas mais tarde, jactando-se do próprio poder de indicar (na verdade, uma investidura constitucional), voltou a falar da indicação de Augusto Aras para a Procuradoria-Geral da República durante uma das ácidas, patéticas e assertivas (à maneira escolhida por ele para operar a atuação política e administrativa) *lives* feitas numa rede social.

— Sem querer desmerecer ninguém, a gente buscou uma pessoa que fosse nota 7 em tudo — disse, para surpresa de quem o assistia sem portar a bonomia das claques. E tentou explicar, sem muito sucesso: — Não nota 10 em algo e 2 em outra coisa. O senhor Aras não é um radical em questões ambientais. Sabemos que alguns integrantes do Ministério Público não podem ver uma vara de bambu sendo cortada que processam todo mundo. Como ficaria o agronegócio no Brasil, o homem do campo?

Ao anunciar o nome que escolhera para ocupar a Procuradoria-Geral da República, instituição que é detentora exclusiva da prerrogativa de pedir a instalação de ações penais e denunciar criminalmente os ocupantes da Presidência da República, Jair Bolsonaro sentia-se como quem celebrava o acesso a uma sala especial reservada àqueles capazes de dançar sob o embalo dos píncaros da glória. Dizer o que disse aos jornalistas e produtores rurais não deixou dúvidas: experimentava as delícias de se crer um operador do poder. Contudo, estava, na verdade, sendo operado.

Arguto e intelectualmente sofisticado, Augusto Aras deu um drible em todos os adversários institucionais de dentro do Ministério Público. Ele espetou a bola da pauta de temas ambientais, dos conflitos entre o agronegócio e decisões da PGR, e mesmo da deletéria "pauta de costumes" desfraldada pelo bolsonarismo como bandeira eleitoral um ano antes, durante a campanha, pelo flanco direito de Bolsonaro. Depois, correu pela esquerda. Quem gosta de futebol sabe que essa jogada tem um nome clássico: "drible da vaca", e deixa o adversário momentaneamente confuso ao ver o antagonista correndo por um lado e a pelota pelo outro. Quando dá certo — e, no caso da pretensão de Aras à Procuradoria-Geral da República, deu — o atleta recolhe a bola do outro lado e tem à frente o campo mais ou menos livre para decidir os lances de desfecho da jogada.

A adesão de seu indicado àquilo que ele desejava ver implementado na PGR foi uma ilusão projetada no ponto futuro do flanco direito de Jair Bolsonaro, pois a intenção de Augusto Aras ao ascender à liderança formal do Ministério Público Federal era outra: promover uma faxina ética, moral e procedimental entre os procuradores e subprocuradores da República.

Místico, religiosamente sincrético como sói acontecer a muitos baianos, Aras carrega no bolso esquerdo das camisas uma inseparável e pequena imagem de Irmã Dulce, a santa católica a quem conheceu pessoalmente. Costuma esfregá-la entre os dedos polegar e indicador, em movimentos semelhantes aos de quem reza um terço católico, a tal ponto que o rosto e parte do hábito da "Santa dos Pobres" já nem existem mais. Ele descreve o momento em que tomou a decisão de enfrentar os moinhos de vento corporativos que se erguiam contra a sua pretensão como "uma epifania". E o encontro do que crê como o conjunto de virtudes pessoais, com a oportunidade de ter no comando do Poder Executivo da União um personagem moral e intelectualmente frágil que se cria antologicamente forte, seria uma "serendipidade" brasileira. O substantivo é derivado do anglicismo "*serendipity*". O termo, em inglês, significa "acontecimento favorável que se produz de maneira fortuita; acaso feliz; descoberta acidental".

Na esteira do período transcorrido entre 2019 e 2023, foi possível constatar que o sistema eleitoral conduzido pela Associação Nacional dos Procuradores da República (ANPR) continha vícios e becos tecnológicos que fragilizavam e viciavam os pleitos por meio dos quais os procuradores-gerais vinham sendo eleitos para a lista tríplice desde 2003. Três perícias encomendadas pelo Ministério Público atestam isso.

A definição dos subprocuradores naturais aos quais seriam designadas as ações oriundas da Operação Lava Jato quando essas chegassem ao Superior Tribunal de Justiça, que deve sempre ocorrer por sorteio eletrônico, também era passível de fraude.

Sete meses depois de empossado no cargo, o procurador-geral da República descobriu a existência de um sistema eletrônico que escondia ações do gabinete dele e dos vice-procuradores-gerais nomeados por ele, mantendo o controle de centenas de inquéritos ao acesso exclusivo de procuradores indicados ainda por Rodrigo Janot e pelo grupo que tentava manter vivos os métodos e as operações da Lava Jato. É o próprio Augusto Aras quem revela seus objetivos ao buscar o comando da PGR, a forma como se organizou para enfrentar os adversários internos e quais os alvos que tinha em mente ao disputar o posto:

> *Estava sozinho em minha sala na sede da Procuradoria. Era um momento de solidão plena. Vinha consolidando tudo o que vira nos meses, nos anos anteriores. De repente, levanto-me de*

*uma cadeira, elevo o pensamento a Deus e digo para mim —
pensando em Deus: era preciso surgir alguém para mudar os
rumos daquela instituição que já tinha criminalizado a política,
destruído a economia nacional e causado desemprego em massa
no país, já tinha ceifado a vida de colegas de ofício, do reitor
Cancellier (Luiz Carlos Cancellier, reitor da Universidade
Federal de Santa Catarina, vítima de um ardil montado por
procuradores da Operação Lava Jato, uma delegada federal
e uma juíza, foi preso e humilhado com base numa falsa
denúncia. Suicidou-se em 2 de outubro de 2017), já tinha
tirado a vida de empresários, destruído empresas.*

*Descontrolado, deformado no agigantamento de suas
prerrogativas, o Ministério Público Federal brasileiro
contrariou toda a lógica da história do século XX, inclusive
e principalmente no que toca à Alemanha pós-nazismo,
quando as empresas alemãs que financiaram o nazismo e
que ganharam dinheiro com o regime de guerra foram preser-
vadas não obstante a punição de seus dirigentes, executivos,
controladores. Na primeira gestão de Rodrigo Janot, quando
começou a 'Operação Lava Jato', fui ouvidor-geral da PGR
e testemunhei muitos fatos derrogatórios às liberdades e
garantias individuais, à liberdade de expressão; comportamentos que atentavam contra a dignidade da pessoa humana
e eram praticados pela instituição que tem o dever de velar
por todos esses valores. A minha indignação chegou ao ápice
quando percebi que havia uma situação de leniência com
tudo aquilo. A Associação Nacional dos Procuradores da
República batia um bumbo de tambor a fim de obrigar, de
constranger, o presidente da República a acolher alguém da
sua lista de indicados. E eu sabia que a lista tinha laivos
— digo laivos porque nunca descobrimos a autoria — de
que os resultados das votações das listas da Associação podiam
ser fraudados, manipulados. Há três laudos periciais que
atestam isso. Um, do Exército. Outro, da Corregedoria-Geral
da União. E o último, da própria PGR. Então, conhecendo*

todo aquele modus operandi *cuja dinâmica era típica do anarco-sindicalismo, do fascismo italiano e espanhol... aproveitavam-se de um escalonamento transversal e verticalizado em que as autorias nunca eram identificadas, mas, as materialidades dos fatos irregulares estavam à mercê de algum tipo de saneamento. Então, naquele momento de minha solidão, tudo catalisa e eu me levanto com a decisão de postular a procuradoria-geral. Foi uma epifania, claro.*

Quando se referiu aos empresários que perderam a vida por causa da Operação Lava Jato, Augusto Aras tinha em mente os sócios controladores da empreiteira OAS, César Matta Pires e seu filho, homônimo. Ambos morreram de infartos fulminantes no curso das pressões intensas e insidiosas de integrantes do Ministério Público Federal e da 13ª Vara Federal de Curitiba (PR) para que se convertessem em delatores nas ações que tramitavam contra o então ex-presidente Luiz Inácio Lula da Silva. Quando morreu, pouco menos de um ano e meio depois do pai, César Matta Pires Filho tinha acabado de completar 40 anos e tentava reorganizar o grupo empresarial cuja liderança herdara.

O esgarçamento e o enfraquecimento de grupos empresariais outrora fortíssimos, como Odebrecht e Camargo Correa, igualmente alvejados até a necessidade de promoverem todo um redesenho dos respectivos organogramas e um enxugamento e redução de suas metas de crescimento, também estavam na mente dele. Camargo Correa, Odebrecht e OAS eram três das cinco maiores empresas de construção civil pesada do Brasil até 2015. Todas tocavam as principais obras de infraestrutura não só no país, mas também na América Latina e em muitas nações da África, além de estarem presentes de forma significativa nos Estados Unidos — sobretudo na Flórida e na Califórnia — e em Portugal. Ao mesmo tempo, por causa da Lava Jato, fecharam a maioria dos escritórios no exterior, largaram contratos em operação, perderam mercado para concorrentes dos EUA, da China e do México e demitiram quase 700 mil brasileiros.

Aras ainda não havia encerrado seu segundo biênio como procurador-geral da República quando deu o depoimento a seguir. Esgrimindo o argumento — de resto, irrefutável — de que concentrou esforços e dispendeu enorme energia no desmonte da Operação Lava Jato, ele conta ter usado os instrumentos internos de correição para punir as ousadas ilegalidades cometidas por procuradores e subprocuradores da República durante a vigência do "lavajatismo" como filosofia dogmática e dominante no Ministério Público. Cioso de sua falha de comunicação com a sociedade em geral, e com boa parte da mídia em particular, pois não teve a sabedoria ou a arte para explicar seu objetivo (reservado, que permaneceu silenciosamente guardado com ele) somente atingido submetendo-se às idiossincrasias rituais da norma que rege o ato formal de indicação dos procuradores-gerais, ele sempre deixou claro que não tentaria a recondução para um terceiro período de dois anos à frente da PGR. Também comunicou o ministro Gilmar Mendes, numa conversa no plenário do STF, dessa decisão. Mas, nas entrelinhas, na percepção dos interlocutores, a pretensão de ter um terceiro biênio na PGR era evidente. Aras, em suas próprias palavras:

> *"Se eu fosse dominado, hoje, pelo mesmo voluntarismo de que fui tomado em 2019, diria: só me serviria um terceiro biênio à frente da* Procuradoria-Geral *da República para fazer tudo o que não foi feito. Não gostaria de receber tudo limpinho, não. Porque tudo o que é limpinho fede a totalitarismo. Mas, agradaria ter tudo institucionalizado, e há muito a ser feito ainda lá dentro do Ministério Público. Somente a três meses de deixar meu segundo mandato na Procuradoria-Geral, descobri um novo "aparelho" escondido lá dentro. Era destinado a constranger quem não está com o lado de lá, com o "lavajatismo". Era um órgão criado sob o comando da subprocuradora Ela Wiecko de Castilho para, supostamente, fazer 'a defesa contra o assédio moral'. Na verdade, era um aparelho sem nenhum fundamento legal ou de ordem constitucional e tinha o poder de fazer*

investigação contra membros do Ministério Público. A nossa Lei Orgânica e a Constituição dizem que só quem pode fazer isso são os órgãos de controle. Então, a 'pauta de costumes' não tinha espaço. Não cabia como centro da minha ação. A estratégia dos meus adversários internos é usar inteligência e contrainteligência contra mim. Somente sete meses depois de tomar posse na PGR, já em 2020, no início da pandemia, eu descobri que era manipulado por eles. Sete meses depois de assumir a Procuradoria-Geral da República, descubro que sou manipulado. Isso é muito grave! A 'pauta de costumes', claro, foi escanteada. Não tinha lugar para ela. A minha pauta era a corrupção interna, desvios de finalidade do Ministério Público, uma miséria. A Raquel Dodge tentou ficar na PGR por mais um biênio. Ela pediu isso ao Bolsonaro; pediu ao Rodrigo Maia e ao Davi Alcolumbre, que eram os presidentes da Câmara e do Senado na época. Mas, ela foi amordaçada, impedida de tomar atitudes mais duras e bruscas. Então, naquele dia do final de abril de 2019, quando eu me irresigno e me levanto da cadeira, dirijo-me à primeira pessoa na qual pensei para o projeto, a quem sempre tive como amigo: Antônio Carlos Bigonha. Eu promovi Bigonha a subprocurador-geral contra a vontade de Rodrigo Janot. Sofri retaliações por isso. Bigonha vinha da ANPR, adversário de Janot. Ofereceram-me várias sinecuras lá dentro para eu não votar pela promoção de Bigonha. Não aceitei nada e ele foi promovido. Nós discutíamos juntos os abusos da Lava Jato havia cinco anos. Então, acreditei que ele viesse comigo. Dirigi-me ao gabinete dele e perguntei se ele era candidato a procurador-geral. Ele disse que não era. 'Eu sou', devolvi no ato. 'Você me apoia?' Bigonha então ergueu-se da cadeira, apertou a minha mão e, laconicamente, desejou-me boa sorte. 'Muito boa sorte, meu amigo', limitou-se a falar. Eu retruquei, porque não entendi direito num primeiro momento: 'Bigonha, eu volto a insistir. Sou candidato à PGR para mudar tudo o que nós constatamos de errado aqui nesses anos de amizade. Vou lutar para que essa instituição volte para o seu leito normal, natural'. E ele, mais uma vez, levantou-se de novo (havia voltado a sentar), apertou a minha mão, e falou: 'muito boa sorte, meu amigo'. Eu ainda dei uma terceira chance. 'Bigonha, mais uma vez: estou lhe chamando para que você seja um trabalhador da primeira hora. Não venha na última hora'. Ele novamente me desejou boa sorte de forma monocórdia. Entendi, então, que no lugar de um palavrão que poderia ter me dito, ele preferiu ser gentil e se distanciar. Saí da sala dele e fui até o hall *do primeiro andar, onde encontrei Hindemburgo Chateaubriand, subprocurador, que era secretário de cooperação internacional. Estava atônito e intrigado com a reação gélida do Bigonha. Pergunto a Hindemburgo se ele era candidato. Não era. Quis saber se me apoiaria se eu fosse candidato. 'Se Paulo Gonet não for candidato, apoio', ouvi de volta. Ligamos para Paulo Gonet no ato. 'Paulo, você é candidato?', perguntamos juntos. 'De jeito nenhum', respondeu ele. 'Paulo, você me apoia?', quis saber. Ele não disse nem sim, nem não. Nunca foi contra. Do* hall, *com Hindemburgo já ao meu lado, fui à sala de alguns colegas — de Lindôra Araújo, da Célia Delgado, da Elizeta Paiva Ramos, à sala de Adonis Callou, que me apoiou num primeiro momento, e depois se afastou. Formei um grupo de seis colegas e fomos à minha casa. Fizemos um almoço e desenhamos como seria a gestão. Tinha muita identidade nas críticas que fazíamos aos processos lá dentro. Uma certeza de que tudo precisava mudar para que o Ministério Público Federal voltasse ao regramento constitucional. Era um conjunto de coincidências, uma serendipidade naquele momento."*

— Doutor Aras, sabe quem foi decisivo para eu indicar você à PGR? — perguntou Jair Bolsonaro naquela conversa chula e consagradora de 4 de setembro de 2019. Ele mesmo respondeu. — O Sergio Moro. Ele disse assim: "Indique qualquer um, menos o

Augusto Aras. Não confio nele. Ajude-me a confiar em você. Não importa o que o Moro ache".

Bolsonaro disse aquilo e caiu numa sonora gargalhada. Ao rir galhofeiramente, mais uma vez o presidente da República abriu a bocarra e deixou exposta a dentição, irregular e amarelo-tártaro, assentada nas gengivas pardas.

Já estava claro, nos porões de Brasília, que havia nascido e vicejava intensa tensão entre a Presidência da República e o Ministério da Justiça, onde o vitorioso do pleito presidencial de 2018 abrigara o ex-juiz Sergio Moro. Ainda como magistrado responsável pela 13ª Vara Federal de Curitiba (PR), Moro foi aliado crucial na disputa política. A sentença condenatória prolatada às pressas contra Luiz Inácio Lula da Silva, alegando corrupção naquele que passou à história como 'caso Triplex', anos depois seria considerada ilegal e imprópria por decisão do Supremo Tribunal Federal. Porém, no curso da campanha eleitoral assimétrica e eivada de vícios que conduziu pela primeira vez um extremista de direita ao comando do governo brasileiro, o veredito de Moro foi o salvo-conduto para determinar a primeira derrota do Partido dos Trabalhadores numa disputa presidencial desde a eleição consagradora de Lula em 2002.

Converter em político o magistrado que tornou viável seu projeto eleitoral, dando-lhe a máquina da segurança pública, transferindo para ele as relações com o Poder Judiciário e colocando-o no comando das engenhosas engrenagens capazes de moer reputações junto com informações da Polícia Federal, não foi constrangimento para Jair Bolsonaro. A impropriedade inédita, contrarrepublicana, também passou com naturalidade omissa pela mídia tradicional brasileira. Espantoso, mas esperado. Afinal, ela se nutriu com os vazamentos seletivos e as operações espetaculosas da Lava Jato quando Moro era seu líder e coreógrafo na capital paranaense.

— Moro queria alguém fechado com a Lava Jato. Eu quis você — explicou o presidente, à guisa de maiores informações, àquele que indicava para o Senado sabatinar e aprovar como procurador-geral da República.

Durante quatro meses, Augusto Aras gastou latim, referências jurídicas, sola de sapato e argumentos às vezes contraditórios e dissonantes para convencer grupos antagônicos e instituições diversas de que devia ser ele o indicado à PGR, e não qualquer um do trio formado pelos subprocuradores-gerais Mário Bonsaglia, Luíza Frischeisen e Blal Dallou. Os três, na ordem em que surgem aqui, foram os mais votados na lista tríplice patrocinada pela Associação Nacional dos Procuradores da República. Moro queria Bonsaglia, caso a decisão presidencial fosse obedecer à lista, o que Bolsonaro rechaçava.

Desde sempre, aquele homem que foi vendido ao país como um *outsider* mítico destinado a lutar contra os vícios da política e dos políticos, temeu a prerrogativa exclusiva que têm os procuradores-gerais para denunciar os chefes do Poder Executivo por crimes comuns. Sendo assim, desejava ter na PGR alguém cuja lealdade fosse devida a ele, e não a uma categoria cuja força institucional concorreria com a sua e, em algum momento, poderia ser suficiente para tragar a lealdade do indicado. Era esse o teorema dos cálculos da *realpolitik* que um ser travestido de antipolítico de fato jamais compreenderia. Entretanto, o chassi roto e deformado de Bolsonaro entendia muito bem daqueles cálculos. Tal compreensão avisava os incautos já ali, no início do mandato presidencial: não se tratava de um *outsider*.

Logo, o método de operação de poder e a decisão de enfrentar a corporação reunida na ANPR e mesmo o seu ministro da Justiça, que já tinha estabelecido diálogos mais amplos e sofisticados do que os seus com a mídia, com a comunidade jurídica e, sobretudo, com o submundo da comunidade de informações reunida a partir da espinha dorsal da Polícia Federal, deram a Bolsonaro a certeza de que deveria ungir à procuradoria-geral a antítese de Sergio Moro. E, naquele momento, quem vestia a capa do anti-herói era Aras — ainda que o subprocurador baiano tivesse enfrentado pelo caminho os percalços de ter sido identificado como alguém ligado ao PT.

O pai de Augusto Aras, Roque Aras, ex-deputado federal pelo MDB entre 1979 e 1983, fora filiado ao Partido dos Trabalhadores entre os anos 1980 e 1990. Amigo de mesa e de ideias de muitos petistas do seu Estado, a Bahia, Aras viveu o maior risco na corrida por sua indicação quando essas relações políticas com a esquerda baiana foram expostas. Fustigado pelos opositores instalados no Palácio do Planalto e nas franjas da Esplanada dos Ministérios, Bolsonaro mandou um recado pelo emissário que os havia apresentado, Alberto Fraga: não havia gostado das relações de Augusto Aras com o Partido dos Trabalhadores e queria ver como o amigo do amigo dele se sairia ao explicá-las.

Convocado a auxiliar nessas explicações internas ao então presidente da República, o empresário Meyer Nigri foi eficaz. Aras havia conhecido Nigri, controlador da empreiteira e incorporadora Tecnisa, uma das maiores do Brasil na terra arrasada do pós-Lava Jato, durante jantares e palestras do setor empresarial e da Confederação Israelita Brasileira. Fizeram amizade. Bolsonaro e Nigri se aproximaram no curso da campanha de 2018, tendo sido o dono da Tecnisa uma das vozes mais confiáveis para o então candidato a quem ajudou financeiramente em alguns momentos. A turbulência de surgir com amigos políticos de esquerda num cenário de governo de extrema-direita, por fim, foi apenas ventania passageira e não derrubou a indicação de Aras à PGR sob a assinatura de Jair Bolsonaro, personalidade dada a cultivar teorias persecutórias.

7 de setembro de 2019. Pouco depois das 8 horas daquela manhã seca e ensolarada em Brasília, Jair Bolsonaro fez um rápido pronunciamento para uma equipe da TV Brasil, emissora estatal de televisão, que estava de prontidão na frente do Palácio da Alvorada. "Independência nada vale sem liberdade", disse o presidente que se preparava para comandar o primeiro desfile militar da Proclamação da Independência no transcurso do mandato conquistado nas urnas de 2018. "E a liberdade foi por tantas vezes ameaçada por brasileiros que não têm outro propósito senão o poder pelo poder",

encerrou o breve e desconexo discurso. A fala, testemunhada pelo filho Carlos Bolsonaro — vereador no Rio de Janeiro e que se dizia orgulhoso àquela altura de ter coordenado a campanha eleitoral do pai nas redes sociais —, ensejava algum recado enigmático por trás das palavras descoordenadas.

Apenas três dias depois de bater o martelo e decidir indicar Augusto Aras para a Procuradoria-Geral da República, instituição cujo comandante detém a prerrogativa exclusiva de denunciar e promover ações penais contra presidentes, Bolsonaro apresentar-se-ia ao país no palco onde, dois anos depois, seria flagrado tentando consumar pela primeira vez um Golpe de Estado. Naquele episódio de 2021, foi silenciosamente derrotado pelo funcionamento coordenado da PGR, do Supremo Tribunal Federal e de alguns militares que já haviam caído em desgraça com ele. Numa democracia madura como a brasileira, resiliente, não havia espaço para pantomimas no "Dia da Independência".

Em 2022, ano em que tentou a reeleição e perdeu, Jair Bolsonaro pretendeu dar novo golpe no 7 de setembro. Porém, era a véspera da derrota eleitoral anunciada e a intensidade do assaque contra as instituições foi menos grave do que em 2021. A história dos dois momentos será contada mais à frente.

Naquele desfile de 2019, o então presidente enfeitou-se como um cavalo de parada. Pôs a faixa presidencial, subiu no *Rolls-Royce* — presenteado pela Coroa Britânica à Presidência brasileira em 1960, quando Juscelino Kubitschek inaugurou Brasília —, fez-se acompanhar do "filho 02", Carlos Bolsonaro, que mimetizou um segurança de filme B hollywoodiano e postou-se no banco de trás do automóvel, que se locomovia em marcha lenta. O presidente distribuía acenos para uma plateia selecionada e posicionada ao longo da Esplanada dos Ministérios. O ministro Sergio Moro, que havia saído da 13ª Vara Federal de Curitiba, onde coordenou as ações da Operação Lava Jato como se fosse um grilo falante do procurador Deltan Dallagnol, permaneceu por todo o desfile ao lado do chefe. O apresentador de TV e empresário Silvio Santos, dono do SBT, e o empresário Luciano Hang, dono de um complexo de lojas de varejo que havia sido fundamental na estruturação financeira da campanha bolsonarista de 2018, também adornavam a moldura de todas as imagens em que Bolsonaro apareceu no curso do desfile.

De volta ao Palácio da Alvorada, residência presidencial, Bolsonaro concedeu uma breve entrevista e fez questão de pôr no centro de sua fala a escolha para a Procuradoria-Geral da República. "O doutor Augusto Aras vai ser aprovado sem problemas no Senado. Tenho certeza", disse ele. Àquela altura, dois procuradores da República lotados em Sergipe tinham desistido de assumir a procuradoria regional no Estado nordestino em protesto contra a indicação de Aras, porque ele não se submetera à lista tríplice na eleição coordenada pela Associação Nacional de Procuradores da República. "A indicação dele, Augusto Aras, é deplorável sob todos os aspectos", protestou para repórteres do portal G1, das Organizações Globo, o ex-procurador-geral Cláudio Fontelles.

Os três 7 de Setembro que viriam pela frente sacramentariam a sorte da democracia brasileira e podem ser usados, no futuro, para avaliar a correção, ou não, da Procuradoria-Geral da República durante o mandato (de resto trágico) de Jair Bolsonaro na Presidência da República.

BRASÍLIA, 13 DE JULHO DE 2020

INVISIBILIDADE CRIMINOSA

"*Memorando nº 90/2020/VPGR*

Assunto: Expedientes confidenciais

Excelentíssimo Senhor Procurador-Geral da República,

Após 125 (cento e vinte e cinco) dias servindo ao MPF como Vice-Procurador-Geral da República, informo-lhe que ainda não obtive acesso pleno ao meu acervo de processos e procedimentos.

Mesmo após a elevação de meu status no Sistema Único a um nível de visibilidade superior (art. 38, § 13, II da Portaria 350, de 28 de abril de 2017), e correspondente a minha posição no organograma do Ministério Público Federal, ainda assim não obtive acesso a feitos de minha própria atribuição.

Ocorre que uma sistemática de proteção de dados instituída no Sistema Único permite que documentos nele sejam unilateralmente protegidos de visualização de tal modo personalizada por quem a determine que nem mesmo o Procurador Natural do feito pode vê-lo ou saber da existência.

Essa possibilidade de máxima opacidade não só é contrária a toda sorte de impessoalidade da Administração Pública, como também possibilita que documentos se percam dentro do Sistema Único, pois a movimentação das pessoas que impuseram tal nível de sigilo personalíssimo pode gerar impossibilidade de conhecimento e acesso a esses documentos.

Desconheço como e o porquê dessa possibilidade de proteção, nem os motivos que levam os usuários do sistema à sua adoção. Registro apenas que por conta dessa disfuncionalidade não obtenho acesso a alguns documentos eletrônicos que deveriam estar sob minha responsabilidade, razão pela qual já encaminhei os memorandos nº 32/2020/VPGR, de 30 de março de 2020 (PGR-00114986/2020) e nº 86/2020/ VPGR, de 09 de julho de 2020 (PGR-00254829/2020), visando solucionar essa questão.

Ao que pude compreender, esse mecanismo de sigilo é denominado "controle de visibilidade" e já deveria ter sido extinto pelo MPF, mas resiste por força do disposto nos §§ 7º a 9º do art. 37 da Portaria PGR/MPF nº 350, de 28 de abril de 2017:

> *§ 7º Ao atribuir o padrão de acesso confidencial, o usuário responsável pelo respectivo expediente poderá estabelecer um **controle adicional, denominado controle de visibilidade**, hipótese em que o conteúdo do documento, procedimento ou processo, bem como os seus metadados de identificação (ressalvados os relativos ao número, à classe e à localização), **somente poderão ser visualizados pelos usuários que estejam especificamente autorizados por aquele**.*

> *§ 8º Para atribuir o controle de visibilidade mencionado no parágrafo anterior, o usuário responsável por tal ato deverá indicar um número mínimo de 3 (três) usuários, denominados controladores, que estarão **autorizados a acessar** o expediente classificado.*

> *§ 9º Além do próprio usuário responsável, somente o usuário controlador**, observadas as normas pertinentes, poderá atribuir acesso a outros usuários ou alterar o padrão de acesso do expediente confidencial a que tenha sido atribuído o controle de visibilidade (grifos nossos).*

> *Desta forma, solicito providências de exclusão do denominado* ***"controle de visibilidade"*** *em expedientes, procedimentos e processos em trâmite na Vice-Procuradoria-Geral da República, na Assessoria Jurídica Administrativa, na Assessoria Jurídica Criminal e na Assessoria Jurídica de Processos oriundos de Estados Estrangeiros, de modo a obter acesso integral às informações em feitos de minha própria atribuição.*
>
> *Respeitosamente,*
>
> *Humberto Jacques de Medeiros*
> ***Vice-Procurador-Geral da República"***

Em março de 2020, a pandemia da Covid-19 mal havia começado, trazendo consigo todo o cortejo de horrores, tragédias e incertezas, quando começaram a chegar ao gabinete de Augusto Aras, na Procuradoria-Geral da República, os primeiros sinais de que a Operação Lava Jato havia construído *bunkers* virtuais em Brasília e em Curitiba (PR) e cavado trincheiras algorítmicas nos sistemas de dados e informações do Ministério Público Federal, a fim de esconder ilegalidades e atrocidades processuais cometidas sob um manto opaco. Não era translúcido, era opaco. E ilegal.

Em 25 de setembro de 2019, apenas 20 dias depois de ser indicado ao posto por um Jair Bolsonaro que se nutria da divisão do país entre "nós" (os aderentes a si, aos seus argumentos, ao seu governo que se assentava numa 'pauta de costumes' para disseminar discurso de ódio e de cisão) e "eles" (todo o resto do Brasil que não comungava bovinamente do repasto ofertado), Aras teve o nome aprovado na sabatina da Comissão de Constituição e Justiça do Senado por 23 votos favoráveis e 3 contrários. A CCJ tem 27 integrantes. No plenário, na noite daquele mesmo dia, a indicação dele para a Procuradoria-Geral da República terminou referendada por 68 votos contra apenas dez. Ou seja, senadores da esquerda e da centro-esquerda, muitos deles integrantes da bancada do PT, votaram com o PGR indicado por Bolsonaro.

A lua de mel do procurador-geral da República com seu cargo e com o universo amplo e diverso da Procuradoria durou pouco mais de três meses. No início de fevereiro de 2020, ao regressar da Índia, onde passou a maior parte do tempo durante o recesso do Poder Judiciário naquele verão, Augusto Aras encontrou dois temas urgentes a tratar. Um deles decorria das primeiras notícias do surgimento de um vírus insidioso e letal, na cidade industrial de Wuhan, na China. Autoridades sanitárias da Ásia, do Oriente Médio e da Organização Mundial da Saúde (OMS) estavam em alerta, sem alarde. A caminho das férias indianas, na ida e na volta, o PGR brasileiro havia passado por alguns dos aeroportos que começavam a cogitar as primeiras medidas de contingenciamento de atividades em razão do vírus misterioso que parecia atingir de forma mais direta a população idosa. Era o que se pensava, inicialmente, daquele que se tornou o mais aleatório evento de impacto global do início do século XXI: a pandemia da Covid-19.

O outro tema era bem local. Uma mulher, ex-esposa de um procurador da República lotado no Distrito Federal, insistia com assessores de Aras na busca por informações de uma representação com base na Lei Maria da Penha contra o ex-marido. Cansada das agressões, ela havia ingressado também com uma ação na corregedoria do Ministério Público. Entretanto, nenhuma palavra-chave de busca pela ação resultava na revelação do *status* do processo. Foi então que a ex-mulher do procurador, acusado de ser agressor, encontrou o extenso número segmentado e codificado que designa os inquéritos e as ações internas da instituição. O vice-procurador-geral Humberto Jacques de Medeiros empenhava-se para descobrir a quantas andava o caso de misoginia e agressões. Ao lançar os algarismos no campo de busca de processos, recebia sempre a resposta intrigante: nada constava. A vítima do procurador acusado de agredir a ex-companheira assegurava, entretanto, ter feito despachos e audiências sobre o caso em composições anteriores da PGR. Começava-se a puxar um fio ali.

O procurador acusado de agressão e de ser misógino tinha pontos de contato, na vida pessoal, com a turma de apoio ao gabinete do ex-procurador-geral Rodrigo Janot. A ação contra ele foi recepcionada no período em que a Operação Lava Jato dava as cartas e o norte do Ministério Público Federal. Humberto Jacques perseverou na pesquisa — sem sucesso. A cada tentativa, ofícios eram expedidos para a área de Tecnologia da Informação e para a área de Inteligência da Procuradoria-Geral da República. Nada chegava de volta. No dia 13 de julho, depois de combinar os termos do que escreveria com Augusto Aras, o estranhamento do vice-procurador-geral eclodiria no texto sucinto e indignado do memorando nº 90/2020, reproduzido no início deste capítulo.

Da ponta daquele fio que estava sendo puxado emergia um escândalo de proporções bíblicas para uma instituição criada com a finalidade de representar e defender a sociedade e velar pelo cumprimento da Constituição: inquéritos, processos, procedimentos e ações — muitos deles abertos contra pessoas com prerrogativa de foro ou oriundos do desenrolar da Operação Lava Jato — estavam invisíveis no sistema de buscas do Ministério Público Federal para o Procurador-Geral da República, para seu vice-PGR e para a Corregedoria-Geral. E assim foram mantidos durante todo o mandato de dois anos da antecessora de Aras, Raquel Dodge.

Aquele banco de dados invisível e paralelo permanecia sob a administração e o acesso exclusivo de procuradores e subprocuradores ligados ao gabinete de comando do ex-procurador-geral Rodrigo Janot ou aos líderes da Operação Lava Jato lotados em Curitiba (PR). Eles haviam subvertido a ordem natural da distribuição dos processos com a justificativa de que "tudo era Lava Jato e, de forma discricionária e unilateral, determinavam a partir da concessão de "invisibilidade" de processos o que seria enquadrado de forma normal na Procuradoria-Geral da República e o que receberia tratamento estranhamente personalizado.

Em meio às buscas pelo estado da arte da tramitação do processo interno baseado na Lei Maria da Penha, um senador e um advogado que defendiam uma grande corporação privada procuraram a PGR atrás de informações sobre expedientes distintos ligados a fases diferentes da Operação Lava Jato. Realizando a busca pela numeração padrão dos processos no Ministério Público, um assessor de Aras não encontrou registro algum de ambos os casos. O procurador-geral ampliou o desconforto. Se desconfiava, passou a ter certeza de que havia dentro de seu gabinete um manancial de informações sobre as quais nada sabia. Àquela altura, o vice-procurador-geral Humberto Jacques e outros subprocuradores leais ao novo chefe da instituição promoviam uma espécie de investigação informal em torno dos processos e procedimentos de alimentação de dados do banco informatizado no gabinete da PGR. O objetivo era saber quem atribuía senhas de acesso de "sigilo absoluto" a determinados procedimentos e o que havia sob aquela cortina de ferro virtual chamada "controle de visibilidade". Pressiona daqui, pergunta dali, o vice-PGR Humberto Jacques chegou ao nome de um funcionário terceirizado que havia saído de licença.

Chamado a uma audiência informal na sede do Ministério Público Federal, o conjunto de prédios cilíndricos e espelhados que pontificam na paisagem de Brasília, sobretudo para quem admira o *skyline* da cidade observando-o das margens do Lago Paranoá em direção ao Eixo Monumental e à Praça dos Três Poderes, um assustado barnabé não custou a dar todo o serviço.

Ainda em 2014, quando eram promovidas as primeiras fases da Operação Lava Jato e atendendo a determinações da equipe do então procurador-geral Rodrigo Janot, criou-se uma instância chamada "controle de visibilidade" no *software* Único. O Único é o nome do programa que administra todo o banco de dados do Ministério Público Federal brasileiro. Tal "controle de visibilidade" surgiu em paralelo às rotinas eletrônicas formais do *software* e não foi compartilhado como procedimento institucional com ninguém — apenas o restrito grupo que gravitava em torno de Janot e uma trinca de procuradores lotados em Curitiba (PR) sabiam da existência da ferramenta. Com espanto, Humberto Jacques comunicou a descoberta a Augusto Aras, e os dois trataram de formalizar a recepção das informações dadas pelo funcionário terceirizado. Na ponta do fio daquele novelo que estavam desfazendo podia haver uma carcaça malcheirosa.

*"**Despacho** 1293/2020/GABPGR*

***Referência** 1.00.000.012753/2020-64*

1. *Em atenção ao memorando nº 60/2020 (PGR-00259278/2020) e considerando a ausência de histórico detalhado sobre o assunto vinculado à Portaria nº 350/2017, encaminhe-se o presente expediente à Secretaria Jurídica e de Documentação para que esclareça os seguintes pontos, sem prejuízos de outras informações que se fizerem necessárias:*

   a. *Como e quando surgiu a controladoria do **Único**?*
   b. *Quem solicitou a criação desse mecanismo e por quê?*
   c. *Em qual versão do Único foi implementada?*
   d. *Essa alteração passou pelo Comitê de Governança do **Único**?*
   e. *Como e quando surgiu a figura do perfil master?*
   f. *Quantos usuários ostentam hoje o perfil master e quem são?*
   g. *Além dos delegantes listados no § 13 do art. 38, quais usuários têm ou tiveram perfil delegante com base no § 14 do art. 38 da Portaria 350/2017?*

2. *Por fim, registro que as informações solicitadas deverão ser encaminhadas ao GABPGR até o dia 17/07/2020, devendo ser observado o grau de sigilo atribuído ao presente expediente.*

Brasília, 15 de julho de 2020.

Alexandre Espinosa Bravo Barbosa
Procurador Regional da República
Chefe de Gabinete"

O rol de perguntas daquele despacho 1293/2020, assinado pelo chefe de gabinete de Aras, mas redigido com a assertividade implacável de Humberto Jacques, provocou rebuliço e revolta na sede da Procuradoria-Geral da República. A concessão de escassas 48 horas para a obtenção de respostas às questões e a referência explícita ao grau de sigilo em torno daquilo que se queria saber eram um teste de confiabilidade em torno da permeabilidade, ou não, da turma que já trabalhava com o procurador-geral indicado por Jair Bolsonaro.

O ardil revelou-se produtivo. Porém, tornou impossível detectar o que exatamente se pretendia esconder embaixo da cortina de ferro da invisibilidade: ao mesmo tempo em que eram produzidas as respostas formais àquilo que o novo comando da Procuradoria-Geral, alguém, em algum lugar, passou a alimentar o sistema do banco de dados com mais de 50 mil processos e procedimentos sob o manto da senha de visibilidade rígida. Originalmente, o banco de dados ilegal era composto por apenas 36 processos que a Lava Jato desejava ocultar dos subprocuradores que não eram da confiança do grupo de comando da "força-tarefa".

Quando a dupla Jacques e Aras começou a puxar o fio do novelo, esperava trazer à superfície uma carcaça com não mais do que três centenas de atos e documentos tornados invisíveis. Era mais ou menos essa a soma total dos procedimentos que estavam naquele arquivo eletrônico especialíssimo, criado sob os auspícios de Janot, indicavam os registros precários de contabilidade da área de TI da PGR. Inundado abrupta e espertamente por milhares de dados novos, o banco diluiu as informações mais preciosas e tornou impraticável a busca pelas razões da instituição do esdrúxulo "controle de visibilidade". Passou a ser como procurar agulha num palheiro. Os acordos de cooperação internacional e de compartilhamento de informações com o Departamento de Justiça dos Estados Unidos e com o Ministério Público da Suíça, por exemplo, tão caros aos procedimentos de ação da Operação Lava Jato, estavam arquivados naquele banco de dados protegido pela invisibilidade irregular. Por muito tempo, e porque continham *gaps* temporais e mesmo falhas procedimentais, eles permaneceram ocultos para os procuradores--gerais que sucederam a Rodrigo Janot — tanto Raquel Dodge quanto Augusto Aras — e também para o Supremo Tribunal Federal e para o Ministério Público. Em meio a seu palavreado rococó, como se verá no capítulo a seguir, o próprio Deltan Dallagnol admitiu em ofício à PGR que os instrumentos internacionais de cooperação estavam ocultos no banco de dados de Curitiba.

Num curto ofício de quatro páginas, enviado um dia antes do prazo fatal determinado pelo gabinete de Aras, o responsável pela Secretaria Jurídica e de Documentação da PGR, Luiz Armando Campião, deu as informações que iriam ajudar a implodir todo aquele sistema de informações ocultas manipuladas politicamente à guisa de critérios e de normas institucionais.

"A funcionalidade de 'controladoria' surgiu em junho de 2014, durante a gestão do então excelentíssimo procurador-geral da República, doutor Rodrigo Janot Monteiro de Barros", respondeu Campião. E seguiu: "de acordo com o histórico registrado informalmente em conversas passadas com equipes negociais e de desenvolvimento do sistema Único, a demanda teria sido concretizada por meio de reuniões informais entre o Gabinete do Procurador-Geral da República, a Secretaria Jurídica e de Documentação e a Secretaria de Tecnologia da Informação e de Comunicação".

Ou seja, tudo ocorria à margem da lei e era executado dentro do quartel-general de comando do Ministério Público Federal, por procuradores e subprocuradores da República, seguindo orientação de um procurador-geral que havia jurado cumprir a Constituição. Prosseguiu o secretário jurídico e de documentação da PGR em resposta às questões cirúrgicas encaminhadas a ele:

"Ainda de acordo com o histórico registrado informalmente em conversas passadas com equipes negociais e de desenvolvimento do sistema, a solicitação teria sido feita pelo Gabinete do então excelentíssimo Procurador-Geral da República, doutor Rodrigo Janot Monteiro de Barros, às equipes técnicas. (...) ... considerando o 'item 1.5: Grau de Sigilo — Bloqueio e Visibilidade' do Manual/ Alterações de Versão 1.221 (...), nota-se que aparentemente a funcionalidade 'Grau de Sigilo — Bloqueio de Visibilidade', conhecida informalmente como 'controladoria', teria sido criada porque haveria necessidade de um usuário impedir que outros usuários, além dele e de pelo menos mais dois indicados por ele, pudessem alterar a visibilidade dos expedientes confidenciais".

Além de toda a aberração legal que se depreende do que está escrito no curto ofício, há ali a informação: "a alteração não passou pelo Comitê de Governança do sistema Único". Em apertada síntese, como adoram escrever os causídicos em suas peças apressadas, está ali o desenho do manancial paralelo de informações de uma PGR lavajatista que não só flertava com a ilegalidade; lambuzava-se com ela.

Na antevéspera do achamento daquele manancial de lama escondido dentro da Procuradoria-Geral da República por baixo do manto do "controle de visibilidade" instituído nos tempos do procurador-geral Rodrigo Janot e por inspiração da turma destacada para estar à proa dos procedimentos da Operação Lava Jato, os passos de Augusto Aras e de Humberto Jacques foram escrutinados e mapeados por quem temia a descoberta das carcaças resultantes de maus passos do MPF em ações empreendidas pelos comandantes da Operação Lava Jato.

Na esteira de sua posse, Aras já havia cancelado um protocolo de cooperação de policiais militares do Distrito Federal que prestavam serviços de inteligência para o gabinete do PGR. A partir daí, passou a travar intensa troca de provocações com a estrutura montada por Janot e mantida pela antecessora, Raquel Dodge, nos núcleos de tutela de ações penais e também no de ações cíveis, assim como nos constantes dribles aos subprocuradores naturais que deveriam cuidar das ações egressas da Lava Jato quando elas chegavam ao Superior Tribunal de Justiça.

Ao ser quebrado o sigilo do *software* Único e surgir a janela de acesso para o que se mantinha oculto sob o "controle de visibilidade", Aras consolidou a certeza da existência de uma banda podre dentro da instituição à qual servia por mais de 40 anos. Viu-se desafiado a agir ao constatar que mais de 50 mil ações e procedimentos haviam sido lançados em menos de 48 horas naquele sistema, antes exclusivo. A mistura daquelas ações com os cerca de 50 processos realmente protegidos pelos lavajatistas, sobretudo os acordos internacionais firmados pela Lava Jato, sem os devidos procedimentos diplomáticos e burocráticos legais, deu a ele uma sensação inicial de impotência. Entretanto, um novo flanco de perseguição aos métodos pouco republicanos da Lava Jato se abria em Curitiba, no Paraná, pátio onde se davam as principais manobras da Operação coordenada pelo procurador Deltan Dallagnol.

Em trecho de um longo ofício numerado como GAB/PGR 49/2021, de 26 de janeiro de 2021, dirigindo-se ao então corregedor nacional do Ministério Público, Rinaldo Reis, o procurador-geral Augusto Aras conecta a invisibilidade de alguns processos à necessidade que a Operação Lava Jato tinha de manter sigilo em torno de ilegalidades cometidas na obtenção de informações no exterior, fundamentais para investigações em ações de leniência contra empresas como J&F (Grupo JBS) e Odebrecht, mas que chegaram aos procuradores brasileiros sem o respeito aos trâmites obrigatórios e necessários dentro dos acordos de cooperação internacional entre Estados. No caso, entre o Brasil e a Suíça.

"Após cerca de dez meses da atual gestão e ainda frustrada a tentativa de identificar com precisão o acervo processual total do Gabinete do PGR, a parte interessada nos autos 1.05.000.000353/2018-13, após muitas cobranças do Gabinete do PGR sem que os autos fossem aqui encontrados, comunicada disso, forneceu o número do protocolo do seu primeiro pedido de providências contra membro do MPF por suposta violação da Lei Maria da Penha", consignou o procurador-geral no ofício ao corregedor nacional do MP brasileiro. E seguiu, deixando claro o filão descoberto e que seria minerado: "Foi só nesse momento que veio a lume a invisibilidade dos documentos resultante do uso da ferramenta 'controlador', ensejando as providências cabíveis do PGR na Secretaria de Tecnologia da Informação (STIC) do MPF".

No parágrafo que encerra o tópico 2 do Ofício 49/2021 enviado pelo PGR ao responsável pelo órgão de correição do Ministério Público Federal, uma explicação seguiria se desdobrando e repercutindo até o fim do ano de 2023, quando muitos dos personagens já não estavam mais naqueles postos nos quais estiveram. Porém, os acordos de leniência celebrados pela Lava Jato com grandes corporações privadas e com a Petrobras seguiam em aberto e produzindo novos escândalos. "Lamentavelmente, tais fatos coincidem com o informado no Ofício 2429/2020/CMPF pela Corregedoria-Geral do MPF ao ministro Ricardo Lewandowski, no âmbito dos Embargos de Declaração na Reclamação 43007, de que a Corregedoria-Geral do MPF, não tendo acesso a dados e documentos, ficou na dependência *interna corporis* junto aos procuradores que, ao tempo, atuaram nos casos da Lava Jato em Curitiba em parceria com estados estrangeiros, para prestar as informações solicitadas pela Suprema Corte Brasileira", diz o texto assinado pelo procurador-geral à época.

Ao dar os primeiros golpes no intuito de explorar o filão dos processos tornados invisíveis e solicitar auditorias nos sistemas de votação eletrônica usados pela Associação Nacional dos Procuradores da República com anuência dos gabinetes de procuradores-gerais pretéritos, constataram-se duas graves falhas que comprometiam a idoneidade de muitas rotinas do Ministério Público Federal.

Uma dessas falhas graves se deu em torno do sistema de votação por meio do qual eram formadas as listas tríplices da ANPR. Aquelas listas vinham sendo tradicionalmente produzidas, e era lá onde os ex-presidentes da República Luiz Inácio Lula da Silva e Dilma Rousseff haviam ido buscar os mais votados para nomearem seus procuradores-gerais: Cláudio Fontelles, Antônio Fernando de Souza, Roberto Gurgel e Rodrigo Janot. De acordo com a descoberta, baseado em perícias técnicas, descobria-se que as listas eram fraudáveis. Foram efetuadas três perícias por diferentes órgãos: Advocacia Geral da União, Exército e pelo próprio Ministério Público Federal.

A outra falha descoberta estava na distribuição eletrônica dos processos oriundos da Operação Lava Jato no Superior Tribunal de Justiça. No laudo técnico 1110/2020 PGR/SPPEA/DIEX/ANPTI, contratado para "tratar da transparência quanto à distribuição de processos judiciais e procedimentos extrajudiciais", aquela perícia, em específico, analisou "a confiabilidade e segurança do sistema Único em relação à distribuição de processos, se ocorreram distribuições manuais e os motivos destas — dentro do período de julho de 2018 e julho de 2020 — como também verificou se a Corregedoria-Geral do MPF teve acesso às distribuições manuais realizadas".

Drenar aquele veio adjacente do rio de informações sigilosas e invisíveis contidas nos sistemas informatizados do Ministério Público Federal poderia resultar em nada, ou em algo muito grave. O extrato da bateia, depuradas as impurezas, pode ser visto como ouro, ou como lama.

"Ocorreram 1.644 distribuições manuais de processos oriundos do STJ para o período analisado", estabelece o item 3 das conclusões do laudo técnico. "Verifica-se que, para 932 das distribuições manuais do STJ, não foi possível identificar as justificativas pela falta de preenchimento das mesmas", prossegue o texto de conclusão. "Foi possível identificar também os grupos de distribuição que realizaram as distribuições manuais (...) bem como os ofícios que receberam estas distribuições." A pureza dos minérios extraídos dali, ou o quão espessa era a lama existente naquele filão, agravava-se à medida que o dreno o sugava. As 932 distribuições manuais não tiveram justificativas preenchidas pelo usuário. Além disso, algumas justificativas foram produzidas *a posteriori* no sistema Único, onde tudo devia ser impessoalmente automático a fim de garantir a institucionalidade dos procedimentos.

O resultado desta perícia técnica, na forma como os processos eram distribuídos para os representantes do Ministério Público Federal no Superior Tribunal de Justiça, nunca foi ruidosamente divulgado. Afinal, uma vez expostos, os resultados daquela mineração poderiam fazer ruir a montanha em que estavam assentadas algumas das garantias invioláveis dos cidadãos (e, no caso, de empresas que também enfrentavam ações decorrentes da Operação Lava Jato). Dentre elas, a da impessoalidade dos procedimentos judiciais. Em tese, é assim que o Estado tenta promover justiça e não dar vezo a perseguições. Porém, as distribuições manuais se concentravam nas ações oriundas da Lava Jato e se davam para sempre driblar a designação do "procurador natural" no âmbito do STJ. O dique em que estavam represados os rejeitos, os trejeitos e a credibilidade *interna corporis* (e, também, externa) dos operadores do Direito que se abrigavam sob o guarda-chuva das forças-tarefa do Ministério Público, sobretudo da força-tarefa da Lava Jato, no Paraná, começava a apresentar fissuras por todos os lados.

Pressionados pelas revelações dos diálogos impróprios, alguns deles revelando estratagemas persecutórios claramente ilegais, trazidos à luz pela Operação *Spoofing* desencadeada desastradamente a pedido do ministro da Justiça, Sergio Moro, a fim de conter os vazamentos das trocas de mensagens entre ele, Dallagnol e outros procuradores centrais no *modus operandi* lavajatista, os integrantes da autoproclamada República de Curitiba (procuradores federais, sobretudo; mas também magistrados, policiais federais, delegados e políticos de variados matizes) começaram a perceber que a hegemonia de poder em Brasília estava por um fio.

Foi então que Januário Paludo, um dos integrantes da força-tarefa da Lava Jato em Curitiba, atendendo ao pedido de Dallagnol, solicitou à sua amiga pessoal Lindôra Araújo, subprocuradora-geral da República, que no organograma de Aras herdou a missão de integrar as ações e pedidos da Operação Lava Jato com as pretensões do novo PGR, para que fosse urgentemente ao Paraná. Paludo pediu ajuda a Lindôra para o gabinete da PGR aliviar o acúmulo de inquéritos em Curitiba e transformar a maioria deles em ações. Começava a partir dali um capítulo decisivo para a história do Ministério Público Federal no quadriênio 2019-2023, quando a democracia esteve sob intensa ameaça.

Curitiba, 25 de junho de 2020

INDESEJÁVEL LINDÔRA

"MINISTÉRIO PÚBLICO FEDERAL
PROCURADORIA DA REPÚBLICA — PARANÁ
FORÇA-TAREFA LAVA JATO

Ofício *Nº 5768/2020-PRPR/FT*

À *Excelentíssima Senhora*

ELIZETA MARIA DE PAIVA RAMOS

Corregedora-Geral do Ministério Público Federal Corregedoria--Geral do MPF
SAF Sul, Quadra 4, Conjunto C CEP 70050-900 - Brasília/DF

Assunto: *Presta informações*

Excelentíssima Senhora Corregedora-Geral,

Os signatários, honrados em cumprimentá-la, comparecem à presença de Vossa Excelência para encaminhar informações sobre reuniões e atos realizados pela Excelentíssima Subprocuradora-Geral da República Lindôra Maria Araújo na força-tarefa do Ministério Público Federal no caso Lava Jato em Curitiba nos dias 24 e 25 deste mês, em que se buscou acesso a informações, procedimentos e bases de dados desta força-tarefa em diligência efetuada sem prestar informações sobre a existência de um procedimento instaurado, formalização ou escopo definido.

1. *A Excelentíssima Subprocuradora-Geral da República Lindôra Maria Araújo comunicou, no dia 23 de junho, à Excelentíssima Procuradora da República Chefe no Estado, Paula Cristina Thá, mediante ligação telefônica para celular funcional desta, que compareceria à sede da procuradoria no dia seguinte, solicitando*

uma reunião com ela e o procurador da República Deltan Dallagnol, coordenador da força-tarefa do Ministério Público Federal no caso Lava Jato no Paraná.

Não foi informada a pauta da reunião e quem acompanharia a Exmª Subprocuradora. Também não foi formalizado nenhum ofício solicitando informações ou diligências, ou informado procedimento correlato, ou mesmo o propósito e objeto do encontro. Além disso, não informou se a diligência era de natureza administrativa, correicional ou finalística.

2. *No dia 24 de junho, a Subprocuradora-Geral compareceu acompanhada do Secretário de Segurança Institucional, o Delegado de Polícia Federal Marcos Ferreira dos Santos, e de membro integrante do gabinete do Procurador-Geral, o Procurador da República Galtiênio da Cruz Paulino."*

(...)

* * *

O ofício é extenso, 11 páginas, para mero despacho burocrático. Estava assinado com tintas de indignação por Deltan Dallagnol e os outros 13 integrantes da força-tarefa da Lava Jato em Curitiba, Paraná. Num texto prolixamente defensivo, argumentavam que a subprocuradora-geral Lindôra Araújo não havia sido chamada à regional paranaense para bisbilhotar procedimentos das operações que eles conduziam muito bem. Até mesmo Januário Paludo, amigo pessoal de Lindôra e responsável por convencê-la a fazer a viagem em pleno início da pandemia da Covid-19 e em dias de implacáveis restrições de deslocamentos e convívio interpessoal entre quaisquer pessoas. O cerne do estranhamento deles foi ver a subprocuradora--geral desembarcar no coração e centro operacional da Lava Jato, acompanhada de um delegado da Polícia Federal, especialista em Tecnologia da Informação e segurança de banco de dados, Marcos Ferreira dos Santos, e de um representante direto de Augusto Aras, o procurador Galtiênio Paulino.

Quando remanescentes do gabinete de Rodrigo Janot na PGR souberam que Lindôra não viajaria sozinha, mas sim acompanhada de uma dupla fora da influência gravitacional do lavajatismo que lutava para sobreviver como nos tempos antigos — pré-Operação *Spoofing* —, bateu a *paúra*. Enquanto o trio voava num dos escassos voos que ainda saíam de Brasília para Curitiba, durante o contingenciamento determinado pelas regras sanitárias dos tempos de pandemia, os fiéis escudeiros da Lava Jato fizeram chegar à matriz operacional curitibana a informação de que a subprocuradora-geral se dirigia ao Paraná "para fazer um flagrante e uma busca e apreensão". Era falso, a popular *fake news*. Contudo, a capacidade de procuradores da República inventarem uma mentira de tal monta contra uma subprocuradora-geral, transmiti-la a outros procuradores responsáveis por uma força-tarefa gigantesca e polêmica que eletrizava o país havia quase seis anos e serem levados a sério pelos receptores da *fake news* dá a medida do tanto que tinham a esconder.

O objeto central das preocupações do núcleo principal da Lava Jato em Curitiba era manter oculta a utilização corrente que se dava ao *software* Digivoice VB 3030 PCI-E, à placa de circuitos E-1 CAS PCM 2 Board e ao *hardware* que o abrigava, o servidor HP DV 320e G8v2e. O conjunto, denominado Vocale R3, foi adquirido pela Procuradoria-Regional da República no Paraná da empresa Trendcom Teleinformática, no dia 1º de fevereiro de 2016, pelo valor total de R$ 14.680,00, e era capaz de fazer interceptações, gravações telefônicas a distância e monitorar todos os usuários de determinadas redes de telecomunicação.

Usada sem parcimônia, moderação, ética, limites e fora de quaisquer parâmetros de legalidade, a ferramenta havia permitido que o núcleo central da Operação Lava Jato acumulasse mais de 30 mil gravações de conversas telefônicas efetuadas sem autorização judicial; um acervo de mais de um milhar de horas de diálogos entre as mais diversas personagens e sobre os mais improváveis temas. Registros digitais do *software* Digivoice revelam que a senha atribuída com exclusividade a Deltan Dallagnol acessou diretamente 156 dessas gravações ilegais com o objetivo de escutá-las privativamente. Esses números globais somente foram obtidos, claro, depois da correição à qual a força-tarefa curitibana foi submetida após a passagem de Lindôra Araújo pelo breve período de dois dias na capital do Paraná no curso dos estranhos tempos pandêmicos.

No Ofício 5768, em escrita coletiva, a "FTLJ/PR", como eles tinham orgulho de subscrever alguns documentos ou textos informais, tenta se defender do indefensável: havia um equipamento para realizar gravações telefônicas na sede da procuradoria da República no Paraná, e várias gravações sem autorização judicial foram feitas. Num estilo espertamente ladino e farsesco, edulcoram as ilegalidades flagradas. Seguem trechos integrais do texto defesa produzido e encaminhado à então corregedora-geral do Ministério Público Federal, Elizeta Maria de Paiva Ramos (mais à frente, dado atraso injustificável decorrente de má leitura política do governo Lula, substituta interina de Augusto Aras na PGR até que fosse designado, sabatinado e aprovado pelo Senado um novo nome para a Procuradoria-Geral da República):

> *"A Subprocuradora fez referência, nesse ponto, a conversa telefônica entre ela e o coordenador da força-tarefa há alguns meses, em que este apresentou, a despeito dos relevantes resultados alcançados, sua preocupação em razão do volume de trabalho pendente que se acumulava.*
>
> *Questionada se havia razão específica para a análise do acervo, a Subprocuradora afirmou que a Excelentíssima Corregedora-Geral deveria estar na reunião junto com ela, mas não pôde comparecer em razão de um problema de saúde, e acrescentou que gostaria de verificar qual foi o tratamento dado às pendências: se viraram notícias de fato, denúncias ou foram arquivadas.*
>
> *O segundo trabalho seria executado, na área de tecnologia de informação, pelo Secretário de Segurança Institucional, esclarecendo que no dia seguinte se uniria à equipe, para a realização das tarefas, um técnico de informática de outra unidade do Ministério Público Federal.*

No início da conversa do dia 24, antes de abordar o segundo trabalho a ser executado, houve questionamento pela Subprocuradora sobre a transferência de bases de dados da força-tarefa para Brasília, o que foi objeto de requisição encaminhada à força-tarefa pelo Excelentíssimo Procurador-Geral (Ofício nº 456/2020-CHEFIAGAB/PGR) e cuja operacionalização, dentro dos parâmetros legais, já está sendo tratada diretamente com a Secretaria de Pesquisa e Análise do Ministério Público Federal (respondido por meio do Ofício PR-PR-00036894/2020, e objeto de reunião entre integrantes desta força-tarefa com o Secretário da SPPEA em 22/06/2020).

Embora a Exma. Subprocuradora tenha afirmado que não buscava a transferência de dados sigilosos, discutiu-se, entre outros temas, que tipo de dados poderiam ser transferidos com as devidas cautelas legais, já que há muitos dados obtidos a partir de decisões judiciais em matéria de reserva de jurisdição, a fim de garantir a segurança jurídica da transferência e uso do material.

Nessa discussão, a equipe da Procuradoria-Geral sustentou o entendimento de que materiais, mesmo obtidos mediante decisão judicial, podem ser compartilhados para acesso para fins de inteligência no âmbito do Ministério Público. O coordenador da força-tarefa informou que a transferência é possível, ressaltando a importância de se cercar das cautelas jurídicas adequadas para evitar questionamentos e arguição de nulidades sobre informações e provas.

Para a execução desses trabalhos de informática, cuja finalidade não foi formalizada, não foi informada nem ficou clara, a equipe da Subprocuradora-Geral solicitou a presença de servidores da área de informática no dia seguinte, 25 de junho. Quanto ao objetivo do trabalho, na ocasião, o Secretário de Segurança Institucional afirmou que 'estamos fazendo um inventário bem grande do Brasil inteiro'.

A equipe da Subprocuradora-Geral foi perguntada sobre quem deveria estar presente entre os vários integrantes da informática no dia seguinte, tendo os integrantes perguntado quantas são as bases de dados da força-tarefa do Ministério Público Federal no caso Lava Jato no Paraná, quantas pessoas são responsáveis pelas bases de dados, e que bastava que estivessem suficientes pessoas para acessar tudo.

A Excelentíssima Subprocuradora-Geral solicitou que a reunião fosse encerrada, diante do cansaço dos integrantes da equipe, afirmando que no dia seguinte seriam mais bem delimitados os trabalhos.

3. Diante do caráter inusitado das solicitações, sem formalização dos pedidos e diligências, os procuradores da força-tarefa da Lava Jato realizaram reunião virtual na noite do dia 24, a fim de discutir como poderiam ser adequadamente atendidas as demandas, com o devido cuidado com as regras legais.

Em razão da incerteza sobre o caráter da diligência e sua eventual relação com a atividade da Corregedoria, e diante da menção pela Subprocuradora-Geral de que a Corregedora-Geral estaria na reunião se não fosse por questão de saúde, os procuradores entraram em contato com a Corregedora-Geral do Ministério Público Federal.

Tal contato se fez a fim de os procuradores estarem seguros em adotar uma posição harmônica com as diretrizes institucionais e legais que norteiam o trabalho do Ministério Público Federal, a fim de apresentar seu entendimento e assegurar que se garante, ao mesmo tempo, deferência ao trabalho institucional da Procuradoria-Geral e respeito aos direitos e deveres impostos pela lei e inerentes ao cargo.

De fato, em razão da existência de informações vinculadas a investigações e a processos sigilosos nos procedimentos e nas bases de dados, entre os quais informações sobre operações a serem deflagradas, dados sujeitos à cláusula de reserva jurisdicional obtidos a partir de decisões judiciais para instruir apurações específicas, além de provas obtidas por meio de cooperação jurídica internacional sujeitas ao princípio da especialidade, com restrições e condicionantes de uso, é importante resguardar procedimento de acesso das cautelas constitucionais legais devidas, motivo pelo qual não se vedou o acesso, mas se pediu a adequada formalização, até mesmo para a prevenção de responsabilidades.

Registrou-se, ainda, no contato com a Corregedora-Geral, a extrema deferência que os signatários têm em relação à relevância das atribuições e do papel da Subprocuradora-Geral e do Procurador-Geral. Ao mesmo tempo, entende-se que a prerrogativa de ter acesso a investigações sigilosas conduzidas por outro integrante do Ministério Público demanda justificativa legal e fática, seja para resguardar o sigilo imposto por decisão ministerial ou jurisdicional, sempre orientadas no interesse público, seja para a preservação da intimidade dos investigados, seja para se assegurar a eficiência dos atos de investigação.

Na ocasião, a Excelentíssima Corregedora-Geral informou que não há qualquer procedimento ou ato no âmbito da Corregedoria que embase o pedido de acesso da Subprocuradora-Geral aos procedimentos ou bases da força- -tarefa. Informou ainda que eventual embasamento para o pedido de acesso deveria ser indagado à Subprocuradora-Geral.

4. Na data de hoje, dia 25 de junho, no horário marcado para dar seguimento às conversas, às 10 horas, além da equipe da Subprocuradora-Geral, que se fez acompanhar de servidor da informática vinculado à Procuradoria- Regional da *4ª Região (servidor chamado por "Melo"), fizeram-se presentes* à *reunião os Procuradores da República e Procuradores Regionais da República, todos integrantes da força-tarefa do Ministério Público Federal no caso Lava Jato no Paraná, Deltan Dallagnol, Júlio Noronha, Orlando Martello, Paulo Galvão, Laura Tessler, Antonio Diniz, Felipe Camargo, Alexandre Jabur e Joel Bogo.*

Na ocasião, os referidos procuradores reafirmaram a deferência à Procuradoria-Geral da República e o interesse de contribuir para as atividades institucionais, franqueando o acesso a todas as informações públicas que constam nas bases de dados da força-tarefa, sobre as quais não há restrições legais. Além disso, os procuradores da força-tarefa expressaram seu entendimento de que é possível o acesso a informações sigilosas quando há justificativa fática e legal para tanto, com base em decisões judiciais pretéritas, dependendo eventual uso de formalização do pedido de compartilhamento. Para tanto, é necessário o número dos autos que fundamentam a solicitação, até mesmo para que se possa formular em juízo o pedido de fornecimento de provas a membros sem atribuição para atuar nos casos em que estas foram produzidas ou que sejam correlacionadas.

Nessa reunião, a Subprocuradora manifestou discordância sobre a realização de reunião prévia dos procuradores para definir o âmbito de seu acesso a informações, pois sua ação independeria de qualquer decisão dos procuradores, e expressou indignação pelo fato de os procuradores terem consultado a Corregedoria sobre como proceder. Diante da consulta à Corregedoria, o que representaria supostamente uma quebra de confiança, a Subprocuradora afirmou que não havia mais como ela seguir na diligência que realizaria.

Nesse momento, a Subprocuradora solicitou que fosse exarada certidão pelo Coordenador desta força-tarefa informando que lhe teria sido negado acesso a informações detidas por esta unidade ministerial. Os procuradores reafirmaram que ela poderia acessar dados públicos e dados sigilosos (o que se daria no contexto de autorização conferida por decisões judiciais), dependendo da necessária base fática e formalização para uso das informações e provas. Afirmaram ainda que poderiam certificar tal fato se houvesse formalização de uma solicitação, até porque sem solicitação não se sabe o que é buscado e qual a sua finalidade.

A Subprocuradora, no momento, afirmou que pediria à Corregedoria do Conselho Nacional do Ministério Público a instauração de correição para realizar o exame que lhe teria sido supostamente negado.

Em conclusão, não houve recusa a nenhum pedido de acesso justificado a dados, mas também não houve justificativa de nenhuma natureza para o pretendido acesso, que se assemelha mais a uma correição extraordinária, oficiosa, por quem não possui atribuições correcionais e não agiu em delegação da Corregedoria-Geral.

5. Ato contínuo, a Subprocuradora-Geral foi embora e os signatários franquearam amplo acesso para inspeção física da equipe da Subprocuradora-Geral aos equipamentos de informática da força-tarefa, com o acompanhamento, conforme solicitado pelo Secretário de Segurança Institucional, de dois servidores lotados nesta força-tarefa. Nesse momento, questionado sobre o fundamento da diligência, o Secretário informou que objetivava cumprir ordem de missão expedida pelo Excelentíssimo Procurador-Geral, que não a tinha no momento, mas se disponibilizou a realizar a formalização da diligência mais tarde.

Segundo a Procuradora-Chefe informou posteriormente aos procuradores da força-tarefa, na inspeção a equipe da Subprocuradora-Geral manifestou especial interesse por uma solução de informática adquirida pela Procuradoria da República do Paraná em idos de 2015, no contexto da segurança e proteção da integridade física e moral dos membros e servidores da força-tarefa.

A aquisição desta solução tecnológica observou as formalidades necessárias no âmbito do Ministério Público Federal. Conforme Memorando PR-PR-00049268/2015, de 22/10/2015, a Coordenadoria de Tecnologia da Informação da Procuradoria da República no Estado do Paraná foi demandada por integrantes desta força-tarefa Lava Jato, para adquirir solução de gravação de ligações telefônicas nos ramais utilizados por aquele grupo de trabalho, nos mesmos moldes de soluções existentes e empregadas em outras unidades do Ministério Público Federal.

Foram, então, realizados estudos pela equipe do Núcleo de infraestrutura de Tecnologia da Informação que culminou com a especificação técnica objeto do Pregão Eletrônico nº 34/2015, um Registro de Preços para fornecimento e instalação de sistema de gravação de chamadas telefônicas. Subsequentemente, e antes da aquisição, os integrantes da força-tarefa solicitaram à Coordenadoria de Tecnologia da Informação e Telecomunicação que fosse verificada com a Secretaria de Tecnologia da Informação/Secretaria Geral na Procuradoria-Geral da República, a possibilidade de eventual aquisição destes equipamentos com verbas que sobrassem no final daquele ano, com a ciência e concordância da Chefia da PR/PR. Assim, em 29/12/2015 foi empenhada a aquisição do equipamento e dos serviços devidamente licitados pela administração da PR/PR.

Ou seja, toda a aquisição do equipamento se deu pelas vias oficiais e com conhecimento integral da Administração, inclusive da Administração Superior, do Ministério Público Federal.

Importante ressaltar que, entre 2015 e 2016, a força-tarefa de procuradores recebeu diversas ameaças por telefone e correspondências, o que conduziu inclusive à instauração de inquérito policial (autos nº 5017581-18.2015.404.7000 e 5044981-07.2015.404.7000). Além disso, poderia se revelar necessária ou conveniente, por questões de segurança jurídica ou moral, a gravação de certas ligações telefônicas feitas pelos próprios procuradores para tratar das investigações.

Por tais razões, nos moldes expostos, por meio de procedimento licitatório, a Procuradoria da República no Paraná adquiriu equipamento para permitir que cada procurador ou servidor solicitasse a gravação de ligações telefônicas feitas ou recebidas em seu próprio terminal fixo de uso funcional. É importante frisar que o equipamento é limitado à gravação de ligações feitas por terminais da própria procuradoria e foi acionado por alguns dos integrantes da força-tarefa para gravar suas próprias ligações, jamais ligações de terceiros.

Nesse contexto, em razão de ameaças feitas à Servidora Maíra Leite, secretária da força-tarefa que atendia ligações *externas, e com a concordância expressa dela, solicitou-se que fosse realizada a gravação das ligações relacionadas ao seu terminal telefônico. A partir de contato feito nesta data com a referida servidora, ela recordou que, uma vez autorizada a gravação de seu terminal, era realizada automaticamente a gravação de todas as ligações. Acrescentou que, em razão de ter esquecido de pedir encerramento da gravação quando se removeu para outra unidade, é possível que a gravação do seu terminal em que foram recebidas ameaças, tenha continuado a ser realizada nos anos seguintes. Contudo, esse lapso eventualmente ocorreu, não chegou ao conhecimento dos procuradores da força-tarefa e não se tem notícia de que eventuais gravações tenham sido acessadas por procuradores ou servidores.*

Também nesse contexto, apurou-se que o servidor Lucas Pauperio Henche, também em razão de ameaças, solicitou a gravação de seu terminal e, segundo informou, não pediu que fosse encerrada. O mesmo ocorreu em relação ao Procurador Regional da República Carlos Fernando dos Santos Lima, que pediu a gravação de seu terminal e também, quando de sua aposentadoria, não pediu o encerramento da gravação. A gravação desses terminais pode ter seguido ocorrendo ou porque esqueceram de pedir que fosse encerrada, ou porque não foram corretamente informados sobre a necessidade de solicitar o encerramento.

Ressalta-se, assim, que as gravações de determinados terminais da força-tarefa foram sempre pedidas pelos próprios usuários desses terminais. Segundo recordam os integrantes da força-tarefa, ele foi utilizado poucas vezes no período e, com o passar do tempo e o encerramento das ameaças, caiu em desuso.

6. Diante de todos esses fatos, como medida de cautela, e para prevenir responsabilidades, reputou-se apropriado informar a V. Exª sobre os fatos, a fim da adoção das providências reputadas cabíveis, ficando os signatários à disposição para prestar as informações adicionais que se fizerem necessárias.

Por fim, reitera-se que todos os elementos de informação disponíveis nesta força-tarefa encontram-se à disposição de Vossa Excelência, ou de qualquer autoridade designada por Vossa Excelência, para o exercício da função correicional, não havendo nenhum óbice ao pleno acesso a qualquer dado considerado útil para as relevantes atribuições exercidas por essa corregedoria."

De início cooptada pela força-tarefa da Lava Jato curitibana, a então corregedora-geral do Ministério Público Federal, Elizeta Maria de Paiva Ramos, não caiu no agá malandro de Deltan Dallagnol e dos procuradores leais a ele no Paraná. "Frise-se, de antemão, que uma vez concluída a colheita preliminar de elementos de informação, não foi possível aferir a existência de irregularidades ou da prática de eventuais infrações disciplinares por parte da subprocuradora-geral Lindôra Maria Araújo ou da equipe que a acompanhava", escreveu Paiva Ramos na decisão 128/2020 do CNMP.

A Corregedoria-Geral do MPF abriu, então, um amplo processo de investigação dos atos suspeitos da Operação Lava Jato a partir do flagrante irrecorrível de que havia um equipamento de gravação à disposição da força-tarefa liderada por Dallagnol.

"Averiguou-se inicialmente que o procurador da República Deltan Dallagnol sedimentou narrativa em torno da suposta intenção da subprocuradora-geral Lindôra Araújo de acessar as bases de dados daquela força-tarefa, com afirmações repetidas de que seu objetivo em Curitiba era nebuloso e incompreensível, com a aparente finalidade de se conduzir à tomada de uma atitude do grupo de procuradores da força-tarefa da Lava Jato contra a subprocuradora-geral", registrou ainda Elizeta na decisão que ensejou o desbaratamento da FTLJ/PR e, depois, que terminou sendo responsável pela cassação do mandato de Dallagnol como deputado federal.

O Tribunal Superior Eleitoral acatou os argumentos de adversários políticos de Dallagnol que acusavam o já então ex-procurador de ter deixado o Ministério Público para fugir da correição à qual estava sendo submetido por causa da viagem de Lindôra Araújo ao Paraná, em junho de 2020.

"Ademais, foi confirmada na inspeção a existência de um equipamento de gravação de ramais telefônicos, denominado Vocale R3, desvendando-se que gravações foram feitas, por meio dele, de modo contínuo e sem que agentes públicos usuários dos ramais tivessem conhecimento", diz outro trecho da decisão. E segue: "Há, inclusive, notícias de que a própria Procuradora-Chefe do Paraná só tomou conhecimento da existência deste equipamento após a realização da inspeção realizada em 25 de junho de 2020".

Em depoimento à Corregedoria-Geral do Ministério Público, Lindôra Araújo e o delegado federal que a auxiliou nas produtivas diligências em Curitiba foram certeiros e assertivos ao narrar o que haviam encontrado:

"Então, fomos lá. O Dr. Marcos fez a inspeção na parte de informática e, quando nós sentamos com a Dra. Paula, que é a Procuradora-Chefe do Paraná, e mais o pessoal da Informática, eles não queriam mandar ninguém ir porque disseram que em pandemia ninguém trabalha. Eu disse que eles iam ter que deixar irem alguns técnicos, porque não é possível que ninguém possa vir trabalhar. Chamaram alguns técnicos, e o Dr. Marcos disse que queria falar com o Chefe da Informática. Disse que o técnico falou que lá tinha um aparelho que grava. Ficou todo mundo espantado. Como assim tem um aparelho que grava? Ele voltou a afirmar a existência do aparelho. Então, o Dr. Marcos disse que não viu esse aparelho e perguntou onde estava. Eles foram guiados pelo celular por esse rapaz, que estava no telefone, e tinham mais três técnicos: um do Rio Grande do Sul e dois de lá de Curitiba, mais esse que estava no Facetime, mais a Dra. Paula, que tomou um susto, porque não sabia da existência desse aparelho. Tomou um susto mesmo, não tinha a menor ideia", depôs Lindôra.

"Quando estávamos presentes, eu Dra. Lindôra e Dr. Marcos, e os demais servidores, a Procuradora-Chefe deu

a entender que tomou conhecimento desse aparelho na ocasião", depôs, por sua vez, Galtiênio Paulino.

"Ela (Paula Cristina Thá, procuradora-chefe da regional da PGR no Paraná) *queria, enfim, lavrar uma certidão dizendo que as diligências tinham sido cumpridas a contento. Essa era a ideia. Eu disse: 'não tem problema' (...). Atrasamos um pouquinho (...) eu, Dra. Lindôra e Dr. Galtiênio. Aí tem uma sala de reunião lá (...) a Dra. Lindôra e Dr. Galtiênio já estavam lá nos aguardando e toda a equipe da Informática e mais o chefe da Segurança. Perguntando se essas pessoas tinham participado da diligência anterior (...) Eles estavam na sala também. Estavam esses dois técnicos, o Chefe da Segurança e o Chefe da Informática (...) Na verdade, foi na ocasião em que eu identifiquei o aparelho. (...) Ela perguntou para mim como tinha sido. Eu disse que tudo tinha sido realizado a contento, só tem um equipamento que eu não encontrei (...). Eu disse a ela 'só não encontrei um equipamento tal, se trata de um gravador de chamadas, marca tal, que foi licitado no pregão tal, no final do ano de 2015 e que foi instalado aqui em 2016. Eu não achei esse aparelho. A Sra. tem ciência desse aparelho? Ela: 'eu não tenho ciência'. (...) Nessa ocasião, o chefe da Informática, espontaneamente disse: 'Não, mas ele existe. Ele existe. Eu só não sei identificar. Mas, ele está instalado dentro do CPD'. Então, nós tínhamos a seguinte situação: O Chefe da Informática não conhecia o aparelho, sabia que ele estava instalado, a Procuradora-Chefe do Estado sequer sabia da existência do aparelho",* disse o delegado Marcos Ferreira dos Santos em seu depoimento.

Mário Bonsaglia, subprocurador-geral da República e relator daquele ato de correição, em que pese tivesse sempre deixado claro que considerava admiráveis os resultados obtidos pela Operação Lava Jato, precisou admitir em seu relatório o que era inescapável e já fofoca corrente nos corredores da PGR em Brasília. "O aparelho, portanto, foi adquirido a pedido e para uso da força-tarefa e, assim, foi exclusivamente utilizado, conforme comprovam os documentos acostados aos autos, referentes ao PGEA 25.000.003713/2015-95; os depoimentos de testemunhas, dentre elas os servidores da área de TI, inclusive o que era responsável pelo gerenciamento do equipamento; e a listagem de ramais gravados fornecidos pela Procuradoria da República no Paraná. Por outro lado, embora alegue-se que o equipamento se tornou obsoleto diante das funcionalidades dos celulares atuais, fato é que os ramais continuaram a ter conversas gravadas até julho de 2020, sem cessar. Assim, forçoso concluir que a conduta do então coordenador da força-tarefa, o procurador Deltan Martinazzo Dallagnol, se enquadra como infração às normas previstas no art. 236, *caput* e incisos VII e IX da Lei Complementar nº 75/1993, uma vez que tinha conhecimento das gravações e de que eram realizadas sem a devida regulamentação, formalização ou com a adoção de protocolos de segurança, por mais de 4 (quatro) anos, sendo o aparelho usado exclusivamente pela força-tarefa, fragilizando a segurança da informação nela compartilhada, sem a tomada de providências para comunicar ou sanar a irregularidade."

* * *

A implosão do aparelho curitibano da Operação Lava Jato, com a transferência para Brasília de toda a base de dados amealhada pelos procuradores coordenados por Deltan Dallagnol na FTLJ/PR, era consequência natural daquela viagem indesejável de Lindôra Araújo à regional paranaense da Procuradoria da República. No Ofício 49/2021, de janeiro de 2020, enviado ao Corregedor Nacional do Ministério Público, no tópico 3.3 intitulado "Uso de aparelho tipo Guardião", escreve o então procurador-geral: "No caso da FTLJ em Curitiba, somaram-se às irregularidades dos sistemas notícias da existência de aparelho 'guardião' na FTLJ-Paraná, que teria sido utilizado para a realização de gravações telefônicas sem autorização judicial". E prossegue: "A alegada existência de equipamento 'guardião' em Curitiba é objeto do procedimento administrativo

1.00.002.000044/2020-16, cuja comissão de sindicância é presidida por Sua Excelência a Subprocuradora-Geral da República Célia Regina Souza Delgado, que informou o encerramento da instrução processual, com a realização de perícia técnica do equipamento encontrado nas dependências ocupadas pela FTLJ em Curitiba".

Foi preciso a contratação de dois caminhões-baú, blindados, acompanhados de escolta de segurança armada, para que sistemas eletrônicos contendo mais de 40 *terabytes* de informações, 30 mil gravações de telefonemas executadas sem base legal e informações detalhadas sobre algo em torno de 38 mil cidadãos e cidadãs brasileiros — muitos deles, a maioria, sequer sabia que seus sigilos telemáticos, telefônicos, bancários e fiscais haviam sido quebrados — deixassem Curitiba rumo ao arquivo central da Corregedoria-Geral do Ministério Público Federal na capital do país. Em julho de 2020, Augusto Aras anunciou a extinção do modelo de constituição de forças-tarefa dentro do MPF e a criação de 27 GAECOS — Grupos de Atuação Especial de Combate ao Crime Organizado — federais.

O combate e a resistência à força-tarefa da Lava Jato de Curitiba não se davam apenas em parte da sociedade civil organizada, que havia compreendido as violações aos direitos constitucionais promovidas pela equipe comandada por Deltan Dallagnol a partir do Paraná, ou no gabinete do procurador-geral da República, Augusto Aras, em Brasília. Uma trincheira havia sido aberta pela subprocuradora-geral Viviane Martínez na Procuradoria Regional de São Paulo, onde também se tinha instituído uma força-tarefa lavajatista.

No dia 18 de maio de 2020, por Ofício (nº 5312/2020/ GABPR40-VOM), Martínez explodiu em ira contra procedimentos dos colegas da Lava Jato paranaense, que eram de uma esperteza ímpar. Com base em um arranjo informal com a antecessora dela no comando do 5º Ofício da Regional Paulista da Procuradoria da República, justamente o Ofício Criminal onde deveria estar sediada a força-tarefa da Lava Jato/SP nos mesmos moldes do *cluster* do Paraná, Dallagnol e sua turma puseram em prática a ideia de ver a turma de São Paulo apenas chancelando as orientações e os procedimentos indicados em Curitiba. Ao assumir o comando daquela que se propunha a ser a

FTLJ/SP, Viviane Martínez desfez o acerto que só favorecia o protagonismo do elenco curitibano e se recusou a oferecer denúncia contra um investigado indicado pelos lavajatistas de Curitiba.

Dallagnol e seus pupilos estrilaram ao tomarem conhecimento da recusa da encarregada do 5º Ofício Criminal de São Paulo e a pressionaram de uma forma completamente fora dos padrões aceitáveis. Daí, ela escreveu para o procurador-geral, Augusto Aras, um alentado lamento dando curso à exposição dos métodos nada republicanos dos colegas do Paraná.

"Na última reunião que tive com meus colegas da FT, eles disseram que posso meramente opinar sobre minha atribuição, mas que não devo decidir sozinha", protestou Viviane Martínez do detalhado texto lamurioso enviado a Aras. "Sendo que, em uma ocasião, onde ressalvei que decidiria sobre minha atribuição em momento futuro, num mero despacho simplificado dentro do sistema Único, fui questionada por este comportamento e tive a recomendação de não o repetir."

Sem subterfúgios, lia-se ali uma subprocuradora-geral da República relatando ao chefe da Procuradoria-Geral da República que procuradores de outra alçada, diferente (e inferior à dela), censuravam-na por ter tomado uma decisão divergente daquela que eles desejavam e advertiam-na para não repetir o ato eivado de independência constitucional. "Por considerar relevante o trabalho da FTLJ/SP, optei por simplesmente não assinar com os colegas de lá os feitos que não forem livremente distribuídos ao 5º Ofício Criminal", ainda escreveu ela. Para então sacramentar: "Salientando que minha mera assinatura conjunta não significa que estou me voluntariando em investigações que, posteriormente, eu verificar que poderiam ser livremente distribuídas".

O veemente protesto de Viviane Martínez, alguém cuja trajetória profissional dentro do Ministério Público Federal não tinha quaisquer pontos de contato ou paralelos com a caminhada do PGR Augusto Aras e com o vice-procurador-geral Humberto Jacques, terminou por catalisar todos os elementos internos do MPF que tornavam acidamente irrespirável o ar da instituição. A partir daquele ofício da procuradora lotada em São Paulo, que exemplificava as impropriedades e o déficit de institucionalidade do desarranjo improdutivo adotado a partir do contraexemplo paranaense, iria ser selado o destino das forças-tarefa e a troca do modelo pelos GAECOs federais. Em julho de 2020, Thiago Lemos de Andrade, procurador da República em São Paulo, havia feito uma veemente denúncia de irregularidade na distribuição processual de ações reunidas sob o guarda-chuva da Lava Jato em São Paulo. A queixa antecedeu os protestos de Martínez, mas em tudo se parecia com ele: no território paulista, a distribuição processual não obedecia ao princípio do procurador natural e era distorcida a fim de designar quem cuidaria de qual ação. E, invariavelmente, a decisão recaía sobre os gabinetes dos procuradores dóceis aos métodos lavajatistas determinados a partir de Curitiba.

No Paraná, sacramentada a troca das forças-tarefa pelos GAECOs, oito dos 14 procuradores que integravam a outrora orgulhosa e plena FTLJ/PR pediram para deixar o núcleo até então liderado por Dallagnol. Ele próprio abandonou o barco. "O lavajatismo há de passar", celebrou Aras durante um programa de entrevistas concedido a um grupo de advogados numa plataforma de rede social. "Agora é hora de corrigir os rumos para que o lavajatismo não perdure. Mas a correção de rumos não significa a redução de empenho no combate à corrupção", pontuou o então procurador-geral da República. "Temos de buscar a investigação científica e, acima de tudo, respeitar os direitos e as garantias fundamentais."

Personalistas, modeladas a partir de um centro gravitacional que atrai profissionais de diversas áreas e hierarquias diferentes, as forças-tarefa padeciam de precariedade legal e adoeceram por hipertrofia de atribuições e acúmulo de gordura excessiva na coleta de material a ser chafurdado em investigações (às vezes, obtido sem base legal) até a morte definitiva. As forças-tarefa eram arranjos precários dentro da estrutura do Ministério Público. Previstos institucionalmente para existirem dentro do MPF desde 2013 e jamais implantados de fato, os GAECOs tinham previsão normativa, instituíam mandatos de dois anos com prorrogação prevista para seus membros, concediam gratificação por acúmulo de atividade e asseguravam a inamovibilidade a quem o integrasse. E ainda eram formados a partir de critérios objetivos e transparência de preenchimento de vagas. Em tudo, diferente de uma força-tarefa da Lava Jato, por exemplo, para a qual um procurador ainda imaturo dentro da carreira, como Deltan Dallagnol, dizia quais colegas queria ver designados para trabalhar com ele e estabelecia uma relação de obediência e lealdade incompatíveis com a impessoalidade das funções de integrantes do Ministério Público.

Ao contrário dos GAECOs, as forças-tarefa não tinham previsão normativa. As designações para quem as integrava eram precárias e careciam de constantes renovações por parte do PGR, o que obrigava o estabelecimento de relações pessoais constantes e "lealdades" sempre a serem testadas ou renovadas. "O apoio de integrantes do Ministério Público Federal a outras unidades diferentes daquelas nas quais estavam lotados era para ser provisório e se tornou permanente", observou o vice-procurador-geral Humberto Jacques de Medeiros na exposição de motivos que terminou por trocar forças-tarefa por GAECOs. "Tornando-se permanente, instala-se um clima organizacional de desigualdade de tratamento entre preteridos e privilegiados, centros de excelência e unidades de carência."

Os Grupos de Atuação Especial de Combate ao Crime Organizado oxigenaram os métodos de ação de procurador e subprocuradores da República e intimidaram os mais afoitos no atropelo aos direitos e garantias individuais. Também permitiram uma melhor estruturação financeira do gabinete da PGR quanto ao pagamento de diárias e ressarcimentos. Como eram precárias, as forças-tarefa demandavam gastos públicos muitas vezes superiores à soma dos salários pagos aos seus integrantes, somente nas rubricas de passagens, hospedagens e diárias de alimentação e transporte.

Em depoimento dado exclusivamente para refletir sobre o desmonte da Operação Lava Jato, sobre a troca do modelo precário de forças-tarefa pela forma institucional dos Grupos Avançados de

Combate ao Crime Organizado (GAECOs), o subprocurador-geral da República Humberto Jacques de Medeiros, que foi vice-procurador-geral de Augusto Aras entre 2020 e 2021, explicou com rara clareza todo aquele processo:

> *"A 'autonomia da Lava Jato' é um conceito a ser esclarecido. A Lava Jato não era autônoma na medida em que todo um corpo de colegas que estavam nela, à exceção do procurador natural, era precário. Ninguém é autônomo com precariedade na sua investidura. Todo o esforço feito na gestão do doutor Aras foi para pôr fim à precariedade da atuação do Ministério Público nas causas da Lava Jato, e não em pôr fim às causas da Lava Jato. Doutor Aras me convidou para assumir a vice-procuradoria-geral da República e eu recebi os processos criminais no Supremo Tribunal Federal que estavam antes com meu antecessor, doutor Bonifácio (José Bonifácio Borges de Andrada), e mandam do gabinete dele para o meu gabinete todas as coisas que estavam lá dentro e não tinham grande apelo, grande interesse.*
>
> *Aí, além das questões criminais, recebo as extradições, todos os processos do Superior Tribunal de Justiça e do Supremo Tribunal Federal que dizem respeito a cartas rogatórias. Eram coisas aparentemente não polêmicas. Chega para mim, também, uma assessoria jurídica administrativa do gabinete do PGR. É a assessoria que produz as decisões do PGR como gestor do Ministério Público. Era uma assessoria que fazia as peças do Conselho Nacional do Ministério Público e do Conselho Nacional de Justiça. Tinha muita coisa da época do doutor Rodrigo Janot, os últimos recursos administrativos dentro da casa etc. Vem para mim e eu digo: ok, não tem problema. Mas, também disse: diferentemente de outros PGRs, o doutor Aras não mais assinará portarias, quaisquer portarias, que são atos administrativos dele, sem que esteja anexado junto à portaria um parecer onde se saiba o que foi decidido, como*

e por que aquilo foi decidido. Acabava ali a história de ter parecer de procurador-geral da República sem exposição de motivos. Então, eu passei a produzir exposições de motivos para decisões do PGR. Eu as fazia, e fazia sem consultar a ele. Nunca ele me disse o que era para ser feito. Depois de feito, encaminhava para ele e a portaria era assinada. Ele não assinava os motivos. Mas os motivos estavam nos autos. Daí ninguém podia perguntar 'por que esse ato foi assim ou assado'? Qualquer ato que o doutor Aras assinou enquanto eu estive na assessoria jurídica administrativa tem um parecer calçando a decisão.

Entre as coisas que vieram para mim, e quem encaminhava para mim era a assessoria do gabinete da PGR; eu não tinha nada a ver com isso, não chegava lá e dizia 'quero isso, aquilo, aquilo outro'. Não. Os processos que chegavam até mim para decisão do PGR vinham para que eu fizesse o parecer que calçava a decisão.

Depois, voltava para o gabinete e eles decidiriam se faziam ou não. Eu não controlava mais isso. Entre esses processos que chegaram a mim, estavam os pedidos de prorrogação da Lava Jato. Todos os colegas que colaboravam com as forças-tarefa do país estavam naquelas posições por ato precário do procurador-geral. Quando vieram os pedidos de renovação, eu dizia, colocava nos autos: 'essa situação é anômala, essa situação não é adequada, isso não é possível, isso não é compatível com a Constituição, isso não é compatível com a Lei 75 (LOM), precisamos voltar ao eixo da legalidade da Lei Complementar 75' (Lei Complementar 75, de 20 de maio de 1993, que dispõe sobre a organização, as atribuições e o estatuto do Ministério Público Federal). *Quando liam essas coisas nos processos, os colegas reagiam. Havia troca de correspondências, troca de pareceres e diálogos que culminavam com as portarias do PGR. Então, foi um processo de ajustamento de conduta o que fizemos. Todas aquelas coisas que funcionavam no metaverso, nós as trouxemos para o eixo da legalidade. Aí, eles passaram a ouvir negativas que até então nunca tinham ouvido. Eu tinha bons argumentos. Nem doutor Aras, nem eu,* éramos *votados. Ainda assim, estávamos em nossos cargos sem ferir a Constituição, legitimados pela lei. Então, não tínhamos nenhuma dependência do poder político deles. A gente dizia sucintamente: 'olha, nos termos da lei isso não pode, nos termos da lei isso não é assim'. Então, realmente, era difícil você argumentar. Malgrado fosse difícil argumentar juridicamente, a relação interpessoal minha com o pessoal da Lava Jato do Paraná era muito boa. Eu dizia: 'isso aqui não está correto. Como é que a gente sai dessa?'.*

Daí, começamos um programa de adequação. Nesse programa de adequação, desenhamos vários cenários possíveis de como a gente poderia entrar no eixo da institucionalidade. Nunca houve entre mim e meus colegas da Lava Jato, ou da Operação Greenfield (algo semelhante à força-tarefa da Lava Jato, que existiu no âmbito da regional do Distrito Federal da Procuradoria da República e estava focada em movimentações do agronegócio), *a discussão sobre a atuação em processos que eles fizeram. Isso nunca houve. Mas eu advertia: 'você está há meses fora de sua unidade. Não pode ser assim'. Por exemplo: nós estávamos com uma unidade com sérios problemas indígenas, sérios mesmo, e os dois colegas não pisavam lá, na unidade de origem deles. Um estava na Lava Jato de São Paulo, o outro na Lava Jato de Curitiba, e eu via a chefe da Lava Jato de São Paulo brigando, que não devolvia o procurador cedido dela para o Mato Grosso do Sul. O Deltan dizia, por sua vez, que não devolvia o dele também para o Mato Grosso do Sul. E o procurador-chefe do Mato Grosso do Sul dizendo 'eu preciso de um procurador ali'. Havia índios abandonados. É muito lindo o discurso a favor da Amazônia, mas a Lava Jato drenou a Amazônia. A colega que fazia Meio Ambiente no Pará, estava na Lava Jato do Rio. O colega do Amapá, Lava Jato de Curitiba. Os colegas do Norte, jovens, em início de carreira, alguns sem vitaliciedade, mas que tinham a simpatia de Deltan, eram recrutados por ele para a Lava Jato, por critérios não conhecidos.*

Eles saíam do Norte e iam atender à Lava Jato. E eu dizia: 'o Norte está desfalcado'. É lindo você falar 'a Amazônia é terra sem lei'. Mas, durante quantos anos nós drenamos procuradores do Norte para as forças-tarefa do Sul. As forças-tarefa não passaram do Trópico de Câncer. Elas não subiram o país. Você não teve uma Lava Jato no Ceará, não teve uma Lava Jato em Pernambuco. Por quê? Deixo essa questão no ar. Agora, jamais tratamos com eles problemas dos processos em si. Isso era com a corregedoria. Comigo o assunto era administrativo.

Viviane de Oliveira Martínez foi a responsável por trazer à tona os problemas da distribuição processual. Todo mundo queria ter uma força-tarefa para chamar de sua. A instituição não tinha procuradores, nem dinheiro, nem estrutura para tantas forças-tarefa. Raquel Dodge criou uma força-tarefa na Amazônia, que foi um esforço interessantíssimo de alguns colegas, mas não tinha um centavo para lá. E não tinha dinheiro porque Deltan esgotou o orçamento.

Uma coisa divertida, entre aspas, era ver as forças-tarefa brigando entre si para conseguir mais recursos, mais espaço, mais colegas. Então, nessa hierarquia, não há sombra de dúvidas de que Deltan Dallagnol saiu na frente e juntou tudo o que precisava para fazer rodar a força-tarefa da Lava Jato em Curitiba. Tudo o que precisava. Nesse processo, ele, o 'Juízo Universal de Curitiba', tinha um acordo com São Paulo. Lá, a Lava Jato paulista tinha um acordo com Deltan: ele os deixava fazer mídia, e São Paulo não se metia nos processos que o Paraná considerava essenciais.

Foi um belo toma lá dá cá. Os paulistas tinham os bônus sem ter o ônus de trabalhar de fato. Vários processos de São Paulo não iam para lá, porque eles estavam satisfeitos em ter todos os bônus sem nenhum dos ônus.

Quando a coisa começa a apertar no Paraná e todo mundo dizendo 'opa, isso aqui não é aqui', os processos saem do Paraná e vão para São Paulo e aí vem a cobrança. A pressão para saída foi do sistema de justiça. Era a grande questão da competência que emergia. No fim, onde foi que ruiu o processo de Lula? Na competência. Isso é parte do problema da baixa institucionalidade das forças-tarefa. Eles não enxergaram isso, a precariedade que tinham.

A procuradoria regional do Distrito Federal eclodiu, então, como o primo pobre de Curitiba. Nos estertores da Lava Jato, a procuradora regional do Paraná diz que os procuradores do Paraná não querem receber os processos da Lava Jato. Eu pergunto: 'como assim'? E respondo a eles: 'não, quem pariu Mateus que o embale'. Deltan implodiu o Ofício do Paraná com a Lava Jato. Eles se agigantaram e ficou inadministrável. Juntou processos lá do país inteiro. E depois a gente tinha de resolver os problemas dele? Enquanto alguns universalizavam seus foros, como Curitiba e aqui no Distrito Federal, com Anselmo Henrique Cordeiro Lopes, os seus pares diziam: 'se ele quer esse problema, eu não quero esse problema para mim. Não me incomoda'. Nenhum colega foi adverti-los diretamente de que eles estavam passando dos limites, salvo Viviane Martínez. Ela havia assumido o 5º Ofício Criminal em São Paulo e lá caem os processos. Caem com ela. Ela, ortodoxa, diz: 'os processos são meus. Processo meu, mando eu'. Aí, os colegas de São Paulo se perguntam: 'como que o Paraná está acontecendo, o Rio está acontecendo, e São Paulo não acontece'? Os colegas de São Paulo vêm a Brasília e cavam uma força-tarefa para São Paulo. Eles são nomeados e chegam para Viviane e exigem protagonismo, exigem funcionar regularmente nos processos. E nem é o Aras quem está na PGR ainda. O pipoco se deu no dia em que a Lava Jato propôs determinada ação e a Viviane disse que não assinava, que não concordava. Naquele momento, deu-se o 'Deus me livre'. No dia em que a procuradora natural de São Paulo lembrou ao Paraná, à turma da Lava Jato em Curitiba, que ela é procuradora natural e que não tem votação por maioria para distribuição natural dos processos, que o promotor natural é ela, aí tudo desandou. Viviane teve um surto de institucionalidade e disse: 'se o processo é meu, quem decide o que fazer com ele sou eu'. E estava certa. O modelo paranaense ruiu ali e não rodou em São Paulo. Eles exigiram que ela denunciasse determinada pessoa, em determinado processo, e ela respondeu que acha que não era para denunciar e que não iria denunciar. E que o processo era dela. Isso, obviamente, deu um problemão e implodiu a força-tarefa de São Paulo.

Em Brasília, na PGR, foi montado um esquema parecido no Superior Tribunal de Justiça. Assim como fizeram em São Paulo com a Viviane, fizeram em Brasília com a doutora Áurea Catarina. Cercaram ela e a obrigaram a dividir os processos da Lava Jato com indicado deles. Sistema parecido ao paulista, mas dizia respeito à distribuição dos processos no STJ. Só que a doutora Áurea tinha problemas que a Viviane não tinha. Ela tinha muitos processos acumulados, uma ameaça no Conselho Nacional do Ministério Público de ser processada por excesso de acervo, e aceitou. Existia, portanto, um braço da Lava Jato no STJ, como se fosse a Lava Jato de São Paulo, em que o promotor natural era enfraquecido.

Houve um deslumbramento. Lembra do filme O Advogado do Diabo? *A tentação do advogado com as forças-tarefa foi o deslumbramento de você ter a imprensa a seu favor, acuar a classe política. Tinha um discurso messiânico que todos os colegas tinham orgulho do prestígio da instituição.*

Aquele orgulho fazia com que muitos colegas não percebessem que o que se estava fazendo tinha um profundo déficit de institucionalidade. Não consigo ver nenhum projeto político naquilo, mas era um deslumbramento da Lava Jato e da nossa carreira. Nossos colegas tinham orgulho de crer que estavam passando o país a limpo sem fazer cálculos de maturidade política de onde isso desaguaria.

Eu conheço Deltan, trabalhei com ele, nos damos bem. A carreira política do Deltan foi o que restou a ele; de alguém que nunca fez os cálculos, de um romantismo absoluto. No Moro isso é ainda mais evidente. O jeito dele é mais caipira, o passo curto. Foi o que restou a ele. Deltan, vamos arrumar o tema Lava Jato: Doutor Janot bancou vários media trainings *para a Lava Jato. Deltan era o melhor aluno, daí tomou a dianteira e virou um grande comunicador. Essas coisas eram guardadas a sete chaves na gestão Janot. Era cristão-novo, um bom repórter sem editor.*

Acho que tem um lado Deltan comunicador sem a estrutura de um veículo responsável de comunicação. Havia messianismo, a certeza de que estava fazendo bem, e os colegas aplaudindo. Onde é que isso enfraquece? A Vaza Jato. Eu não sei o quanto que uma análise da Lava Jato mostra pureza ou mostra malícia. Mas, para a carreira, havia um grande idealismo ali.

Talvez, na Vaza Jato, perceba-se que havia pureza demais, ingenuidade. E você não tem o direito de ser ingênuo em nossa carreira. Para alguns, soou como mau caráter. A minha carreira aceita o bom coração. Eu posso fazer uma besteira se o propósito for nobre. Mas, não faça cálculo. Não faça cálculo."

Augusto Aras confiou integralmente as missões administrativas ao seu segundo vice-procurador-geral, Humberto Jacques de Medeiros. Como explicou Jacques de Medeiros na íntegra de seu depoimento exposto no tópico anterior, o desmonte das forças-tarefa e, consequentemente, dos núcleos da Lava Jato em Curitiba, São Paulo e Rio de Janeiro, não se deu por mero e estreito antagonismo em relação aos métodos de ação dos procuradores que integravam aqueles grupos operacionais. Mas sim, em razão da total falta de institucionalidade do modelo. A seguir, Aras explica com as palavras dele como se deu o desmonte e qual o papel de Humberto Jacques de Medeiros em todo o processo:

> *"O procurador-geral que joga para a torcida, que foi o que aconteceu da época do Fontelles para cá* (Cláudio Fontelles, procurador-geral da República entre 2003 e 2005, durante o primeiro mandato do presidente Luiz Inácio Lula da Silva), *vai querer agradar a imprensa todo dia. A Procuradoria-Geral,* Circus Maximus, *passa a crer que precisa dar todos os dias um espetáculo para a plateia. E a plateia é a população brasileira, que eles acham que pede pão e circo. Com isso, para produzir o circo, a PGR precisava dar cabeças diárias à mídia. Oferece essas cabeças em bandejas. Isso era a Lava Jato. Temos hoje, julho de 2023, mais de 550 pessoas com prerrogativas de foro sendo investigadas em minha gestão. Sem estrépito. Sem circo.*
>
> *Esse modelo de forças-tarefa foi introduzido por Rodrigo Janot, meu antecessor e de Raquel Dodge na Procuradoria-Geral, com o grupo de Curitiba. A influência era claramente norte-americana, da experiência deles. Elas têm sucesso nos EUA porque lá são institucionalizadas. Aqui, não foram. Lá, elas são transversais dentro do Estado. Aqui, a força-tarefa era um aparelho dentro do Ministério Público, um corpo estranho. As nossas forças-tarefa eram informais e geravam muita despesa para o Estado. A despesa dela era suportada pelo gabinete do Procurador-Geral da República. Todas as diárias, as passagens aéreas, tudo o que se gastava nelas, dependia da verba de gabinete do procurador-geral. Elas começavam com a notícia de jornal e a partir dali se fazia a* fishing expedition. *Lançava-se*

a linha e depois recolhia o molinete. Elas tinham um chefe em Curitiba, que era o Deltan Dallagnol, e um chefe em cada cidade onde tinha força-tarefa. Depois, tudo era pendurado nos custos do gabinete do PGR. Não podia dar certo. Quem lida com a justiça, com a lei, tem de observar as formalidades, os ritos, a institucionalidade.

Lindôra Araújo, como subprocuradora-geral no Superior Tribunal de Justiça, antes de virar vice-PGR, foi a Curitiba atender a um pleito de Deltan Dallagnol formulado diretamente a ela pelo também procurador Januário Paludo. Ela era amiga de Paludo. Dallagnol foi à PGR na semana anterior àquela viagem de Lindôra pedir apoio do nosso gabinete para que eles concluíssem 3 mil inquéritos que remontavam a 2016. Eles queriam apoio porque aqueles 3 mil inquéritos tinham de fechar. Estavam parados. Era um escândalo ter tantos inquéritos parados e ia gerar ação do Conselho Nacional do Ministério Público. Com medo da chegada dela, alguns procuradores lavajatistas de Brasília espalham a mentira de que Lindôra faria uma busca e apreensão em Curitiba. Não tinha base alguma para se dizer aquilo, nem esse era o objetivo dela quando saiu de Brasília para o Paraná. Ela chegou e acharam que havia ido para destruir a Lava Jato. Foi recebida de forma hostil. Acidentalmente, o secretário de segurança institucional perguntou a um servidor onde estava o parque tecnológico da regional do Paraná. Quando chegou lá, tinha um equipamento descaracterizado. Aí ele perguntou: "o que é isso?". O servidor não quis dizer. Depois, o mesmo servidor admitiu que era um interceptador e gravador. Aí, o secretário recolhe o equipamento. A Lindôra ouve a procuradora-chefe, uma pessoa séria e competente, e ela diz que não conhecia o aparelho. Depois, no curso da investigação, a procuradora regional diz que conhecia o aparelho, mas que quem era responsável pela gestão dele era o Dallagnol. Lá dentro havia 30 mil gravações, mas os softwares não foram encontrados. O acervo está lacrado na corregedoria do CNMP. E criou-se a situação da procuradora que foi a Curitiba a pedido do Dallagnol para ajudá-los. Lá, é escorraçada e volta a Brasília com um vale-brinde: a confirmação de que havia gravações ilegais na Lava Jato do Paraná.

A partir dali eles correram para se livrar das coisas que poderiam revelar as ilegalidades e, em um mês, a equipe da Lava Jato de Curitiba arquivou 3 mil inquéritos que estavam abertos por eles mesmos. Em um mês! Eles criam uma força-tarefa para fazer serão a fim de arquivar 3 mil inquéritos que estavam concluídos para denúncia. E nós não sabemos até hoje o que aconteceu dentro desses inquéritos. O Brasil todo estava ali. Eles não compartilhavam aquele banco de dados nem com a PGR, nem com a corregedoria, nem com ninguém. Neste ínterim, a Lava Jato do Rio de Janeiro entrou com uma Ação Direta de Preceito Fundamental contra o procurador-geral, ou seja, contra mim, proibindo-me de acessar os arquivos do Rio.

Durante os quatro anos de Janot e os dois anos de Raquel Dodge como procuradores-gerais, a Rede Globo recebia com exclusividade todos os vazamentos antecipados da Lava Jato — de Curitiba, de São Paulo, do Rio de Janeiro. A partir dali, selecionavam o que queriam dar no Jornal Nacional e o que liberariam para outros veículos. E a única forma de pagar esses vazamentos seletivos era protegendo as loucuras que foram ditas pelos procuradores, pelos subprocuradores e pelo PGR daqueles tempos.

Por meio dos atos administrativos dele, feitos sob minha delegação, o Humberto Jacques de Medeiros desmontou as forças-tarefa da Lava Jato e criou os GAECOs federais. Institucionalizou tudo. Foi então que ele passou a ser alvo da turma. Eu confiei a Humberto Jacques toda essa tarefa administrativa — e ele se saiu muito bem. Quando ele saiu da vice-PGR, e só saiu por uma conjuntura pessoal dele, porque tinha que se dedicar a um tema familiar, puxei a Lindôra Araújo do STJ para o posto dele e coloquei o Carlos Frederico dos Santos como subprocurador-geral no STJ."

* * *

No dia 4 de dezembro de 2020, Augusto Aras enviou o memorando de nº 146/2020/GT-LAVAJATO/PGR à coordenadora da 5ª Câmara de Coordenação e Revisão do Ministério Público Federal, a subprocuradora Maria Iraneide Olinda Santoro Facchini. Num texto sucinto e direto de apenas três páginas, o então procurador-geral da República comunica o envio àquela instância revisional dos autos do acordo de leniência de R$ 10.300.000.000,00 (dez bilhões e trezentos milhões de reais) firmado entre a J&F Investimentos — *holding* do Grupo JBS — com a Procuradoria da República no Distrito Federal. O acordo foi fechado em 2017 e homologado em 24 de agosto daquele mesmo ano. Na época da celebração e homologação do termo, o procurador-geral era Rodrigo Janot. "O montante de R$ 2.300.000.000,00 (dois bilhões e trezentos milhões) será adimplido por meio da execução de projetos sociais, em áreas temáticas relacionadas em apêndice deste Acordo", escreveu Aras no memorando enviado a Maria Iraneide, a fim de relatar e realçar seu estranhamento com os termos usados por procuradores da República no Distrito Federal no ato firmado com a corporação privada sob anuência do antecessor na PGR.

"Conforme registrado no ato, os procuradores da República signatários determinaram a expedição de ofício à J&F para **'que comece imediatamente a execução dos projetos sociais pactuados no acordo de leniência (...) respeitadas as melhores práticas indicadas pela Transparência Internacional, ou então que promova o pagamento da reparação social em favor do Fundo de Defesa dos Direitos Difusos'** *(grifo existente no memorando original)*, previsto no art. 31 da Lei nº 7.347/85, a seu critério", prossegue Augusto Aras no memorando enviado à 5ª Câmara. E segue, num relato espantoso: "O despacho menciona o Memorando de Entendimentos celebrado entre o Ministério Público Federal, a colaboradora J&F e a Transparência Internacional — TI — em dezembro de 2017 (doc. anexo), com o objetivo de acompanhar o cumprimento do memorando e do acordo de leniência ora tratado e que formaliza a concordância entre os envolvidos *'em relação a princípios gerais sobre a forma como serão geridos e executados os recursos previstos para investimentos em projetos sociais no âmbito do acordo de leniência. Com a formalização do memorando, fica estabelecido que as partes concordam com a viabilidade e a coerência de se contar com o apoio da TI **no desenho e na estruturação do sistema de governança do desembolso dos recursos dedicados a projetos sociais, que são parte das obrigações impostas à J&F** (grifo no memorando original. Itálico também).* Além disso, os signatários registram ainda a ciência e concordância com o auxílio da TI na apresentação de um projeto de investimento na prevenção e no controle social da corrupção (previsto no acordo de leniência), com uma estratégia de investimentos que priorize o fortalecimento e capacitação das organizações da sociedade civil e projetos de maior potencial de impacto, segundo critérios objetivos, transparentes e bem fundamentados".

Em mais dois breves parágrafos, Augusto Aras torna explícita à coordenadora da Câmara de Revisão o profundo estranhamento em torno do mecanismo de funcionamento daquela "empresa" ou "fundação" privada que seria criada com parte da verba do acordo de leniência da J&F. Afinal, tudo deveria ser público. Por fim, conclui: "Destaco que o (...) aconselhamento da TI (Transparência Internacional) na elaboração de relatório prevê relação de conteúdos para treinamento, em etapas, da equipe que comporá a entidade a ser criada, **especialmente aqueles responsáveis pelo investimento, os conselheiros e administradores**", assevera. O grifo é dele, no original. E continua: "Evidente que uma organização privada irá administrar a aplicação dos recursos de R$ 2,3 bilhões **nos investimentos sociais** previstos no Acordo de Leniência, sem que se submeta aos órgãos de fiscalização e controle do Estado. A Transparência Internacional é uma organização não governamental (ONG) **internacional** sediada em Berlim. Cuida-se de instituição de natureza privada cuja fiscalização escapa da atuação do Ministério Público Federal".

Em dado momento do memorando, Aras lembra à coordenadora da 5ª Câmara de Revisão do Ministério Público que em 15 de março de 2019 o ministro Alexandre de Moraes, do Supremo Tribunal Federal, em decisão monocrática exarada na Corte, registrou *"ser duvidosa a legalidade de previsão da criação e constituição de fundação privada para gerir recursos derivados de pagamentos de multa às autoridades brasileiras, cujo valor, ao ingressar nos cofres públicos da União, tornar-se-ia, igualmente, público, e cuja destinação a uma específica ação governamental dependerá de Lei Orçamentária editada pelo Congresso Nacional, em conformidade com os princípios da unidade e universalidade orçamentárias".* Ou seja, nas palavras do então PGR, citando Moraes, a ação acertada entre procuradores lavajatistas e a Transparência Internacional era uma afronta às normas, espicaçava o Orçamento e afrontava também o Congresso — além do Poder Executivo e do Judiciário.

Por fim, conclui Aras em seu breve texto, que pouco mais de três anos depois viria causar enorme polêmica, pois foi a base usada pelo ministro Dias Toffoli, do Supremo Tribunal Federal, para determinar a investigação da ONG Transparência Internacional em sua ação no Brasil: "Assim, considerando que Vossa Excelência *(consigna o então PGR no memorando, dirigindo-se a Maria Iraneide Santoro)* não teve conhecimento desses fatos; assim também ontem, dia 3/12/2020, foi depositada a vultosa quantia de 270 milhões; em razão da possibilidade de repasse de recursos expressivos oriundos do Acordo de Leniência à mencionada ONG a ser criada; e em face dos atrasos ou inércia da Colaboradora, ante a alternativa aventada pelos membros de que *'promova o pagamento da reparação social em favor do Fundo de Defesa dos Direitos Difusos".*

A determinação cortava a linha de financiamento da fundação dos procuradores da Lava Jato, sob cooperação com a Transparência Internacional. A parcela de R$ 270 milhões foi paga a favor do fundo público. A partir dali, judicializado, o acordo de leniência com a J&F ficou paralisado. O mesmo ocorreu com o acordo de leniência firmado entre o Ministério Público e a Odebrecht Construtora. Ambos foram suspensos por decisões do ministro José Antônio Dias Toffoli. Já em dezembro de 2020, segundo Aras, a Procuradoria-Geral da República tentou contato formal com a Transparência Internacional em Berlim e jamais recebeu resposta aos ofícios e comunicados oficiais até a saída dele da PGR, em setembro de 2023.

A revelação de que aquela parcela de R$ 270 milhões, decorrente do acordo de leniência da J&F e seguindo instruções de desembolso e investimento ditadas pela Transparência Internacional, se deu por mero acaso durante um despacho entre o advogado André Callegari, representante da *holding* do Grupo JBS, e a subprocuradora-geral Lindôra Araújo. O advogado mencionou, durante uma conversa formal, que a parcela decorrente do acordo feito seguindo os ditames da Transparência Internacional seria paga "na próxima semana". Lindôra desconhecia os termos do acordo e perguntou do que Callegari falava. O advogado reiterou os termos do acordo. "Estes termos não estão em nossos arquivos", asseverou a subprocuradora, que havia vasculhado toda a documentação eletrônica da leniência da J&F. André Callegari mostrou a cópia que possuía. Lindôra reportou ao chefe, Aras, a suspeita de irregularidade. Ao cabo de amplo rastreio da documentação, uma cópia física dos termos do acordo de leniência da J&F, celebrados pelo procurador Anselmo Reis, foi encontrada no fundo de uma gaveta na regional da PGR no Distrito Federal. Era ali que se descrevia a coparticipação da Transparência Internacional na destinação dos recursos advindos com o bilionário acordo de leniência da J&F. O volume não tinha sido anexado ao arquivo eletrônico do Ministério Público — o que seria natural. Foi o procedimento fora de parâmetro que levou a PGR a iniciar uma devassa nas leniências. Muitas irregularidades vieram à tona a partir dali.

Em paralelo àquela busca pela documentação, história que a todos soava irregular, o então procurador-geral chamou a seu gabinete na sede da PGR, em Brasília, os procuradores Herbert Reis Mesquita e Victor Riccely dos Santos para uma reunião que teria por testemunho o então procurador regional da República Alexandre Espinosa Barbosa e a subprocuradora-geral Lindôra Araújo. O objetivo de Augusto Aras era deixar claro que ele não iria se imiscuir nos assuntos correlatos ao acordo de leniência, uma vez que os atos desse acordo cabiam, em última instância, a 5ª Câmara de Coordenação e Revisão do Ministério Público Federal. E lá já estavam em conflito aberto os lavajatistas e a então coordenadora do órgão, a subprocuradora-geral Maria Iraneide Santoro, sucedida por Ronaldo Albo. Tendo ascendido àquela função com o beneplácito da turma da Lava Jato na PGR e por meio de um ato da também subprocuradora-geral Maria Elizeta de Paiva Ramos (que o retirou do posto no breve período de quatro meses em que foi procuradora-geral interina, no interstício entre o fim do mandato de Aras e o início da gestão de seu sucessor Paulo Gonet Branco), Albo foi lançado ao inferno das maledicências dos próprios colegas porque cerrou fileiras contra a celebração daquela leniência bilionária da J&F, insistindo que todo o processo era atípico e que se as instituições financeiras e os órgãos públicos envolvidos no caso diziam não ter ocorrido prejuízo a seus caixas na operação com a gigante de proteína animal, não se poderia falar em leniência como instrumento de correção dos malfeitos.

— Senhores, quero deixar claras duas coisas nessa reunião — asseverou o então procurador-geral no início da conversa registrada com espanto por Espinosa, o procurador com nome de filósofo, que depois desabafou com o chefe sobre a atmosfera inconveniente do que trataram.

Aras prosseguiu:

— Não vou falar de leniência, porque isso não cabe a mim na condição de procurador-geral. Isso é coisa da 5ª Câmara. Vou falar de acordo de colaboração, a colaboração premiada na pessoa física desses dois empresários aí, o Joesley e o Wesley Batista. Eles vão pagar quanto na colaboração? E tem pena de reclusão?

— Eles estão pagando R$ 35 milhões, cada um, no acordo de colaboração — respondeu Herbert Reis. E completou dizendo que "a leniência já é de R$ 10 bilhões".

O procurador-geral o interrompeu:

— Senhores, não vou seguir com esse acordo de colaboração desses dois meninos, bilionários, se a gente não falar no mínimo em R$ 1 bilhão de multas nas pessoas físicas e pelo menos nove meses de pena de reclusão. Acordos de colaboração dependem de mim, e não farei diferente. Não vou sair dessa cadeira, desse posto, com fama de bandido, de ladrão; com fama de quem enfraquece diante de empresários.

Foi feito daquela forma. A multa, na pessoa física, decuplicou contra os irmãos Joesley e Wesley Batista. Deixando o acordo de leniência correr por si na 5ª Câmara, os controladores da *holding* J&F aceitaram a imposição da pesada sangria financeira e começaram a cumprir pena. A delação dos irmãos Batista lhes valeu o perdão de crimes cujas penas somadas poderiam alcançar de 400 anos a até dois mil anos de prisão. A decisão final saiu em 7 de dezembro de 2020. Beneficiaram-se, em alguma medida, das restrições de liberdade necessárias a todos em razão da pandemia da Covid-19. Em três meses, a dupla de empresários voltou para casa e pôde cumprir o restante da pena em regime aberto. Por um prazo de seis meses, usaram tornozeleiras eletrônicas. Mais de dois anos depois, quando o Grupo JBS e a *holding* J&F haviam dado a volta por cima e repetido sucessivamente lucros superiores a 778% no pós-pandemia, Aras e Wesley Batista se encontraram por acaso num evento social em São Paulo. O empresário chamou o já ex-procurador-geral num canto de sala e confessou a ele:

— Doutor Aras, o senhor arrancou um pedaço muito grande de mim, de minha vida. Mas, compreendi e aprendi.

— Esse pedaço saiu do corpo, do bolso, ou da alma? — quis saber Augusto Aras, um pouco ressabiado.

— Da alma. Da alma. Foram os mais de três meses na cadeia, longe de minha família, que doeram muito mais que a multa.

— A vida lhe ensinou, meu jovem. A vida lhe ensinou — respondeu o PGR. Sorriram e, depois daquele diálogo, cada um deles foi terminar seus uísques em outras rodas de conversa.

BRASÍLIA, 17 DE MARÇO DE 2020

PANDEMIA

"Boa tarde. Nas duas últimas semanas, o número de casos da Covid-19 fora da China aumentou 13 vezes, e o número de países afetados triplicou.

Atualmente, existem mais de 118 mil casos em 114 países e 4.291 pessoas perderam a vida. Outras milhares de pessoas estão lutando, para sobreviver, em hospitais. Nos próximos dias e semanas, esperamos ver o número de casos, o número de mortes e o número de países afetados aumentar ainda mais. A OMS está avaliando esse surto 24 horas por dia e nós estamos profundamente preocupados com os níveis alarmantes de disseminação e gravidade e com os níveis alarmantes de falta de ação. Portanto, avaliamos que a Covid-19 pode ser caracterizada como uma pandemia. Pandemia não é uma palavra a ser usada de forma leviana ou descuidada. É uma palavra que, se mal utilizada, pode causar medo irracional ou aceitação injustificada de que a luta acabou, levando a sofrimento e morte desnecessários", anunciou de forma solene Tedros Adanon Ghebreyesus, diretor-geral da Organização Mundial da Saúde (OMS), na manhã de 11 de março de 2020. Ele decidiu falar diretamente da Sala de *Briefing* da sede da Organização das Nações Unidas (ONU), a qual pertence à OMS. O pronunciamento foi transmitido ao vivo para todo o mundo.

De forma solene, a humanidade estava sendo comunicada do evento mais letal, imprevisível e improvável que se abatia ao mesmo tempo em todo o planeta e era potencialmente capaz de ameaçar a existência humana sobre a Terra. Naquele dia, autoridades de governo, autoridades sanitárias e cientistas sabiam que a vida de qualquer ser humano corria riscos equânimes. Porém, não se tinha ideia de como enfrentar a ameaça do coronavírus e nem como seria a propagação dele ou se a luta seria vencida.

"Descrever a situação como uma pandemia não altera a avaliação da OMS sobre a ameaça representada por esse vírus. Não altera o que a OMS está fazendo e nem o que os países devem fazer", seguiu Adanon. E foi adiante: *"Nunca vimos uma pandemia provocada por um coronavírus. Esta é a primeira pandemia causada por um coronavírus. E nunca vimos, tampouco, uma pandemia que pode ser controlada. A OMS está em modo de resposta completa desde que fomos notificados dos primeiros casos. E pedimos todos os dias que os países tomem medidas urgentes e agressivas. Tocamos a campainha do alarme alto e claro. Apenas analisar o número de casos e o número de países afetados não conta a história completa. Dos 118 mil casos notificados globalmente em 114 países, mais de 90% deles estão em apenas quatro países, e dois deles — China e República da Coreia — têm epidemias em declínio significativo. Ao todo, 81 países não notificaram nenhum caso e 57 países notificaram 10 casos ou menos. Não podemos dizer isso em voz alta o suficiente: todos os países ainda podem mudar o curso dessa pandemia".*

Se até ali o pronunciamento do diretor-geral da OMS podia ser ouvido como uma sugestão a chefes de governo reticentes com os fatos, como o brasileiro Jair Bolsonaro, a partir daquele ponto Tedros Adanon parecia se dirigir diretamente ao presidente brasileiro, negacionista da evidente e dura realidade, enquanto falava para todo o mundo:

"Se os países detectam, testam. Tratam, isolam, rastreiam e mobilizam sua população na resposta; aqueles com um punhado de casos podem impedir que esses casos se tornem clusters *e esses* clusters *se tornem transmissão comunitária. Mesmo os países com transmissão comunitária ou grandes grupos podem virar a maré contra esse vírus. Vários países*

demonstraram que esse vírus pode ser suprimido e controlado. O desafio para muitos países que agora estão lidando com grandes aglomerados de caso ou transmissão comunitária não é se podem fazer a mesma coisa, mas se farão. Alguns países estão lutando com falta de capacidade. Alguns países estão lutando contra a falta de recursos. Alguns países estão lutando contra a falta de resolutividade. Somos gratos pelas medidas adotadas no Irã, na Itália e na República da Coreia para retardar o vírus e controlar suas epidemias. Sabemos que essas medidas trazem uma grande carga para as sociedades e economias, como vemos na China. Todos os países devem encontrar um bom equilíbrio entre proteger a saúde, minimizar as disrupções econômicas e sociais e respeitar os direitos humanos. O mandato da OMS é a saúde pública. Mas, estamos trabalhando com muitos parceiros em todos os setores para mitigar as consequências sociais e econômicas dessa pandemia. Esta não é uma apenas uma crise de saúde pública, mas uma crise que afetará todos os setores — portanto, todos os setores e indivíduos devem estar envolvidos nesta luta. Eu disse desde o início que os países devem adotar uma abordagem de todo o governo e sociedade, construída em torno de uma estratégia integral para prevenir infecções, salvar vidas e minimizar o impacto. Deixe-me resumir em quatro áreas principais o que recomendamos: Primeiro, preparem-se e estejam prontos. Segundo, detectem, protejam e tratem. Terceiro, reduzam a transmissão. Quarto, inovem e aprendam. Lembro a todos os países que ativem e ampliem seus mecanismos de respostas e emergências. Informem profissionais sobre os riscos e como podem se proteger — esse é um assunto de todos. Encontrem, isolem, testem e tratem todos os casos, rastreando todos os contatos. Preparem seus hospitais. Protejam e capacitem seus profissionais de saúde. E vamos cuidar uns dos outros, porque precisamos uns dos outros. Deixem-me apresentar outras palavras que importam muito mais e que podem resultar em ações: prevenção, preparação, saúde pública e... liderança política!"

Encerrado o duro, pragmático e objetivo discurso do diretor-geral da Organização Mundial da Saúde a partir do qual a humanidade era comunicada da primeira pandemia em um século (a última havia sido a Gripe Espanhola, na segunda década do século XX) e da estupefação da Ciência ante a primeira pandemia por um vírus da espécie "coronavírus", a esmagadora maioria dos chefes de governo em todo o mundo arregaçou mangas para envolver suas equipes e as sociedades que lideravam para o combate à Covid-19. No Brasil, foi diferente.

— Os números vêm demonstrando que o Brasil começou a se arrumar em sua economia. Obviamente, os números de hoje têm a ver: a queda drástica da Bolsa de Valores no mundo todo tem a ver com a queda do petróleo, que despencou, se eu não me engano, 30% — afirmou Jair Bolsonaro no dia 9 de março de 2020 durante um evento em Miami. Depois desse evento, ele encontrou o então presidente norte-americano Donald Trump no *resort* Mar-a-Lago, propriedade de Trump, e houve a divulgação posterior de que integrantes da comitiva oficial brasileira estavam contaminados com Covid-19. E prosseguiu o presidente do Brasil, na primeira vez em que falou da Covid-19:

— Tem a questão do coronavírus também, que no meu entender está superdimensionado o poder destruidor desse vírus. Então, talvez esteja sendo potencializado até por questão econômica.

Dando-se o desconto de que Bolsonaro falou 48 horas antes do pronunciamento formal de Tedros Adanon, no qual o diretor-geral da OMS anunciou a situação de pandemia e advertiu os líderes políticos mundiais para que agissem de forma coordenada, toda a estrutura do raciocínio do chefe de governo brasileiro era contrária aos alertas dados pela Organização Mundial da Saúde. No dia 10 de março, quando encontrou Trump, Bolsonaro dobrou a aposta na negação da pandemia que seria decretada pela OMS no dia seguinte:

— Muito do que tem ali é mais fantasia, a questão do coronavírus, que não é tudo isso que a grande mídia propaga — decretou como se fosse uma sumidade no tema.

Logo depois do pronunciamento de Tedros Adanon, no dia 11 de março de 2020, a imprensa brasileira procurou o Palácio do Planalto para repercutir no país a advertência dada pelo diretor--geral da OMS em escala planetária. Jair Bolsonaro fez questão de pronunciar-se em viva voz, e não por nota.

— Vou ligar para o Mandetta (o ministro da Saúde, Luiz Henrique Mandetta, que seria demitido dois meses depois em razão das profundas discordâncias com o chefe no enfrentamento da pandemia). Eu não sou médico, eu não sou infectologista. Mas, pelo que ouvi até o momento, outras gripes mataram mais do que essa.

Também naquela breve entrevista, os jornalistas perguntaram ao presidente brasileiro como seria a manifestação a favor dele, e contra o Congresso Nacional e o Supremo Tribunal Federal, convocada por simpatizantes dele e por meio dos perfis e canais nas redes sociais que o apoiaram na campanha de 2018, ante a recomendação expressa e explícita da OMS para que aglomerações fossem evitadas.

— Eu não convoquei ninguém. Pergunta para quem convocou — respondeu.

No dia 12 de março, a comitiva que acompanhou Jair Bolsonaro aos Estados Unidos, inclusive na visita ao então presidente dos EUA, Donald Trump, soube que havia sido confirmada a contaminação do secretário de Comunicação do Palácio do Planalto, Fábio Wajngarten, com o coronavírus Covid-19. Tendo Wajngarten como vetor, o vírus contaminou outros 12 integrantes do cortejo oficial brasileiro. No dia 13 de março, de máscara cirúrgica, Bolsonaro procurou os apoiadores que sempre se aglomeravam diante do Palácio da Alvorada, num local depois apelidado pejorativamente de "chiqueirinho", e tranquilizou-os sobre a própria saúde.

— Meu teste deu negativo. Vida segue normal, um grande desafio pela frente e muitos problemas para serem resolvidos — declarou. — E não vou apertar as mãos de vocês, apesar de meu teste ter dado negativo.

Três dias depois daquele surto de sanidade e institucionalidade solenes na lida contra o Covid-19 e a pandemia, descumprindo recomendações do Ministério da Saúde — o próprio ministro Luiz Mandetta pedira claramente o cancelamento do ato convocado por apoiadores do bolsonarismo e contra o Congresso e o STF em 15 de março —, Jair Bolsonaro foi à calçada diante dos palácios da Alvorada e do Planalto, residência oficial do presidente e sede da Presidência da República, para interagir com os partidários dele.

Um levantamento realizado pelo jornal *O Estado de S. Paulo* contabilizou 272 interações pessoais do presidente, naquele dia, sem máscara, com manifestantes que lhe eram simpáticos. Bolsonaro, em breves falas desconexas no meio da multidão (as falas não podiam ser classificadas como entrevistas, pois ele não se dirigia à imprensa), advertiu os simpatizantes sobre o que chamou de "extremismo" e "histeria": aqueles que pregavam cautela e isolamento para reduzir a escalada de contaminação pelo coronavírus.

— Não se vai, no meu entender, conter a expansão desta forma muito rígida. Devemos tomar providências porque pode, sim, transformar-se em uma questão bastante grave a questão do vírus no Brasil, mas sem histeria — disse.

No dia seguinte ao ato classificado como "protesto a favor do governo", e logicamente contra o Congresso e o STF, estando pressionado publicamentre pela lembrança de que o Ministério da Saúde e o próprio ministro Mandetta eram contra as aglomerações verificadas no sábado, 15 de março, Bolsonaro falou como quem rugia.

— Foi surpreendente o que aconteceu na rua até com esse superdimensionamento. Que vai ter problema, vai ter. Quem é idoso, quem está com problema, quem tem alguma deficiência, mas não é tudo isso o que dizem — alegou ele, reduzindo a relevância dos clamores por isolamento social e prudência ante o avanço das contaminações por coronavírus. — Até na China a pandemia já está praticamente acabando — mentiu, exagerando.

Logo depois de perpetrar aquela asneira ignominiosa, o então presidente deu uma entrevista para o apresentador José Luiz Datena, da TV Bandeirantes. Nela, Bolsonaro acusou os presidentes da Câmara dos Deputados, Rodrigo Maia, e do Senado, Davi Alcolumbre, de usarem o avanço da pandemia no país para promoverem o que chamou de "luta pelo poder". Ainda insinuou que havia uma articulação por seu *impeachment*. Lembre-se: o governo não tinha ainda completado o terceiro mês de mandato, desde a posse, e ele criava ali o espectro de um 'golpe' ao dizer que o comando do Congresso faria aquilo "para isolar o chefe do Executivo por interesses não republicanos".

Eu não vou viver preso no Palácio da Alvorada, por mais cinco dias, com problemas grandes para serem resolvidos no Brasil. Se afundar a economia, acaba o meu governo, acaba qualquer governo. É uma luta pelo poder. Estou há 15 meses calado, apanhando, agora vou falar. Está em jogo uma disputa política por parte desses caras — declarou o presidente da República, sem enrubescer, referindo-se aos presidentes da Câmara e do Senado. Tanto Maia quanto Alcolumbre, que integravam o Democratas, partido da base do governo, tinham votado em Jair Bolsonaro para a Presidência no segundo turno do pleito de outubro de 2018.

Uma semana depois de a Organização Mundial da Saúde classificar como pandemia a circulação do coronavírus da Covid-19 e três dias antes de a Agência de Vigilância Sanitária brasileira atestar os primeiros casos de circulação comunitária do vírus no país, às 9h30 do dia 17 de março de 2020, instalou-se o Gabinete Integrado de Acompanhamento da Epidemia Covid-19 (GIAC). O grupo era formado por integrantes da PGR, dos Ministérios Públicos da União e do Trabalho, do CNMP, dos Ministérios Públicos estaduais e respectivas assessorias.

Em face da gravidade e urgência galopantes em razão da disseminação do coronavírus — os relatos que chegavam, naqueles dias, da devastação letal na Itália, sobretudo, e na Europa ocidental, como um todo, eram acachapantes —, a Procuradoria-Geral da República decidiu concentrar a busca de soluções inovadoras e emergenciais para cortar a burocracia e abreviar o tempo de entrega de equipamentos fundamentais ao enfrentamento da crise sanitária. "As soluções haveriam de ser também inquestionavelmente jurídicas, no sentido de que fundassem sua legitimidade na ordem constitucional democrática, republicana e federativa", registrou mais tarde a publicação "Ações que Salvam", documento oficial da PGR lançado em 2023, historiando e consolidando os atos daqueles tempos excepcionais. A linha condutora das ações da PGR era a compreensão de que muitos iam morrer — centenas de milhares de pessoas, especulou-se até em milhões —, mas, depois da crise sanitária, em algum momento, o país retornaria ao leito constitucional e legal, e os gestores públicos teriam de prestar contas de seus atos. Em emergências como aquelas, as regras gerais que norteavam o comportamento dos administradores públicos deveriam ser flexibilizadas sem, contudo, serem desmoralizadas. E era o Ministério Público a instituição adequada para balizar os atos administrativos — desde que a raiz dele fosse, de fato, o espírito de atendimento às carências do setor público no socorro amplo à população.

Traçando-se um paralelo das datas, numa linha do tempo do enfrentamento de crises de 2020, vê-se claramente como o gabinete do procurador-geral da República se deixou engolfar por duas guerras assimétricas e incomparáveis que foram travadas em paralelo. Uma, contra a autoproclamada "República de Curitiba", que abrigava a oportunista e insidiosa força-tarefa da Lava Jato; outra, em apoio a ações das gestões públicas nos âmbitos municipal, federal e estadual, na tentativa de deter a escalada (ou ao menos mitigar a letalidade) da Covid-19.

Em 20 meses de trabalho, até o fim do ano de 2021, o GIAC havia promovido intervenções em 11.281 ações judiciais e 1.967 ações extrajudiciais. A partir delas, conseguiu direcionar R$ 2,22 bilhões a ações de combate e compra de equipamentos emergenciais contra o coronavírus nas três esferas de gestões públicas. "No começo da pandemia, não sabíamos sequer se estaríamos vivos, cada um de nós individualmente e a humanidade, como um todo. Atos jurídicos destinados a acelerar a aquisição de equipamentos hospitalares, de testes de contágio e das vacinas ou medicamentos, quando eles viessem, precisavam ser feitos. Decisões tinham de ser tomadas", lembra o procurador-geral Augusto Aras. "E quem sobrevivesse àquilo que se prenunciava como devastador, teria de ter suas decisões ao abrigo da segurança jurídica. Essa foi uma das linhas-mestras da atuação do GIAC."

No dia 31 de março de 2020, a fim de aplacar o desfocado debate mediado pelo Supremo Tribunal Federal e travado entre a Presidência da República e alguns governadores estaduais, que pretendiam ampliar e endurecer as medidas restritivas e de confinamento da população naquelas primeiras semanas de pandemia, o presidente da Câmara dos Deputados à época, Rodrigo Maia (Democratas, Rio de Janeiro), anunciou o início da confecção de um impagável presente institucional para um Jair Bolsonaro que o via como adversário. Por iniciativa de Maia, um grupo de deputados de diversos partidos começou a fazer tramitar a Proposta de Emenda Constitucional nº 10/2020, destinada a suspender diversas regras da administração orçamentária federal, para conceder ao Poder Executivo instrumentos legais necessários à criação de um "orçamento de guerra" ou "orçamento segregado contingenciado" para o enfrentamento à avassaladora pandemia da Covid-19.

— Você sabe que Bolsonaro nunca vai reconhecer esse presente que está sendo dado a ele, não sabe? Essa emenda constitucional dará a um presidente incompetente, despreparado, instrumentos para avançar no orçamento do Estado que antecessor algum dele teve. E a presidente Dilma Rousseff foi cassada, injustamente, em minha visão, com um argumento orçamentário técnico bizarro chamado "pedaladas fiscais", que não existia — ponderou um amigo de Maia, convocado por ele para uma reunião de emergência na residência oficial da Câmara dos Deputados, na noite do dia 30 de março. O objetivo da reunião era discutir a oportunidade da apresentação daquela proposta de emenda à Constituição chamada de "segregação orçamentária".

— Dilma não teve uma pandemia contra ela e não tem nada a ver nessa discussão aqui — respondeu Maia, irônico e firme. E prosseguiu: — Eu sei que Bolsonaro não vai reconhecer nunca que essa medida terá salvado o governo dele, se a gente sobreviver ao coronavírus. Mas temos responsabilidades para com o país e não podemos deixar de oferecer essa ferramenta de gestão ao presidente da República. Ali podia estar Dilma, podia estar Lula, podia estar Fernando Henrique ou Michel Temer. A segregação orçamentária é para o Estado brasileiro. Infelizmente, Bolsonaro está ali e é ele quem vai se beneficiar disso.

— Será um desastre — ainda ponderou o amigo do presidente da Câmara.

— Está decidido. Um grupo de deputados apresenta a PEC amanhã. Falei com Davi (Davi Alcolumbre, senador pelo Democratas do Amapá e, *à época*, presidente do Senado) e tudo vai tramitar muito rapidamente. Acho que em um mês a gente aprova nas duas Casas e promulga.

Em sessão solene no dia 7 de maio de 2020, transmitida remotamente de forma inédita a partir do plenário do Senado, que estava vazio, os presidentes da Câmara dos Deputados e do Senado Federal promulgaram a Emenda Constitucional 106/2020, nascida daquela PEC 10/2020 originada pela vontade de Rodrigo Maia. Instituía-se, portanto, o que passou a se chamar "orçamento de guerra". Foi, por quase dois anos, a mais poderosa arma no arsenal de Jair Bolsonaro. Na Câmara, ela recebeu 505 votos favoráveis dos 513 possíveis. Na solenidade virtual, Maia e Alcolumbre cumpriam todo o protocolo pandêmico: cumprimentaram-se com toques de cotovelos, estavam de máscaras, tinham os microfones limpos por borrifadas de álcool após a fala de cada um deles e não usaram a mesma caneta para assinar o ato comum de promulgação.

Em meio a diversas filigranas do ordenamento jurídico-orçamentário nacional, a Emenda Constitucional 106/2020, inscrita no capítulo das Disposições Constitucionais Transitórias da Constituição, estabelecia que:

- Ao prestar contas ao Tribunal de Contas da União das despesas do ano de 2020, o Governo Federal poderia segregar todos os gastos decorrentes de ações de combate à pandemia do Orçamento Geral da União.

- Os gastos federais com o combate à disseminação e contágio da Covid-19, aos impactos sociais decorrentes da pandemia, e mesmo às pesquisas necessárias para o desenvolvimento de vacinas contra o avanço da doença não precisavam respeitar o teto de gastos públicos ou a Regra de Ouro do Orçamento Geral da União, estabelecida em 2017. Ou seja, o Executivo estava dispensado de pedir autorização ao Congresso para emitir títulos públicos.
- O Banco Central passava a poder comprar e vender direitos de crédito e títulos privados no mercado secundário, classificados como BB-, ou grau superior, por agências internacionais de risco. Até aquele momento, o BC não tinha autorização para fazer isso. O arrecadado deveria ser direcionado à mitigação dos gastos com o combate à pandemia.
- A exigência constitucional de regularidade previdenciária para as empresas contratadas pelo Poder Público, ou que dele recebem benefícios fiscais ou creditícios, estava suspensa durante a vigência da calamidade pública nacional.
- Proposições de parlamentares e atos do governo relacionados ao combate da pandemia que aumentassem despesas públicas não permanentes ou reduzissem receitas estavam dispensados das formalidades legais de estimativa de impacto orçamentário e apresentação de medidas compensatórias.

— Os recursos obtidos pelo Tesouro Nacional para refinanciamento da dívida mobiliária federal (operação chamada "rolagem") também poderiam ser usados para pagar os juros e encargos dessa dívida. Até então, rolagem e juros eram bancados por fontes diferentes — e aquele havia sido um dos motes técnicos para a consumação do *impeachment* de Dilma Rousseff por promover as tornadas famosas "pedaladas fiscais".

120 — O Procurador

A seguir, a íntegra da Emenda Constitucional 106/2020, registrada aqui para ampla compreensão do seu espectro e diapasão:

EMENDA CONSTITUCIONAL Nº 106, DE 7 DE MAIO DE 2020

> *Institui regime extraordinário fiscal, financeiro e de contratações para enfrentamento de calamidade pública nacional decorrente de pandemia.*

As Mesas da Câmara dos Deputados e do Senado Federal, nos termos do § 3º do art. 60 da Constituição Federal, promulgam a seguinte Emenda ao texto constitucional:

Art. 1º Durante a vigência de estado de calamidade pública nacional reconhecido pelo Congresso Nacional em razão de emergência de saúde pública de importância internacional decorrente de pandemia, a União adotará regime extraordinário fiscal, financeiro e de contratações para atender às necessidades dele decorrentes, somente naquilo em que a urgência for incompatível com o regime regular, nos termos definidos nesta Emenda Constitucional.

Art. 2º Com o propósito exclusivo de enfrentamento do contexto da calamidade e de seus efeitos sociais e econômicos, no seu período de duração, o Poder Executivo federal, no âmbito de suas competências, poderá adotar processos simplificados de contratação de pessoal, em caráter temporário e emergencial, e de obras, serviços e compras que assegurem, quando possível, competição e igualdade de condições a todos os concorrentes, dispensada a observância do § 1º do art. 169 da Constituição Federal na contratação de que trata o inciso IX do caput do art. 37 da Constituição Federal, limitada a dispensa às situações de que trata o referido inciso, sem prejuízo da tutela dos órgãos de controle.

Parágrafo único. Nas hipóteses de distribuição de equipamentos e insumos de saúde imprescindíveis ao enfrentamento da calamidade, a União adotará critérios objetivos, devidamente publicados, para a respectiva destinação a Estados e a Municípios.

Art. 3º Desde que não impliquem despesa permanente, as proposições legislativas e os atos do Poder Executivo com propósito exclusivo de enfrentar a calamidade e suas consequências sociais e econômicas, com vigência e efeitos restritos à sua duração, ficam dispensados da observância das limitações legais quanto à criação, à expansão ou ao aperfeiçoamento de ação governamental que acarrete aumento de despesa e à concessão ou à ampliação de incentivo ou benefício de natureza tributária da qual decorra renúncia de receita.

Parágrafo único. Durante a vigência da calamidade pública nacional de que trata o art. 1º desta Emenda Constitucional, não se aplica o disposto no § 3º do art. 195 da Constituição Federal.

Art. 4º Será dispensada, durante a integralidade do exercício financeiro em que vigore a calamidade pública nacional de que trata o art. 1º desta Emenda Constitucional, a observância do inciso III do caput do art. 167 da Constituição Federal.

Parágrafo único. O Ministério da Economia publicará, a cada 30 (trinta) dias, relatório com os valores e o custo das operações de crédito realizadas no período de vigência do estado de calamidade pública nacional de que trata o art. 1º desta Emenda Constitucional.

Art. 5º As autorizações de despesas relacionadas ao enfrentamento da calamidade pública nacional de que trata o art.

1º desta Emenda Constitucional e de seus efeitos sociais e econômicos deverão:

I — constar de programações orçamentárias específicas ou contar com marcadores que as identifiquem; e

II — ser separadamente avaliadas na prestação de contas do Presidente da República e evidenciadas, até 30 (trinta) dias após o encerramento de cada bimestre, no relatório a que se refere o § 3º do art. 165 da Constituição Federal.

Parágrafo único. Decreto do Presidente da República, editado até 15 (quinze) dias após a entrada em vigor desta Emenda Constitucional, disporá sobre a forma de identificação das autorizações de que trata o caput deste artigo, incluídas as anteriores à vigência desta Emenda Constitucional.

Art. 6º Durante a vigência da calamidade pública nacional de que trata o art. 1º desta Emenda Constitucional, os recursos decorrentes de operações de crédito realizadas para o refinanciamento da dívida mobiliária poderão ser utilizados também para o pagamento de seus juros e encargos.

Art. 7º O Banco Central do Brasil, limitado ao enfrentamento da calamidade pública nacional de que trata o art. 1º desta Emenda Constitucional, e com vigência e efeitos restritos ao período de sua duração, fica autorizado a comprar e a vender:

I — títulos de emissão do Tesouro Nacional, nos mercados secundários local e internacional; e

II — os ativos, em mercados secundários nacionais no âmbito de mercados financeiros, de capitais e de pagamentos, desde que, no momento da compra, tenham classificação em categoria de risco de crédito no mercado local equivalente a BB- ou superior, conferida por pelo menos 1 (uma) das

3 (três) maiores agências internacionais de classificação de risco, e preço de referência publicado por entidade do mercado financeiro acreditada pelo Banco Central do Brasil.

§ 1º Respeitadas as condições previstas no inciso II do caput deste artigo, será dada preferência à aquisição de títulos emitidos por microempresas e por pequenas e médias empresas.

§ 2º O Banco Central do Brasil fará publicar diariamente as operações realizadas, de forma individualizada, com todas as respectivas informações, inclusive as condições financeiras e econômicas das operações, como taxas de juros pactuadas, valores envolvidos e prazos.

§ 3º O Presidente do Banco Central do Brasil prestará contas ao Congresso Nacional, a cada 30 (trinta) dias, do conjunto das operações previstas neste artigo, sem prejuízo do previsto no § 2º deste artigo.

§ 4º A alienação de ativos adquiridos pelo Banco Central do Brasil, na forma deste artigo, poderá dar-se em data posterior à vigência do estado de calamidade pública nacional de que trata o art. 1º desta Emenda Constitucional, se assim justificar o interesse público.

Art. 8º Durante a vigência desta Emenda Constitucional, o Banco Central do Brasil editará regulamentação sobre exigências de contrapartidas ao comprar ativos de instituições financeiras em conformidade com a previsão do inciso II do caput do art. 7º desta Emenda Constitucional, em especial a vedação de:

I — pagar juros sobre o capital próprio e dividendos acima do mínimo obrigatório estabelecido em lei ou no estatuto social vigente na data de entrada em vigor desta Emenda Constitucional;

II — aumentar a remuneração, fixa ou variável, de diretores e membros do conselho de administração, no caso das sociedades anônimas, e dos administradores, no caso de sociedades limitadas.

Parágrafo único. A remuneração variável referida no inciso II do caput deste artigo inclui bônus, participação nos lucros e quaisquer parcelas de remuneração diferidas e outros incentivos remuneratórios associados ao desempenho.

Art. 9º Em caso de irregularidade ou de descumprimento dos limites desta Emenda Constitucional, o Congresso Nacional poderá sustar, por decreto legislativo, qualquer decisão de órgão ou entidade do Poder Executivo relacionada às medidas autorizadas por esta Emenda Constitucional.

Art. 10. Ficam convalidados os atos de gestão praticados a partir de 20 de março de 2020, desde que compatíveis com o teor desta Emenda Constitucional.

Art. 11. Esta Emenda Constitucional entra em vigor na data de sua publicação e ficará automaticamente revogada na data do encerramento do estado de calamidade pública reconhecido pelo Congresso Nacional.

* * *

Em um relatório de análise de contas do Governo Federal em 2020, o Tribunal de Contas da União (TCU) registrou que, até 31 de dezembro daquele ano, a administração de Jair Bolsonaro havia gasto R$ 635,5 bilhões com dotações orçamentárias para o combate à pandemia. Do montante, a quase totalidade (R$ 634,2 bilhões) foi gasta por meio de autorizações dadas em 40 medidas provisórias assinadas pelo então presidente da República, que pediam abertura de créditos especiais dentro do "orçamento segregado". O restante (R$ 1,3 bilhão) foi gasto a partir de autorizações de créditos suplementares. Segundo o TCU, R$ 329,4 bilhões foram dispendidos com "assistência social e auxílio aos mais vulneráveis"; R$ 158,7 bilhões com "manutenção do emprego e financiamento do setor privado"; R$ 79,2 bilhões em "auxílio financeiro aos estados, municípios e ao Distrito Federal"; e R$ 68,2 bilhões em "saúde e demais despesas dos ministérios".

Nesse relatório, redigido em termos frios e técnicos — que seria capaz de provocar um terremoto político e abalar e derrubar qualquer outro governo desprovido da invenção do "orçamento de guerra" concedida a Bolsonaro —, o Tribunal de Contas da União registra:

> *"A crise provocada pela pandemia de Covid-19 e as medidas adotadas para seu enfrentamento resultaram em impactos diretos na arrecadação de receitas da União, no volume de despesas primárias contratadas para o exercício e, por conseguinte, no resultado primário da União.*
>
> *A partir do confronto de receitas e despesas primárias ao longo de 2020, é calculado o resultado primário do Governo Central para o exercício, que foi deficitário em R$ 745,26 bilhões, se considerados os ajustes metodológicos e a discrepância nas estatísticas publicadas pelo Tesouro Nacional e pelo Banco Central.*
>
> *A análise dos efeitos da pandemia provocada pela Covid-19 na Dívida Bruta do Governo Geral (DBGG) demonstrou que, antes da crise, a expectativa era que a DBGG representasse, ao final de 2020, 77,9% do PIB. Após a crise, tendo-se em conta o déficit primário de R$ 745,26 bilhões e a retração da atividade econômica, a DBGG chegou a 88,8% do PIB."*

A escalada de mortes por Covid-19 era sempre ascendente no Brasil e nos demais países do mundo. Aqui, os gráficos que contabilizavam a mortalidade pandêmica cumpriram um traçado diretamente proporcional aos pronunciamentos toscos e negacionistas de Jair Bolsonaro, de muitos de seus ministros e dos apoiadores dele dentro e fora do *trade* político nacional. Em julho de 2020, atingiu-se a marca de 40.659 brasileiros mortos num único mês pelo coronavírus, que subjugava o mundo e a Ciência. No mês seguinte, mais 40.187 mortes foram registradas, atribuídas à pandemia. Àquela altura, mesmo com diversos laboratórios em países diversos tendo iniciado pesquisas direcionadas a descobertas de vacinas contra o vírus — inclusive os brasileiros: Instituto Butantã, instituição científica pública do governo de São Paulo, e Fundação Oswaldo Cruz (Fiocruz), federal —, Bolsonaro travava uma guerra contra a lógica, a Ciência e a prudência. A imprudência, aliás, muitas vezes é a grande conselheira dos ignorantes.

"Essa história de *lockdown* não está com nada", disse ele a apoiadores que diariamente eram selecionados pela segurança presidencial para integrar o "chiqueirinho" diante do Palácio da Alvorada. Ali, todas as manhãs, invariavelmente sem máscara (somente eventualmente a usava), o presidente brasileiro fazia um discurso quase sempre assombrosamente grosseiro contra outras instituições, contra governadores, contra médicos que contestavam seus conceitos empíricos e contra as evidências de que a Covid-19 era, de fato, um evento histórico trágico e assustador. "Pesquisas sérias nos Estados Unidos mostram que a maior parte da população contrai o vírus em casa", disse ele, com a intenção de desestimular quem o pressionava a levar a sério as estratégias de confinamento e *lockdowns* destinadas a conter a disseminação da peste.

"Eu peço a Deus que não tenhamos mais problemas no Brasil com fecha tudo, *lockdown*, confinamento, toque de recolher, porque isso não está comprovado cientificamente", desafiou em abril de 2020, dobrando sempre a aposta e criando um clima de divisão e de resistência às determinações sanitárias internacionais no seio da sociedade brasileira. Além disso, sem estar dotado de quaisquer qualificações médicas, o presidente brasileiro espancava a Medicina receitando um *kit* estapafúrdio de "tratamento precoce" contra a Covid-19 e estimulava automedicação da população com o vermífugo Ivermectina e a droga cloroquina, eficaz no combate aos efeitos da malária e de alguns males decorrentes da artrose no organismo humano.

O mês de dezembro de 2020 faria a linha do gráfico de mortes por Covid-19, no Brasil, atingir o pico de 43.229 óbitos num único período de 30 dias. Durante todo o primeiro ano pandêmico, a escala mórbida jamais havia chegado a tal ponto. Entre o Natal e o *réveillon* daquele ano, o Ministério da Saúde recebeu alertas críticos do governo do Amazonas e de procuradores da República, que atuavam na região Norte e passavam dados e informações para o Gabinete Integrado de Acompanhamento da Epidemia Covid-19, o GIAC. Havia risco de colapso no sistema de saúde amazonense e, sobretudo, temia-se uma assustadora e letal falta de oxigênio hospitalar disponível para os pacientes da Covid-19, cuja ação do vírus no organismo humano impactava as vias respiratórias e provocava falta de ar, entre outros efeitos associados.

Em 4 de janeiro de 2021, o Ministério da Saúde, àquela altura comandado pelo terceiro ministro da pasta, o general de brigada (da ativa) Eduardo Pazuello, enviou uma equipe técnica a Manaus para tomar pé da situação e avaliar o grau de criticidade das carências de oxigênio e de equipamentos para o enfrentamento da Covid-19 no Amazonas.

Pazuello havia sucedido no cargo aos médicos Luiz Henrique Mandetta e Nelson Teich, cujas visões sobre a pandemia conflitavam com as de Bolsonaro, em constante negação da óbvia emergência sanitária, e por isso mesmo entraram em confronto com o chefe. Como chegou a dizer Pazuello, ele era ministro porque "um manda, o outro obedece". Era uma indicação clara de que ele não entrava em choque com a cadeia de comando do governo ao qual servia com denodo.

De acordo com um relatório interno da equipe ministerial, havia "a possibilidade iminente de o sistema de saúde colapsar em 10 dias, devido à falta de recursos humanos para o funcionamento dos novos leitos hospitalares". Ou seja, datado de 4 de janeiro, o relatório especulava que, antes do fim da primeira quinzena de janeiro de 2021, haveria uma potencial tragédia no Amazonas. Na madrugada do dia 14 de janeiro, faltou oxigênio nas redes pública e privada de hospitais e clínicas de todo o Estado, sobretudo de Manaus e de Parintins, um dos maiores municípios do interior amazonense. Aquele alerta técnico do Ministério da Saúde, porém, era ainda mais agudo e assustador. Entre outros tópicos, estava escrito e documentado ali:

- Há deficiência na resolutividade da atenção primária, por não estarem utilizando as orientações para inter- venção precoce para Covid-19, conforme orientações do MS (ou seja, sem ter coragem de escrever explicitamente que haviam cobrado a administração do polêmico "*kit* de atendimento precoce" receitado por Jair Bolsonaro, os enviados de Pazuello ao Amazonas cobraram as autoridades sanitárias estaduais por aquilo);

- Há dificuldades na aquisição de materiais de consumo hospitalar, medicamentos e equipamentos;
- Há dificuldades na contratação de profissionais com habilitação para atuação nas UTIs;
- Há necessidade de estruturação de leitos de UTI com celeridade para atendimento aos pacientes que já demandam internação, constatada pela alta ocupação dos leitos dos serviços de urgência e emergência (salas rosa e vermelha) — taxa de ocupação atual de 89,1%; e
- Estima-se um substancial aumento de casos, o que pode provocar aumento de pressão sobre o sistema, no período entre 11 e 15 de janeiro, em virtude das festividades de Natal e *réveillon*.

Fora da crise sanitária provocada pela Covid-19, a demanda média histórica por oxigênio hospitalar no Estado do Amazonas situava-se em torno de 14 mil litros. No primeiro pico pandêmico, entre julho e agosto de 2020, a demanda chegou a pouco mais de 50 mil litros por dia. Os estoques da empresa White Martins, única fabricante local do insumo médico, e de duas outras distribuidoras manauaras, supriram as carências naquele momento. No dia 12 de janeiro de 2021, contudo, registrava-se a demanda por 76.500 litros de oxigênio em Manaus e nas principais cidades do Amazonas, e só havia pouco mais de 55 mil litros disponíveis para uso imediato. Dados da Secretaria de Saúde do Amazonas registram que 60 mortes ocorreram entre os dias 14 e 15 de janeiro de 2021 em razão da escassez de oxigênio hospitalar. Uma tragédia anunciada e consumada.

De acordo com a Agência Pública — uma organização sem fins lucrativos fundada por jornalistas mulheres em 2011, que se destaca no panorama da mídia independente pela seriedade, profundidade e responsabilidade de suas apurações —, em reportagem publicada no dia 18 de janeiro de 2021, "no dia 10 já se discutia a avaliação da implementação de *lockdown* no Amazonas" dentro dos altos escalões do Ministério da Saúde no gabinete do governador amazonense. Mas, de acordo com a mesma Agência Pública, "apenas no dia 14 de janeiro, o governador publicou decreto que proíbe a circulação de pessoas entre 19h e 6h em Manaus". Segundo a reportagem da agência independente, que realizou à época o melhor trabalho daquele colapso sanitário no norte do país, "as entregas de oxigênio pela pasta (da Saúde) começaram no dia 12 (de janeiro), com cilindros de oxigênio gasoso comprados da White Martins e enviados desde Guarulhos (SP). A FAB (Força Aérea Brasileira) afirma ter enviado cilindros desde o dia 8 de janeiro". Ainda segundo a Pública, "no dia 14, o Ministério da Saúde enviou 120 mil unidades de hidroxicloroquina e 250 mil de oseltamivir. Segundo a pasta, no dia 15 de janeiro, quando o sistema hospitalar já havia colapsado, houve distribuição de equipamentos para a Secretaria de Saúde do Amazonas. De acordo com o governo, foram entregues 78 ventiladores pulmonares para UTIs, 40 para transporte de pacientes, 2,1 mil óculos e protetores faciais e 94,6 mil máscaras cirúrgicas. A remoção de pacientes, prevista desde a visita da comitiva no dia 4 de janeiro, começou a ser acertada no dia 14, segundo histórico apresentado pelo Ministério da Saúde".

Como estava previsto no texto da Emenda Constitucional 106/2020, que instituiu o "Orçamento Segregado de Guerra" para dar ferramentas de gestão administrativa, fiscal e financeira ao Governo Federal na necessária liderança, que ele deveria ter à frente das ações de combate à maior e mais trágica emergência sanitária verificada em ao menos um século, a data de 31 de dezembro de 2020 marcava o fim da vigência daquela série de legislações peculiares e transitórias. Caso o presidente Jair Bolsonaro e seus ministros da Saúde, Marcelo Queiroga, e da Economia, Paulo Guedes, achassem necessário, o Congresso estaria disposto a ampliar a vigência daquelas concessões especialíssimas por mais seis meses. Porém, Bolsonaro seguia com a retórica ilógica e contracientífica de negar a existência em si de uma pandemia, de afrontar as estratégias de prevenção adotadas no mundo inteiro, de duvidar da eficácia das vacinas desenvolvidas por diferentes laboratórios e baseadas em técnicas diversas, e de seguir culpando aqueles a quem chamava de "medrosos" (por temerem a devastação da Covid-19) pelos evidentes maus resultados na economia expostos a partir da alta da inflação e do desemprego, e da ampliação do déficit orçamentário.

— Ele até podia ter a prorrogação da Emenda 106, mas tinha de ter me pedido. E, para me pedir, tinha de reconhecer que falou besteira o tempo inteiro se colocando contra a pandemia e receitando "*kit* cloroquina" por aí — desabafou Rodrigo Maia, no dia 30 de dezembro de 2020, com o mesmo amigo a quem chamara antes de ter a ideia do "orçamento de guerra". Naquele momento, fazia um balanço dos efeitos práticos da medida. O presidente da Câmara concluiu assim seu raciocínio: — Bolsonaro sabe que só não caiu durante a pandemia por causa dessa segregação orçamentária que o Congresso deu para ele. Mas ele segue negando os fatos e só não pede a prorrogação porque faz uma aposta política irresponsável de que vai ter razão no fim das contas, porque ninguém poderá provar que não teria razão. É um irresponsável!

— Você sabe que, se houver disposição sua e do Davi Alcolumbre, vocês derrubam ele mais fácil do que derrubaram a Dilma, não sabe? — perguntou o amigo a quem o presidente da Câmara chamava para escutar contraditórios e raras vezes seguir os conselhos recebidos.

— Sei. Só que o Brasil não aguenta outro *impeachment*.

— Rodrigo, se você chamar o Davi aqui para um almoço, convidar o Toffoli (ministro do Supremo Tribunal Federal, àquele momento ainda presidente da Corte) e vocês fizerem um pacto de tirar o Bolsonaro, porque sobram razões para isso, e deixar o Mourão na cadeira dele (Hamilton Mourão, general de Exército da reserva, então vice-presidente da República, eleito na chapa de Jair Bolsonaro, em 2018), só corremos um risco... mas, ainda assim, é um risco melhor do que seguir com essa maluquice de Bolsonaro.

— Qual o risco? — quis saber Rodrigo Maia.

— O risco é dar certo, porque qualquer coisa é melhor do que o Bolsonaro onde está. Se o Mourão topar, e aceitar colocar você no

Ministério da Economia, optando por uma saída tipo Itamar Franco com Fernando Henrique Cardoso em 1993, vocês terão duas opções em 2022: se der muito certo, se o Mourão for muito disciplinado, ele vira candidato à reeleição com chances, e teríamos de realizar a desgraça de ter um general na Presidência legitimado pelo voto; se der mais ou menos certo, mas você controlar a economia, você vira o candidato como alguém que lidera a área econômica com uma habilidade inigualável na articulação política e daí é a saída Fernando Henrique — propôs o amigo do presidente da Câmara, sem deixar vazar ironia alguma enquanto expunha a ideia. Era uma conversa séria e uma proposta possível dentro do horizonte político.

— Esquece. Não sou eu quem vai cassar o Bolsonaro. Não sou Eduardo Cunha. Não tenho vocação para isso. Ou ele será cassado pelo próximo presidente da Câmara, se não fizer um pacto com ele, ou vai terminar o governo tão mal que não se reelege apesar dessa montanha de dinheiro que a gente deu para obrigá-lo a governar. Ele é um incompetente, o maior que já sentou naquela cadeira.

$$* \quad * \quad *$$

No resto do mundo, em paralelo ao drama amazonense e à expiração do prazo de validade da Emenda Constitucional 106/2020 no Brasil, comemorava-se o cumprimento das primeiras metas de imunização em massa de populações-alvo com as vacinas que saíam dos laboratórios em tempo recorde. Em São Paulo, o então governador estadual João Doria, transmutado de parceiro eleitoral em 2018, em inimigo ocasionalmente mortal de Jair Bolsonaro, começara a distribuir os primeiros lotes da vacina fabricada no Instituto Butantã com tecnologia concebida na China. No lugar de direcionar suas atenções à tragédia que se desenrolava às margens do Rio Amazonas, o presidente Bolsonaro preferia polemizar com Doria e seguia vociferando contra a imunização e contra as estratégias preventivas que permaneciam indicando a prudência do uso de máscaras e de restrição na vida social. Em março de 2021, o Brasil registrou 70.889 mortes por Covid-19 num único mês. Foi o auge da pandemia por aqui.

Foi, também, o estopim para a criação de uma Comissão Parlamentar de Inquérito (CPI) no Senado Federal destinada a investigar o que estava ocorrendo no país em meio àquele cenário pandêmico.

Tendo realizado sua primeira reunião em 27 de abril de 2021, a CPI da Covid-19 representou uma relevante mudança na cena política nacional durante o governo de Jair Bolsonaro. Sua instalação, que só se deu por determinação do Supremo Tribunal Federal, que obrigou o presidente do Senado, Rodrigo Pacheco (Democratas [MG] tendo depois mudado de legenda e ido para o PSD), a seguir o Regimento Interno da Casa Legislativa e ler o pedido de criação da CPI porque ele cumpria as exigências regulamentares, foi o primeiro ato a demonstrar a fragilidade da base parlamentar bolsonarista. Serviu também para catalisar a opinião pública e a de diversos setores da sociedade civil incomodados e tensionados com o discurso negacionista do então presidente da República contra as evidências médicas e científicas no combate ao coronavírus.

Em 67 reuniões, todas elas transmitidas ao vivo por canais legislativos, por TVs por assinatura e por *streamings*, a CPI da Covid-19 funcionou por seis meses, aprovou 500 requerimentos, quebrou 190 sigilos telefônicos, telemáticos, bancários e fiscais. Foi pedido o indiciamento de 77 pessoas e de duas empresas no relatório final da Comissão Parlamentar de Inquérito, relatada pelo senador Renan Calheiros (MDB-AL). As empresas indiciadas foram Precisa Medicamentos e VTCLog, ambas suspeitas de fraude no fornecimento e distribuição de vacinas contra a Covid-19. Dentre as pessoas físicas indiciadas — todas elas com algum grau de ligação administrativa ou simpatia política declarada a Jair Bolsonaro — estavam o então ministro da Saúde, Eduardo Pazuello; o sucessor dele na pasta, Marcelo Queiroga; o ex-ministro das Relações Exteriores, Ernesto Araújo; o então ministro da Defesa, Walter Braga Netto; o então secretário-geral da Presidência, Onyx Lorenzoni; a médica Mayra Pinheiro, secretária do Ministério da Saúde, conhecida como "capitá cloroquina"; Roberto Dias, ex-diretor de Logística do Ministério da Saúde; Francisco Maximiano, sócio da Precisa Medicamentos; os filhos de Jair Bolsonaro, Flávio (senador), Eduardo (deputado federal) e Carlos (vereador no Rio de Janeiro); as deputadas federais Bia Kicis e Carla Zambelli, e os empresários Carlos Wizard, Luciano Hang e Otávio Fakhoury, além dos médicos Nise Yamaguchi, Paolo Zanotto e Rodrigo Esper.

"Instituída pelos Requerimentos nºs 1.371 e 1.372, de 2021, com a finalidade de apurar, no prazo de 90 dias, as ações e omissões do Governo Federal no enfrentamento da Pandemia da Covid-19 no Brasil e, em especial, no agravamento da crise sanitária no Amazonas com a ausência de oxigênio para os pacientes internados", diz o relatório final da CPI, elaborado por Renan Calheiros, na primeira de suas 1.279 páginas. Segue: *"...e as possíveis irregularidades em contratos, fraudes em licitações, superfaturamentos, desvio de recursos públicos, assinatura de contratos com empresas de fachada para prestação de serviços genéricos ou fictícios, entre outros ilícitos, se valendo para isso de recursos originados da União Federal, bem como outras ações ou omissões cometidas por administradores públicos federais, estaduais e municipais, no trato com a coisa pública, durante a vigência da calamidade originada pela Pandemia do Coronavírus 'SARS-CoV-2', limitado apenas quanto à fiscalização dos recursos da União repassados aos demais entes federados para as ações de prevenção e combate à Pandemia da Covid-19, e excluindo as matérias de competência constitucional atribuídas aos Estados, Distrito Federal e Municípios."*

Em sua parte final, já a partir da página 1.070, o relatório do senador Renan Calheiros, aprovado por maioria segura de seis votos na Comissão, propunha:

"14. ENCAMINHAMENTOS

Em relação aos crimes mencionados no item anterior, deverão ser encaminhadas, sem prejuízo de eventuais conexões processuais:

i)   ao Procurador-Geral da República, que detém competência para atuar junto ao Supremo Tribunal Federal, ao Departamento de Polícia Federal e ao Procurador do Tribunal Penal Internacional, cópias do presente relatório e dos documentos e oitivas relacionados aos fatos praticados por Jair Messias Bolsonaro e Onyx Dornelles Lorenzoni (art. 102, I, b, da Constituição Federal);

ii) *ao Procurador-Geral da República, que detém competência para atuar junto ao Supremo Tribunal Federal, e ao Departamento de Polícia Federal, cópias do presente relatório e dos documentos e oitivas relacionados aos fatos praticados por Marcelo Antônio C. Queiroga Lopes; Walter Souza Braga Netto, Wagner de Campos Rosário; Osmar Gasparini Terra; Ricardo José Magalhães Barros; Flávio Bolsonaro; Eduardo Bolsonaro; Bia Kicis; Carla Zambelli, e Carlos Jordy (art. 102, I, b e c, da Constituição Federal);*

iii) *ao Ministério Público Federal, com competência para atuar na primeira instância da Justiça Federal, ao Departamento de Polícia Federal e ao Procurador do Tribunal Penal Internacional, cópias do presente relatório e dos documentos e oitivas relacionados aos fatos praticados por Eduardo Pazuello; Mayra Isabel Correia Pinheiro; Mauro Luiz de Brito Ribeiro; Pedro Benedito Batista Júnior; Carla Guerra; Rodrigo Esper; e Fernando Oikawa (art. 109, V-A, § 5º, da Constituição Federal c/c art. 69, I, do Código de Processo Penal);*

iv) *ao Ministério Público do Estado do Rio de Janeiro, com competência para atuar na primeira instância, e à Secretaria de Estado de Polícia Civil — SEPOL, para o encaminhamento à delegacia de polícia com competência para a investigação, cópias do presente relatório e dos documentos e oitivas relacionados aos fatos praticados por Carlos Bolsonaro (art. 69, II, do Código de Processo Penal e ADI 558/STF);*

v) *aos Ministérios Públicos estaduais, com competência para atuar na primeira instância da Justiça Comum, e à Secretaria de Segurança Pública dos Estados, para o encaminhamento à delegacia de polícia com competência para a investigação, observando-se o local em que foi cometido o crime ou, não podendo esse ser identificado, o foro do domicílio ou da residência do investigado, cópias do presente relatório e dos documentos e oitivas relacionados aos fatos praticados por Ernesto Henrique Fraga Araújo; Antônio Elcio Franco Filho; Roberto Ferreira Dias; Cristiano Alberto Hossri Carvalho; Luiz Paulo Dominguetti Pereira; Rafael Francisco Carmo Alves; José Odilon Torres da Silveira Júnior; Marcelo Blanco; Emanuela Batista de Souza Medrades; Túlio Silveira; Airton Antonio Soligo; Francisco Emerson Maximiano; Danilo Berndt Trento; Marcos Tolentino da Silva; Fábio Wajngarten; Nise Hitomi Yamaguchi; Arthur Weintraub; Carlos Wizard Martins; Paolo Marinho de Andrade Zanotto; Luciano Dias Azevedo; Allan Lopes dos Santos; Paulo de Oliveira Eneas; Roberto Goidanich; Luciano Hang; Otávio Oscar Fakhoury; José Ricardo Santana; Raimundo Nonato Brasil; Andreia da Silva Lima; Bernardo Kuster; Daniella de Aguiar Moreira da Silva; Paola Werneck; Daniel Garrido Baena; João Paulo F. Barros; Fernanda de Oliveira Igarashi; Roberto Jefferson; Oswaldo Eustáquio; Richards Pozzer; Leandro Ruschel; Filipe G. Martins; Técio Arnaud Tomaz; Carlos Alberto de Sá; Teresa Cristina Reis de Sá; Marconny Nunes Ribeiro Albernaz de Faria; Fernando Parrillo; Eduardo Parrillo; e Flávio Adsuara Cadegiani (art. 69, I e II, do Código de Processo Penal);*

vi) *À Defensoria Pública da União para avaliar e analisar as violações de direitos mencionadas no presente relatório, organizando, promovendo e procedendo com os atendimentos e as demandas em favor das pessoas em situação de vulnerabilidade, em caráter individual e coletivo.*

Em relação aos atos de improbidade administrativa e de corrupção, neste último caso praticados por pessoas jurídicas, deverão ser encaminhadas à Procuradoria da República no Distrito Federal, com competência para atuar na primeira instância, cópias do presente relatório e dos documentos e oitivas relacionados aos ilícitos previstos na Lei nº 8.429, de 1992, e que tem como possíveis autores Antônio Elcio Franco Filho; Roberto Ferreira Dias; Emanuela Batista De Souza Medrades; Túlio Silveira; Francisco Emerson Maximiano; Danilo Berndt Trento; Marcos Tolentino da Silva; Ricardo José Magalhães Barros; Flávio Bolsonaro; Raimundo Nonato Brasil; Carlos Alberto de Sá; Teresa Cristina Reis de Sá; Andreia da Silva Lima; Precisa Comercialização de Medicamentos Ltda.; e VTC Operadora Logística Ltda. — VTCLog.

Dado o curto prazo para as investigações, ainda não foi possível reunir provas suficientes para o indiciamento ou para indicar claramente as necessárias providências nas esferas cível ou administrativa uma série de pessoas. De qualquer forma, entendemos que os elementos colhidos inicialmente não devem ser desperdiçados, mas, ao contrário, devem passar pelo crivo das autoridades competentes para que, se assim entenderem, deem prosseguimento às apurações.

É o caso, por exemplo, da médica Nise Yamaguchi, que atendeu o Dr. Anthony Wong, enquanto ele esteve internado em uma unidade da Prevent Senior, e lhe prescreveu uma série de medicamentos e procedimentos médicos comprovadamente ineficazes, alguns dos quais, inclusive com possíveis efeitos colaterais graves. Todas essas medidas de nada adiantaram, pois o Dr. Anthony Wong veio a óbito. De qualquer forma, as medidas adotadas pela médica podem ter exposto a vida ou a saúde do paciente em risco, conclusão que somente será possível com uma investigação mais detalhada.

Dessa forma, é necessário encaminhar ao Ministério Público Federal e ao Departamento de Polícia Federal cópia do presente relatório, bem como de todos os documentos relacionados às pessoas acima mencionadas para que sejam tomadas as providências cabíveis.

No que diz respeito à contratação da vacina Covaxin, devem ser encaminhadas cópias do presente relatório e dos documentos relacionados com o contrato desse imunizante ao Tribunal de Contas da União, a fim de que sejam feitas as análises e tomadas as providências cabíveis.

Em relação ao caso VTCLog, esta CPI propõe:

a) encaminhar ao Ministério Público Federal, para que avalie a possibilidade de promover as ações civis e penais cabíveis, os documentos disponibilizados a esta CPI sobre os indícios de irregularidades constatados nas relações da VTCLog com o Ministério da Saúde (respostas aos requerimentos 1086, 1094, 1105, 1106, 1108, 1135, 1210, 1331 e 1465);

b) solicitar ao Tribunal de Contas da União, nos termos do art. 71, VII, da Constituição Federal, que informe ao Senado Federal as decisões de mérito e as principais decisões interlocutórias que vierem a ser adotadas no âmbito do TC 025.828/2021-5 e do TC 037.065/2019-0;

c) recomendar ao Ministério da Saúde que deflagre, antes do final da vigência do Contrato 59/2018, novo processo de licitação, estudando adequadamente o objeto para que possa contratar uma solução técnica capaz de realmente atender às necessidades do Ministério relacionadas ao transporte e armazenagem de medicamentos, com estrutura jurídica e financeira condizente com a complexidade do contrato e com os princípios da Administração Pública.

Não obstante a lista de indiciamentos oferecida neste Relatório, a atuação de outros atores da crise sanitária da Covid-19 também merece atenção do MPF, embora não tenham sido considerados formalmente investigados no decorrer desta investigação parlamentar. Apesar de a CPI não reunir elementos probatórios suficientes para um indiciamento por responsabilidade penal, alguns atores atraem a responsabilidade civil pela produção de risco relevante e grave, independentemente de culpa, que se traduziu em danos irreparáveis à sociedade brasileira.

138 — O Procurador

Tais agentes influenciaram diretamente a sociedade, por meio de assessoramento paralelo ao governo, entrevistas, manifestações públicas, artigos e propaganda, agravando ruídos de comunicação e a falta de coordenação dos comportamentos, que deveriam apontar para uma única direção.

Portanto, entendemos que o Ministério Público Federal deve tomar ciência dos atos de todos aqueles que, por qualquer meio, promoveram de forma sistemática a difusão do tratamento precoce e da imunidade de rebanho por contaminação natural. Com esse fim, destacamos os seguintes agentes, para possível investigação e eventual condenação à reparação de dano à saúde pública e de dano moral coletivo à sociedade brasileira:

- *Médicos pela Vida;*
- *Vitamedic Indústria Farmacêutica Ltda;*
- *Nise Hitomi Yamaguchi;*
- *Luciano Dias Azevedo;*
- *Carlos Wizard Martins;*
- *Osmar Gasparini Terra;*
- *Arthur Weintraub;*
- *Paolo Marinho de Andrade Zanotto;*
- *Ricardo José Magalhães Barros.*

Em relação aos indígenas, além dos indiciamentos feitos anteriormente, cabe ao Ministério Público Federal investigar, ainda, os agentes públicos e particulares que tenham participado da divulgação de boatos contra a vacinação entre os indígenas, seja por mensagens trocadas em aplicativos, seja por radiofonia, ou mesmo presencialmente, conforme registram os documentos recebidos pela CPI.

Outrossim, reconhecendo que os fatos relatados, nos termos do Estatuto de Roma, podem estar sujeitos à jurisdição do Tribunal Penal Internacional, encaminhe-se também o presente Relatório ao seu Procurador, encarecendo que, a seu juízo, abra o competente inquérito, ou o acresça à fundamentação de procedimento já aberto com o mesmo objeto, para atribuir as devidas responsabilidades aos autores de crimes contra a humanidade. Ressalve-se, em atenção ao disposto no art. 17, a e b, do Estatuto de Roma, que a inércia das autoridades brasileiras responsáveis pela investigação e julgamento dos crimes aqui descritos, por inapetência ou incapacidade de assim proceder, atrai a competência do Tribunal Penal Internacional. A admissibilidade do caso poderia ser afastada, ao menos no caso dos indígenas, se os inquéritos e procedimentos penais competentes estivessem em curso para apurar condutas tipificadas como crime de genocídio no direito brasileiro, o que não se concretizou até o momento, apesar de entendermos ser essa hipótese juridicamente plausível, ainda que não tenha sido esse o entendimento da CPI. Contudo, o sistema de Justiça brasileiro não pode investigar e julgar as pessoas às quais este relatório atribui responsabilidade por crimes contra a humanidade previstos apenas no art. 7º do Estatuto de Roma, sobretudo nas modalidades de extermínio e perseguição, porque simplesmente não existe tipificação desses crimes nas leis brasileiras. Por essa razão, conforme disposto nos arts. 1º e 17, a, do Estatuto de Roma, invocamos a jurisdição complementar do Tribunal Penal Internacional, à qual, na forma do art. 5º, § 4º, da nossa Constituição, o Brasil se submete.

Esta CPI decide ainda encaminhar este Relatório ao Conselho Federal de Medicina (CFM), para que apure a responsabilidade do Presidente e Conselheiro Relator Mauro Luiz de Brito Ribeiro, autor do Parecer nº 4/2020, que avaliza o uso da cloroquina e da hidroxicloroquina, documento cuja publicação se mostrou temerária e, no mínimo, antiética, pelas razões já expostas neste Relatório, bem como a responsabilidade dos médicos que participaram da publicação do "Manifesto pela Vida — Médicos do Tratamento Precoce Brasil" em favor do uso do tratamento precoce.

Situações como as demonstradas pelos documentos apresentados pela Secretaria Especial da Receita Federal do Brasil demandam o aprofundamento das investigações fiscais por parte da Receita Federal em relação às empresas que possuem como sócio o deputado federal Ricardo Barros e o empresário Francisco Emerson Maximiano. As irregularidades apontadas mostram que essa é uma prática própria de quem oculta a origem dos recursos (por exemplo, por corrupção). Quem pratica atos de forma irregular, por sabê-los ilícitos, busca conferir-lhe aparência de licitude, por meio da passagem por sociedade empresarial (lavagem de dinheiro). Fundamental, portanto, que os fatos alhures expendidos em relação às empresas pertencentes ao deputado Ricardo Barros sejam investigados pelo órgão do Fisco Federal de forma a elucidar a eventual ilicitude das referidas operações."

* * *

A entrega do relatório final da CPI da Covid-19 ao procurador-geral da República, Augusto Aras, a quem cabia dar consequência às sugestões de indiciamentos e de ações propostas pelos senadores durante os seis meses que perduraram as sessões da Comissão, ora eletrizantes, ora patéticas, mas sempre relevantes para quem desejasse desvendar "a vida como ela é" na política brasileira, expôs divergências incontornáveis entre o discurso retórico dos políticos e a ação pragmática dos operadores do Direito. Aras havia instituído, no âmbito do GIAC, um grupo de acompanhamento da CPI em tempo real. Em razão de o próprio GIAC ter tido a iniciativa de originar investigações antes mesmo de a comissão parlamentar de inquérito votar seu relatório final, havia muitas investigações em curso quando ele recebeu os senadores Omar Aziz, presidente do colegiado, Renan Calheiros, relator, e Randolfe Rodrigues, líder da então oposição na CPI. O procurador-geral desconfiava, desde sempre, que a Comissão produzira um texto infinitamente mais retórico do que factual, o que é compreensível e razoável no campo do embate político. Porém, tinha certeza de que faltavam elementos probatórios para se dar curso a ações criminais — sobretudo à abertura de um processo que pudesse levar ao *impeachment* daquele inegavelmente trágico gestor público da pandemia, Jair Bolsonaro, que abusara das declarações retóricas contra a Ciência e contra os fatos reais da emergência sanitária que já tinha matado até ali 600 mil brasileiros.

A seguir, no trecho em destaque, a forma como o Ministério Público Federal, sob o comando de Augusto Aras, registra no livro *Ações que Salvam — Como o Ministério Público se reinventou para enfrentar a Covid-19* as atitudes que tomou, e por que as tomou, em relação ao relatório final da CPI da Covid:

"O relatório final não chegou a ser formalmente protocolado na Procuradoria-Geral da República naquela ocasião. Somente em 9 de novembro de 2021, após tratativas entre as duas instituições, a documentação sigilosa referida no relatório da Comissão foi entregue pelo Senado Federal à PGR, mediante comparecimento pessoal da então Chefe de Gabinete do PGR ao Senado Federal, que disponibilizou dois discos rígidos do Ministério Público Federal (HDs de alta capacidade) para que neles o Senado Federal fizesse cópias dos arquivos.

Para garantir e demonstrar a preservação da cadeia de custódia, os dois discos rígidos foram imediatamente encaminhados à Secretaria de Perícia, Pesquisa e Análise do MPF (Sppea-MPF), órgão responsável pela guarda e disponibilização de informações e documentos destinados a subsidiar investigações no âmbito do Ministério Público Federal, seguindo os protocolos internos da instituição, com elaboração de laudo técnico da cópia forense dos dois HDs originários do Senado Federal, "na qual foram calculados os *hashes* destes, visando garantir a integridade dos arquivos e a manutenção da cadeia de custódia".

O exame dos arquivos recebidos da CPI revelou que consistiam em cerca de 10 *terabytes* de arquivos desordenados, não indexados e sem apontamento para os respectivos indiciamentos. Não se procedeu, nem no relatório nem na documentação complementar posteriormente apresentada, a demonstração de correlação entre cada um dos elementos indiciários e os apontados autores das infrações penais alegadas.

A despeito de se tratar de conteúdo essencial em um relatório final de investigação, uma vez que as comissões parlamentares de inquérito funcionam, sob esse aspecto, em similaridade com as autoridades policiais, incumbindo-lhes encaminhar ao Ministério Público relatório conclusivo com os elementos indiciários que lhes tenha dado suporte, foi possível depreender das peças apresentadas a suposta prática de crimes.

Assim, diante da necessidade de impulsionar as conclusões da CPI, o Procurador-Geral da República, em 25 de novembro de 2021, elevou à supervisão do Supremo Tribunal Federal a continuidade das investigações contra as autoridades com prerrogativa de foro, com o esclarecimento de que o Senado Federal não havia ainda apresentado a "relação anexa" referida à folha 1.138 do relatório final da Comissão, *verbis*:

> *"(...) encaminhem-se às autoridades encarregadas da persecução penal e demais apurações os documentos necessários para instruir os respectivos procedimentos investigativos. A esse respeito, cumpre esclarecer que esta Comissão procedeu à triagem de parte dos documentos que deverão ser encaminhados às autoridades responsáveis pela continuação da investigação e pela persecução criminal, conforme relação anexa, que passa a fazer parte integrante deste relatório para fins de encaminhamento específico às autoridades competentes. A separação foi feita pelo nome do indiciado e levando em conta os possíveis crimes praticados. Os documentos incluem informações abertas e sigilosas, sendo que, em relação às últimas, as autoridades que as receberem deverão manter o sigilo."*

O IMPULSIONAMENTO DAS INVESTIGAÇÕES SOB A SUPERVISÃO DO SUPREMO TRIBUNAL FEDERAL

A par das Petições que já se encontravam em curso perante o STF, originadas de representações criminais apontando supostos crimes praticados no contexto da pandemia da Covid-19 por autoridades com prerrogativa de foro perante a Suprema Corte, a Procuradoria-Geral da República, a partir do relatório final da CPI, protocolou 10 novas petições, com os seguintes objetos:

Petição 10.056 (Relatora Ministra Cármen Lúcia): atribuída a suposta prática do crime de falsificação de documento público (artigo 298 do Código Penal) ao ex-Presidente da República Jair Messias Bolsonaro.

Petição 10.057 (Relator Ministro Dias Toffoli): atribuída a suposta prática do crime de infração de medida sanitária preventiva, previsto no artigo 268, na forma do artigo 69, ambos do Código Penal, ao ex-presidente da República Jair Messias Bolsonaro.

Petição 10.058 (Relatora Ministra Rosa Weber): atribuída a suposta prática do crime de advocacia administrativa (artigo 321 do Código Penal) pelo Deputado Federal Ricardo José Magalhães Barros.

Petição 10.059 (Relator Ministro Dias Toffoli): atribuída a suposta prática do crime de epidemia majorado pelo resultado morte (artigo 267, parágrafo 1º, do Código Penal) ao ex-Presidente da República, Jair Messias Bolsonaro, em concurso com o ex-Ministro de Estado da Saúde Marcelo Antônio Cartaxo Queiroga Lopes, o ex-Ministro-Chefe da Casa Civil Walter Souza Braga Netto, o ex-Ministro de Estado da Saúde Eduardo Pazuello, o ex-Secretário Executivo do Ministério da Saúde Antônio Élcio Franco Filho, o ex-subchefe de Monitoramento da Casa Civil Heitor Freire de Abreu, o ex-Secretário de Ciência e Tecnologia, Inovação e Insumos Estratégicos em Saúde do Ministério da Saúde Hélio Angotti Netto e o Deputado Federal Osmar Gasparini Terra.

Petição 10.060 (Relatora Ministra Rosa Weber): atribuída a suposta prática do crime de emprego irregular de verbas ou rendas públicas (artigo 315 do Código Penal) pelo ex-Presidente da República Jair Messias Bolsonaro e pelo Ministro de Estado da Saúde Eduardo Pazuello, ao ordenarem a produção do fármaco cloroquina para utilização no combate à Covid-19, sem que, para tanto, tivesse o aval da ANVISA.

Petição 10.061 (Relatora Ministra Rosa Weber): suposta prática do crime de charlatanismo (artigo 238 do Código Penal) imputada ao então ex-Presidente da República Jair Bolsonaro.

Petição 10.062 (Relator Ministro Ricardo Lewandowski): atribuída a suposta prática do crime de prevaricação (artigo 319 do Código Penal) pelo ex-Ministro-Chefe da Controladoria-Geral da União Wagner de Campos Rosário, na medida em que teria ignorado aspectos relevantes na compra do imunizante Covaxin, principalmente no que importa às propostas de preço; à tentativa de receber o pagamento de forma adiantada; ao histórico já com o caso Global Gestão em Saúde, sucedida pela Precisa; e à participação de Marconny Nunes Ribeiro Albernaz Faria nas tratativas — nome que já era conhecido pela CGU, uma vez que tal pessoa teria tentado interferir na compra de 12 milhões de testes rápidos para a Covid-19 no Ministério da Saúde.

Petição 10.063 (Relator Ministro Nunes Marques): atribuída a suposta prática do crime de formação de organização criminosa (artigo 2º, *caput*, da Lei 12.850/2013) ao Deputado Federal Ricardo José Magalhães Barros, atuando, em conjunto com terceiros, em favor das empresas de Francisco Maximiano no que importa à aquisição do imunizante Covaxin.

Petição 10.064 (Relator Ministro Luís Roberto Barroso): atribuída a suposta prática do crime de incitação ao crime (artigo 286 do Código Penal) a Jair Messias Bolsonaro; Onyx Dornelles Lorenzoni; Flávio Nantes Bolsonaro; Ricardo José Magalhães Barros; Eduardo Nantes Bolsonaro; Osmar Gasparini Terra; Beatriz Kicis Torrents de Sordi; Carla Zambelli Salgado de Oliveira; e Carlos Roberto Coelho de Mattos Júnior.

Petição 10.065 (Relatores Ministra Rosa Weber e Ministro Luiz Fux): atribuída a suposta prática do crime de prevaricação (artigo 319 do Código Penal) a Jair Messias Bolsonaro, com possível concurso de Eduardo Pazuello, Élcio Franco Filho e Marcelo Antônio Cartaxo Queiroga Lopes, no caso envolvendo a aquisição da vacina Covaxin.

Ao submeter à supervisão do Supremo Tribunal Federal a continuidade das investigações dos fatos indicados no relatório final da CPI, a Procuradoria-Geral da República buscou manter a validade dos elementos de prova coletados, observando-se o devido processo penal e evitando-se alegações futuras de nulidades processuais.

Já sob a supervisão do Supremo Tribunal Federal, a Procuradoria-Geral da República buscou sanar irregularidades que redundariam em nulidade futura da persecução penal. Primeiramente, verificou-se que não havia sido concedida, pela comissão parlamentar, oportunidade para os indiciados requererem ou apresentarem elementos de prova. De outro lado, buscou-se sanar a ausência, no relatório final da comissão, do apontamento de correlação entre os fatos delitivos narrados e elementos indiciários de materialidade e autoria.

Para sanar a primeira irregularidade, o Procurador-Geral da República requereu a intimação dos indiciados para apresentarem as suas razões, o que foi deferido pelos Ministros Relatores.

Já a ausência de apontamento da correlação entre fatos narrados e elementos de prova colhidos, bem como o gigantesco volume de documentos colhidos pela CPI (em torno de 10 *terabytes* de informações), gerou inicialmente certo embaraço na tramitação desses processos.

Num primeiro momento, o Senado Federal reconheceu que a relação anexa referida à folha 1.138 do relatório final não fora entregue e que, em vez da indispensável indexação lógica de materialidade e indícios de autoria, a CPI da Pandemia havia realizado apenas uma triagem parcial no universo de 10.127 *terabytes* de conteúdo, pelo *software* Copernic, para identificar quais documentos "continham o nome" do respectivo indiciado. Esclareceu-se, ademais, que o procedimento havia sido realizado com erro material:

> "(...) não estão correlacionados os documentos pertinentes a cada fato típico supostamente praticado por cada envolvido, mas tão somente foram delimitados quais documentos sigilosos continham o nome do respectivo envolvido.
>
> Posteriormente à aprovação do relatório, verificou-se que houve equívoco na forma de realização de triagem, tendo em vista que os termos utilizados para a realização das buscas não foram inseridos entre aspas no ambiente de consultas do indexador de arquivos.
>
> Assim, por exemplo, a triagem realizada com os termos João Silva retornaria, como resultados da pesquisa, todos arquivos sigilosos que contivessem as palavras João e Silva, ainda que não justapostas. A pesquisa correta deveria ser realizada com os termos "João Silva" entre aspas, a qual retornaria como resultados apenas os arquivos que contivessem as palavras justapostas João Silva.
>
> Verificada essa inconsistência, foram realizadas novas buscas, utilizando-se os termos de pesquisa entre aspas, as quais resultaram nos arquivos anexos (doc2) e basearam o encaminhamento de documentos sigilosos à Procuradoria-Geral da República e a outros órgãos, em atendimento ao Relatório Final aprovado." aprovado" (fls. 72 a 74 da PET 10.059).

Diante de tal cenário, a Procuradoria-Geral da República fez constar que era possível inferir das informações prestadas pelo Senado Federal, que o relatório final da Comissão Parlamentar de Inquérito não continha a "relação anexa", embora fosse essencial à higidez do indiciamento.

Por essa razão, o Ministério Público Federal requereu que a Advocacia do Senado Federal fosse instada a esclarecer:

> (a) a data em que foi produzida a relação agora enviada ao Supremo Tribunal Federal; bem como que esclareça — para proteção da higidez das provas;

(b) se todo o universo de documentos sigilosos obtidos pela Comissão Parlamentar de Inquérito foi encaminhado ao Supremo Tribunal Federal e à Procuradoria-Geral da República, ou se houve qualquer espécie de recorte nesse acervo;

(c) assim como se há controle de acesso a tais documentos sigilosos após o encerramento da Comissão Parlamentar de Inquérito;

(d) por fim, a confirmação de que a varredura eletrônica para feitura da relação foi realizada em todo o acervo documental da Comissão Parlamentar de Inquérito ou apenas nos documentos sigilosos.

A Ministra Rosa Weber, na Petição 10.065, proferiu decisão, no dia 21 de janeiro de 2022, indeferindo os requerimentos formulados pela Procuradoria-Geral da República, sob os seguintes fundamentos:

i) inserção dos pedidos no poder requisitório titularizado pelo órgão do Ministério Público (artigo 129, VI, CF/1988 c/c artigo 8°, II, VII e §4- da LC/93);

ii) inadequação da via judicial para operacionalização de diligências e limitação à supervisão do procedimento de apuração;

iii) previsão constitucional de diálogo direto entre o Ministério Público e as Comissões Parlamentares de Inquérito;

iv) inviabilidade de conversão em feito anômalo de procedimento contencioso entre MPF e Senado;

v) impossibilidade de valoração de prova já produzida; e

vi) atribuição do Parquet *para promover o tratamento do conjunto probatório.*

Ante o despacho da Ministra Rosa Weber e com o intuito de dar andamento ao diálogo interinstitucional nele recomendado, a Procuradoria-Geral da República promoveu reuniões com representantes do Senado Federal em 8 de fevereiro de 2022, nas quais se acordou que o Senado Federal encaminharia à PGR as informações faltantes.

Em 21 de fevereiro de 2022, os Senadores da República Omar Aziz, Randolfe Rodrigues e Renan Calheiros apresentaram à Procuradoria-Geral da República as informações relativas à correlação entre fatos, condutas e documentos que fundamentaram os indiciamentos. As mesmas informações foram protocoladas, por meio de petições subscritas pela Advocacia do Senado, nas 10 petições em tramitação no Supremo Tribunal Federal.

A partir do encaminhamento da documentação, seguiram-se os procedimentos de praxe nos quais o Ministério Público Federal e a autoridade policial avaliam a higidez da cadeia de custódia da prova e apreciam o conjunto indiciário colhido, para deliberação quanto à adoção das providências previstas no *caput* e nos §§ 1º e 3º do art. 1º da Lei 8.038/1990.107.

A persistência do Ministério Público Federal com a regularidade formal dos indiciamentos realizados pela CPI visava a evitar alegações futuras de nulidades decorrentes de práticas investigatórias violadoras dos direitos fundamentais dos investigados, como *fishing expedition* e *document dump*. *Fishing expedition* consiste em investigação ou persecução penal especulativa indiscriminada, sem objetivo definido, em que se vasculha a vida de uma pessoa em busca de um fato que possa ser interpretado como ilícito ou crime. O método investigativo não é admitido no ordenamento jurídico brasileiro, na linha de inúmeros precedentes do Supremo Tribunal Federal, além de poder configurar abuso de poder, crime contra a administração da Justiça e crime contra a vida privada das pessoas.

Por outro lado, o impressionante volume de 10 *terabytes* de informações aleatórias e não indexadas com que a CPI buscou fundamentar os indiciamentos estava a caracterizar *document dump*, despejo de provas inúteis no processo, prática também inadmitida no direito brasileiro. Ao restringir o contraditório e a ampla defesa, a prática afasta a legitimidade da persecução penal por impossibilitar a demonstração da justa causa, vale dizer, a conexão lógica entre fatos, condutas e indiciamentos.

A título de exemplo, em maio de 2021, na Ação Penal 0001238-44.2018.4.01.3400, o juiz Marcus Vinícius Reis Bastos, da 12ª Vara

Federal do Distrito Federal, absolveu sumariamente o ex-Presidente Michel Temer e outros réus da acusação de integrarem organização criminosa, ao considerar que a denúncia traduzia *tentativa de criminalizar a política (...) sequer se dando ao trabalho de apontar elementos essenciais à caracterização do crime de organização criminosa (tipos objetivo e subjetivo), em aberta infringência ao art. 41, da Lei Processual Penal.*

A prática de *document dump* foi a razão principal para a absolvição sumária. É essa a conclusão que se extrai da leitura de todo o material:

> *"À existência de cerceamento de defesa, eis que o Ministério Público Federal fez acompanhar a inicial acusatória de algo aproximado a 4 TB (quatro terabytes) de documentos, os quais, malgrado tenha sido instado pelo Juízo a fazê-lo (cf., dentre outras, a decisão vista no ID 307758854, pp. 191-193), jamais especificou, sequer dando condições aos Réus, até a data de hoje (cf. manifestação vista no ID 474798376, in fine), de acessá-los na íntegra. Esse procedimento evidencia, a um só tempo, abuso do direito de acusar e ausência de justa causa para a acusação."* (grifos no original)

O ministro Kássio Nunes Marques, Relator da Petição 10.063, assim se manifestou a respeito do volume de documentos não indexados com que a CPI da Pandemia buscou legitimar os indiciamentos constantes do relatório final dos trabalhos: *"Anoto, neste ponto, que, em princípio, não me afigura atender os requisitos para manutenção válida do indiciamento realizado pela CPI da Pandemia em relação aos ora requeridos o fornecimento de '175.000 (cento e setenta e cinco) mil páginas, equivalentes a 350 resmas de papel' de documentos, sem indicação específica da relação de cada um com os delitos imputados aos indiciados constantes destes autos. Com base nessas considerações, e tendo em vista a competência desta Corte por figurar como um dos indiciados, nestes autos, um deputado federal, manifeste-se, em igual prazo, outrossim, o Ministério Público Federal se entende que o indiciamento dos ora Requeridos deve ser mantido por este Tribunal"*.

150 — O Procurador

Segundo esclarecimento do Senado Federal apresentado ao Supremo Tribunal Federal, o assombroso volume de documentos desconexos que acompanhou o relatório final da CPI da Pandemia teve como causa uma imprevista incapacidade de meios materiais e humanos para dar tratamento adequado à massa de informações que a comissão recebeu como resultado de suas amplas iniciativas investigatórias. Na página 1.139 do relatório final, a comissão destaca que:

> *"Dada a exiguidade do prazo de funcionamento da Comissão Parlamentar de Inquérito, não foi possível ultimar o processamento e a classificação de todo o acervo de dados sigilosos arrecadados, que contava 132 já em setembro com 2.433.369 arquivos, divididos em 8.570 pastas, consubstanciando aproximadamente 1.240 GB de informação. Quanto aos documentos ostensivos, apurou-se na última contagem 71.667 arquivos, divididos em 3.147 pastas, totalizando-se 991 GB de informação. Há, pois, um volume de 2.231 GB de informações a serem analisadas. Somente para se ter uma noção aproximada dessa magnitude de informações, esse quantitativo corresponde, aproximadamente, a 144.528.642 páginas; ou a 3.187 horas de vídeos; ou a 6.374 horas de áudio".*

Posterior avaliação técnica realizada pela Secretaria de Perícia, Pesquisa e Análise do Ministério Público Federal nos dois HDs recebidos da CPI revelou que o volume de dados e documentos era ainda superior ao descrito no relatório da comissão, alcançando 10 *terabytes* de documentos não indexados.

A persecução penal deflagrada com base em tal acervo poderia resultar na futura declaração de nulidades processuais, sob a alegação de impossibilitar a defesa dos indiciados e o exercício da ampla defesa e do contraditório.

A não indicação precisa dos elementos probatórios vinculados aos fatos descritos, além disso, dificulta a formação da *opinio delicti*, que é o objetivo de um relatório de investigação.

A par disso, o Senado Federal admitiu perante o Supremo Tribunal Federal a ocorrência de grave erro na triagem dos documentos, provocado por imperícia humana no manejo de *software* de busca. No Ofício 21/2021 — COCETI, protocolado em todas as dez petições então em andamento no Supremo Tribunal Federal, colhe-se que "*posteriormente à aprovação do relatório, verificou-se que houve erro material na forma de realização de triagem, tendo em vista que os termos 133 utilizados para a realização das buscas não foram inseridos entre aspas no ambiente de consultas do indexador de arquivos*".

Disse o Senado Federal: "*Possivelmente o acervo de documentos deste colegiado é o maior já recebido por qualquer comissão do congresso, e isso só foi possível porque a maioria esmagadora dos documentos foi entregue em meio digital, diferentemente de outros colegiados com grande volume de documentos, como, por exemplo, a CPMI dos Correios, em que a maioria dos documentos eram físicos.*

Para além do imenso volume de documentos, de trabalho, das horas trabalhadas e da pequena equipe de 10 pessoas para realizar essas tarefas (que não poderia ser ampliada, porquanto as CPIs realizam atividades muito específicas dentro do Senado Federal, que demandam treina-mento) e da frequência de reuniões (por vezes, de terça a sexta-feira, da manhã à noite), todo o trabalho dos servidores foi desenvolvido sob a intensa pressão peculiar a uma comissão de notável repercussão nacional, lidando com o assunto principal que mobilizou toda a sociedade brasileira nos últimos dois anos.

Ademais, é de se compreender que a assessoria às CPIs alberga tarefas complexas, com diversos processos próprios, diferentes de qualquer outra comissão do Senado, como, por exemplo, sistemas e trâmites para recebimentos de dados telefônicos, de dados bancários, de dados fiscais, classificação de sigilo de documentos, organização de drive *de documentos sigilosos, de* drive *de documentos ostensivos, monitoramento de acessos a documentos sigilosos, trâmites para a realização de convocações, cumprimento às dezenas de liminares em mandados de segurança que houve na CPI da Pandemia, com expedição de ofícios às partes envol-vidas (Receita, Banco Central, Anatel, COAF, empresas de tecnologia), recebimento e atendimento de decisões em sede de* habeas corpus *etc. Para que se tenha dimensão disso, basta saber que esta Coordenação enviou e acompanhou, ao longo dos trabalhos da CPI, 2.766 ofícios, bem como recebeu, classificou e disponibilizou 2.844 documentos.*

Toda essa digressão é feita apenas para que se compreenda que o mencionado erro material, descoberto e corrigido a tempo, nada tem de absurdo ou impressionante, e se alinha com todas essas peculiaridades que cercam a CPI da Pandemia e que a tornam diferente de qualquer outra comissão parlamentar de inquérito (os grifos são nossos).

A partir do relato, é de se reconhecer os graves obstáculos materiais enfrentados pela Secretaria de Comissões do Senado Federal ao se desincumbir da gigantesca demanda advinda da repercussão social dos trabalhos da CPI da Pandemia. Por conseguinte, ante as condições exaustivas de trabalho dos servidores, é compreensível o erro cometido na fixação de chaves de busca pelo software *de triagem da imensidão de 10* terabytes *de informações.*

Se, contudo, por um lado, são humanamente compreensíveis as dificuldades com que se houve o Senado Federal para dar tratamento adequado ao volume de informações que buscou (e recebeu) no curso da investigação parlamentar, por outro, tais óbices materiais não têm o condão de mitigar ou de afastar o devido processo penal e os direitos fundamentais dos investigados, a exigir a absoluta precisão na fixação dos elementos indiciários de materialidade e autoria de ilícitos penais.

Ao Ministério Público Federal compete não só a persecução penal, mas igualmente a defesa dos direitos fundamentais dos investigados e a higidez do processo penal, a partir das balizas constitucionais e legais.

Em situação análoga, no MS 38.187, as dificuldades materiais do Senado Federal com o tratamento seguro de dados sigilosos recebidos pela CPI da Pandemia impediram que a decisão do Supremo Tribunal Federal pudesse ser cumprida".

Nos autos do referido mandado de segurança, o Ministro Relator Gilmar Mendes, em 2 de setembro de 2021, determinou a suspensão da eficácia dos requerimentos e a guarda dos documentos pelo Presidente da Comissão:

Ante o exposto, defiro em parte o pedido liminar, com fundamento no artigo 7º, inciso III, da Lei 12016/2009, para:

(i) suspender a eficácia da aprovação dos Requerimentos 1228/2021 (item 106), 1362/2021 e 1364/2021, no que

concerne ao afastamento dos sigilos telefônico e telemático da impetrante, até o julgamento definitivo deste mandado de segurança pelo Plenário;

(ii) restringir a quebra dos sigilos bancário e fiscal da impetrante ao período posterior a 20 de março de 2020; e

(iii) determinar que os dados obtidos pela Comissão Parlamentar de Inquérito sejam mantidos sob a guarda do Presidente da Comissão e compartilhados com o Colegiado apenas em reunião secreta e quando pertinentes ao objeto da apuração (grifamos).

Posteriormente, em 13 de fevereiro de 2022, ante o encerramento dos trabalhos da CPI, o Ministro Relator ordenou "a imediata destruição dos documentos":

"Por conseguinte, oficie-se à Presidência do Senado Federal para que proceda à imediata destruição dos documentos, dados e informações da impetrante, obtidas por força da aprovação dos Requerimentos 1362/2021 e 1364/2021 pela Comissão Parlamentar de Inquérito do Senado Federal concernente ao enfrentamento da pandemia da Covid-19 no Brasil (CPI da Pandemia), nos termos do art. 9º da Lei nº 9.296/1996".

* * *

Os discursos toscos e grotescos de Jair Bolsonaro afrontando a Ciência e, mesmo, até a existência real da pandemia da Covid-19 como um fato que exigisse ação imediata, focada, concentrada e enérgica do estado brasileiro, não haviam sido capazes de movimentar a estrutura da Procuradoria-Geral da República no sentido de pedir a abertura de processo criminal contra o presidente brasileiro. Augusto Aras, procurador-geral, foi acusado de atuar graciosamente em proteção de quem o nomeara para o comando do Ministério Público Federal. Todas as petições abertas no Supremo Tribunal Federal com base nas apurações da CPI (Comissão Parlamentar de Inquérito) da Covid-19 foram arquivadas por ausência de provas.

A culpa sobre tais arquivamentos recaiu exclusivamente sobre Aras, numa forma encontrada tanto pelos atores centrais da política, quanto por formadores de opinião da mídia tradicional, de fabricar um culpado para a decepção da opinião pública que contava com a obviedade da punição esquecendo um rito basilar do devido processo legal: a produção de provas.

No depoimento a seguir, Augusto Aras exorciza o demônio da CPI da Covid-19 para apascentar a própria alma, que nunca aceitou as duras críticas feitas a ele pela quebra de expectativas ante a cadeia de causalidade e responsabilidade entre a desídia do Poder Público federal e a alta taxa de mortalidade pela Covid-19, no Brasil, no transcurso dos piores momentos da pandemia, que parecia tão óbvia e natural durante o período em que as sessões, os inquéritos e os debates da CPI monopolizaram a atenção da mídia e da população brasileiras:

> *"Nós criamos na PGR, por meio da Comissão de Saúde do Conselho Nacional do Ministério Público, o Grupo Integrado de Acompanhamento da Epidemia de Covid-19 (GIAC). Este grupo foi criado antes da declaração de estado pandêmico pela OMS. Célia Delgado era coordenadora. Sandra Krieger, conselheira nacional de Saúde do CNMP. A finalidade do órgão era receber todas as demandas no território nacional relacionadas à Covid. Eram 150 membros do Ministério Público em todo o Brasil e demandavam ao órgão central as providências necessárias para o enfrentamento de toda sorte de doenças, da crise, em todo o país. Este órgão foi criado por mim à semelhança do que é recomendável em toda catástrofe, como acontece nas guerras. Era um comitê de crise, um centro que recebia demandas, buscava as soluções e devolvia à sociedade as respostas por meio dos focalizadores. Os focalizadores eram procuradores da República que estavam na ponta de todo o processo. Fomos muito criticados no início do GIAC, pois nos acusavam de estar rompendo com a independência funcional dos membros do*

MP. O GIAC, composto pelo CNMP e pelo gabinete do Procurador-Geral da República, começou a dialogar com todos os poderes — o federal, os estaduais e os municipais — e catalisou providências em todo o país. Trabalhamos até altas horas, de madrugada, em todo o território nacional, para saber o que acontecia e quais as soluções necessárias. Fomos atacados como se quiséssemos tirar a independência funcional de procuradores. Esqueciam, os que nos atacavam, que uma pandemia é uma catástrofe natural para a qual nenhuma Nação, Estado, Povo está preparado.

Alguns insatisfeitos começaram a entulhar o Poder Judiciário de recomendações, de ações dizendo "faça!" ou "deixe de fazer!", a tal ponto que o então prefeito de Porto Alegre se dirigiu ao Conselho Nacional de Justiça e ao Ministério Público perguntando o que ele faria com cinco mil ofícios recebidos por seus assessores, chegados dos ministérios públicos federal, estadual, municipal, todos os órgãos da Justiça do Trabalho, e ele não tinha como tratar aquilo. Ou ele cuidava do enfrentamento à Covid-19, ou cuidava de dar resposta aos ofícios. O GIAC foi criado para pôr fim a esse caos de ações.

Mantivemos diálogo, interação e cooperação com todos os órgãos de saúde envolvidos no enfrentamento da Covid. Na crise de Manaus, que foi gravíssima, estivemos até altas horas da noite, a doutora Célia Delgado, Sandra Krieger, a doutora Lindôra Araújo e eu, buscando superar a crise do suprimento de oxigênio. Contatos permanentes eram feitos com o governador, com o ministro naquele momento, o Eduardo Pazzuelo, e antes dele com o Luiz Mandetta, com um coronel que Pazzuelo indicou, com a Anvisa, com o presidente da Anvisa.

A nossa primeira missão era centralizar as demandas administrativas que envolviam a proteção à saúde populacional. Isso era feito pelos focalizadores.

Por meio deles, tomamos 3.200 medidas judiciais e administrativas. Eram recomendações, solicitações de providências para suprir máscaras, oxigênio, transporte de pacientes... nas cidades, nas metrópoles, e nos cantos mais longínquos. Inclusive áreas indígenas. O trabalho foi feito primeiro administrativamente. A Covid-19 exigiu todos os recursos.

Depois, tínhamos que fazer a fiscalização financeira dos valores que foram direcionados pelo Governo Federal para todos os governos estaduais. Tínhamos então de cuidar das múltiplas representações feitas com base em matéria de jornal, pela oposição daquela época ao governo Bolsonaro, que não tinham nenhum lastro científico. Eram apelos da retórica política de onde não se extraía um discurso jurídico. Tínhamos as medidas no Supremo e nas quais me manifestei 100% contra o governo Bolsonaro. Fui acusado de arquivar tudo.

Falso! Falso! Uma coisa é retórica política. Outra coisa, bem diferente, é o discurso jurídico.

*Eu tive Covid, e peguei o vírus na posse de Fux (*Luiz Fux, ministro do STF, assumiu a presidência da Corte em 10 de setembro de 2020*). Todo mundo pegou Covid na posse de Fux. Naquele momento não havia protocolo seguro nenhum, ainda. Muita gente que estava lá tomou Ivermectina, tomou Azitromicina, era o protocolo conhecido naquele momento para evitar complicações quando se contraía o coronavírus. Era um momento em que ninguém sabia de nada.*

À medida que as pesquisas vão avançando, vai-se descobrindo que a Ivermectina não tem valor contra a Covid-19. Os protocolos foram mudando. Onde isso é fundamentalmente importante no Jurídico? O Direito, aquilo que nós chamamos de Ciência do Direito, trabalha com relação jurídica. O que é uma relação jurídica? É uma relação formal, simbólica. Ela tem, como regra, dois sujeitos — um ativo e um passivo. Ela tem um vínculo jurídico que se divide em debitum *e a* obligatio. Debitum *de dever e* obligatio *de obrigar a fazer. O terceiro item chama-se objeto. Então, 99% do Direito se realiza no plano lógico, jurídico, formal daquilo que se chama "relação jurídica". Por exclusão, e só por exclusão, o Direito admite — e, na teoria, são três ou quatro os casos nos quais isso ocorre — em que você pode falar de fato. De mero fato.*

Quais são esses casos que me ocorrem aqui agora? São aqueles em que se admite autenticidade ou falsidade de assinatura, questões de estado (investigação de paternidade, maternidade, naturalidade, estado civil, nacionalidade, filiação, domicílio) e, modernamente, no último Código de Processo Civil, foram acrescidos mais dois. Só.

O mero fato não arranha o Direito, não provoca a máquina jurisdicional. E o que acontece? A pandemia, como um fato natural, insubmisso naquele momento a critérios científicos de cura, de prevenção, por si só não desafiava o mundo jurídico. Desafiava o mundo da Medicina, da Biologia. O mundo jurídico, não.

Estávamos, então, diante daquilo que a Ciência do Direito chama de "incertezas empíricas". E por que o Direito não pode se mover diante das incertezas empíricas? Porque o operador do Direito não é médico, não é infectologista, não é ninguém dotado de conhecimento científico capaz de dizer o que preservará a vida, ou não, numa situação pandêmica totalmente nova e desconhecida. Isso responde à questão, por exemplo, de por que o parecer da PGR foi contra a abertura de processo por falta de uso de máscara de proteção por Bolsonaro. Essa é a explicação do macro.

No micro, no micromundo, a explicação é que o STF já havia decidido que quem determinava as normas de segurança eram os estados e os municípios. O governante federal não tinha poder decisório algum, a não ser o da retórica dele. Quando se tem incertezas empíricas a responsabilidade jurídica desaparece e se passa a ter a responsabilidade política. Ou seja, Bolsonaro fez tudo o que podia fazer como chefe de governo — comprou as vacinas, tratou de prover a rede hospitalar pública de instrumentos necessários ao combate à pandemia. Porém, como cidadão, falou tudo o que não deveria ter falado e o que estava na cabeça dele.

Se ele não tivesse comprado a vacina logo depois de a vacina estar disponível no mercado mundial, podia estar cometendo um ilícito. Mas ele comprou; e continuou falando as coisas que lhe davam na cabeça. Como presidente, ele fez tudo o que precisava fazer. Como político, ele fez tudo o que a retórica dele, do campo dele, mandava. Ele fez o que tinha de fazer, como presidente, e falou o que quis e pensava como ator político.

O que é que nós presumimos? Ora, ele calculou assim: "ninguém sabe de nada, não há saída determinada dessa confusão, e eu vou falar o que penso. Se eu acertar, acertei. Se eu errar, fiz o que tinha de ser feito e ninguém pode me punir". Quando você tem incerteza empírica, que era o caso da pandemia, você não tem responsabilidade jurídica de nenhuma natureza. Nem penal, nem cível, nem administrativa, nem eleitoral. Ali há, sim, responsabilidade política. Todas as vezes que você, no campo do Direito Constitucional e da Ciência Política, não tem o Jurídico para sustentar, a responsabilidade do governante é exatamente sustentar as adversidades da sociedade. Então, só quem poderia punir Bolsonaro era quem não o reelegeu. Era o cidadão brasileiro apto a votar.

Naquele campo das incertezas empíricas, a responsabilidade é eminentemente política. É eleitoral. E a pena a isso é o não voto. É a derrota na eleição. É o eleitor quem cassa o mau governante.

O discurso jurídico é estreito. Ele não alcança a incerteza empírica. Onde há incerteza empírica, só quando a lei expressamente prevê a responsabilidade, alguém pode ser penalizado. Quando a lei expressa os casos, responde. Fora daquilo, existe o que se chama de responsabilidade subjetiva. Nós, então, estávamos no macro diante de incertezas empíricas. No micro, havia uma relação em que o governo fazia o dever de casa — e a nossa equipe estava lá em cima, na ponta, cobrando isso.

Todas as demandas que nós encaminhávamos eram atendidas. Até por temor de cometimento de omissão ou parte dos governantes de plantão. O parecer da Lindôra, no caso das máscaras, está submetido a dois crivos. Um deles, o da incerteza empírica ainda reinante à época, associado à questão da retórica política que não se mistura com o discurso jurídico.

Dentro do discurso jurídico há algo muito sério, técnico, a dizer. Nosso Direito Penal Brasileiro, diriam os conservadores, propicia a impunidade. Diriam os liberais, mais à esquerda, que ele garante a liberdade porque ele foi concebido após um governo militar. E ele é acusado de ter uma hipertrofia de reconhecimento de direitos dos réus, esquecendo-se as vítimas.

O Direito Penal, na doutrina alemã, só pune as condutas relevantes socialmente. É o princípio da fracionariedade. Ou da subsidiariedade. Condutas de menor potencial ofensivo não são punidas, a não ser com cestas básicas, com comutações, com coisas parecidas. Logo, as penas imputadas ao Bolsonaro podiam demandar multas administrativas, como ele efetivamente foi punido em vários estados da federação. Se pagou ou não, se foi perdoado de pagar ou não, é problema dele de quem tinha de cobrar. Mas, foi multado. O Direito Penal só funciona quando a conduta é relevante. Nós vínhamos da Lava Jato, de memória muito recente, com a criminalização da política, com a destruição da economia, com o desemprego, com a hipertrofia do Ministério Público e do Judiciário, quando veio a pandemia. Não vamos esquecer que o presidente Lula foi condenado até pelo Supremo Tribunal Federal. Todo o comando do PT cumpriu pena por causa do 'mensalão'. Todos os tesoureiros do PT foram presos. E no momento em que eu chego para dizer 'olha, sou um homem também da política, sou um homem de formação humanista, conheço Filosofia Política, Sociologia Política, Antropologia Política, ensino Direito Eleitoral, Direito Empresarial...' eu conheço a estrutura de poder em suas duas vertentes econômica e política.

Então eu antevejo: eu vou ser o PGR para resgatar a política, a institucionalidade, e não a guerra, não o desemprego, não a destruição da economia; e não a morte civil ou física de tanta gente. Eu vejo o Legislativo fazendo toda uma campanha de criminalização da política. Através de notícias de jornal, de plantações, querem garrotear a política?. Todos os ataques sobre Covid que foram feitos contra o governo, o Supremo Tribunal Federal arquivou todas. E, para completar, arquivou também as da CPI da Covid. Nós abrimos inquérito contra o então ministro da Saúde, Eduardo Pazzuelo, no caso do oxigênio em Manaus. E ele foi arquivado pelo STF ante a ausência de indícios de que o Ministério da Saúde tivesse faltado com o seu dever de atuação. Nós, o Ministério Público, trabalhamos no auge da crise no Amazonas, num sábado, num domingo, numa segunda-feira e numa terça-feira, no auge da crise do oxigênio, até altas madrugadas, para articular o fornecimento de oxigênio para o Norte. A planta de oxigênio industrial existente no Amazonas só atendia às demandas usuais. Movemos, como PGR, os players *privados, as organizações internacionais, os órgãos de governo, para debelar aquela crise. Com os nossos focalizadores do GIAC tínhamos a informação que nos dava relativo controle ou folga para dizer o que era legítimo pedir, e para onde deslocar os equipamentos de atendimento emergencial — inclusive oxigênio. Não detectamos compra de vacinas superfaturadas. Na CPI do Senado houve a denúncia da Covaxin* (uma vacina que estava sendo produzida com tecnologia indiana e que ia ser vendida ao Brasil. Porém, ao vazar durante as investigações da CPI, o negócio foi abortado pelo governo brasileiro sob pressão do Congresso). *Mas o ministro Gilmar Mendes mandou arquivar a ação. No caso da denúncia da Pfizer, que era contra o deputado Ricardo Barros, o Supremo mandou incinerar os documentos.*

Quando o comando da CPI da Covid — Omar Aziz, Renan e Randolfe — me entregou o relatório final da Comissão Parlamentar de Inquérito no gabinete do PGR, eles se comprometeram a me entregar 10 dias depois as provas.

Isso está documentado. Dez dias depois as provas não foram entregues. A doutora Eunice Carvalhido, que era a minha chefe de gabinete, foi com a equipe técnica buscar as provas. E o Senado não entregou estas provas. Não tinham condições de fazer o dever de casa. Aí, no 20º dia, doutora Eunice consegue os HDs (discos rígidos de computadores) *com a informação de que ali dentro haveria o rol de provas. Mas, não conseguimos fazer o nexo entre fatos e provas.*

No 28º dia, com a omissão reiterada do Senado de fornecer autoria, prova e conexão entre autoria e prova, nós abrimos dez inquéritos no Supremo Tribunal Federal. Esses dez inquéritos foram sorteados para oito ministros-relatores. E já oficiamos o Supremo para que ele pedisse ao Senado para que eles fizessem a conexão entre fato e prova. Todos os ministros-relatores oficiaram o Senado para fazer essa conexão. O Senado não conseguiu responder a nenhum desses pedidos do Supremo. Ou seja, não conseguiram fazer conexão entre denúncia e prova e ficavam com a brincadeira, como se eu fosse um inerte, um omisso, acusando-me.

O STF determinou que eles fizessem o dever de casa deles, e não fizeram. Salvo engano, 70 ou 80 dias depois, entregaram os relatórios com a relação de fato, prova, autoria e conexão. E daí aquilo veio para nossas mãos e a cada elemento que nos foi trazido, eram provas inválidas ou não havia provas. Caiu tudo. Não tinha prova de nada. Aquela turma do Senado tentou dizer assim: "foi o Aras que arquivou", "foi o Aras que foi leniente". Colocaram uma bomba no meu colo e eu dividi a bomba com o Supremo. Não nasci ontem. Mandaram para mim algo já ineficaz, imprestável, inidôneo. Aí eu pedi ajuda do Supremo, e o Supremo não ficou parado: oficiou o Senado, pedindo as provas, e o Supremo deixou claro o quê? Deixou claro a fragilidade das denúncias. As CPIs, que são instrumentos da sociedade e das minorias para fiscalizar atos de abusos dos governos e do estado, foram desmoralizadas ao longo tempo pela falta de seriedade em seus procedimentos."

BRASÍLIA, 7 DE SETEMBRO DE 2021

GOLPE

O emblemático 7 de Setembro de 2021 começou pouco mais de cinco meses antes, numa tarde tensa e úmida de 29 de março. A muito custo, depois de horas a fio aguardando uma resposta, o general da reserva Fernando Azevedo e Silva, ministro da Defesa, foi avisado, durante o almoço, que o presidente Jair Bolsonaro ia recebê-lo no gabinete do Palácio do Planalto, antes das 15 horas. Quem confirmou a agenda, por telefone, foi o tenente-coronel Mauro Cid, ajudante de ordens da Presidência da República. Azevedo e Silva precisava mostrar ao chefe o texto da Ordem do Dia, que seria lida nos quartéis das três Forças Armadas espalhados pelo território nacional dali a 48 horas, no dia 31 de março. A porta do gabinete presidencial não havia sido fechada ainda quando Bolsonaro, que estava sentado à escrivaninha, levantou-se e estancou ao lado da mesa de trabalho — sem sequer estender o braço para trocar um aperto de mãos com seu ministro da Defesa —, mirando os pés, à guisa de coragem para encarar o interlocutor, anunciou secamente:

— Preciso do seu cargo.

De índole covarde, despreparado para se afirmar ante qualquer resposta do general Azevedo e Silva, que não fosse o acatamento de sua decisão sem redarguir, o capitão da reserva — desligado do exército em 1987, quando integrou um grupo de terroristas mequetrefes, que dizia ter um plano para explodir bombas em quartéis, a fim de lançar tensão contra o governo de transição civil de José Sarney —, pareceu visivelmente tenso e sem alternativa caso perdesse o controle da conversa. Bolsonaro acumulava desavenças com o ministro da Defesa.

Em 19 de abril de 2020, no auge da pandemia da Covid-19, Edson Pujol, comandante do Exército e subordinado direto de Azevedo e Silva na hierarquia funcional do Poder Executivo, recusou-se a abrir o portão do Quartel-General do Exército, no Setor Militar Urbano de Brasília, para que Jair Bolsonaro discursasse — sem máscara e sem observar quaisquer medidas de distanciamento sanitário que eram impositivas naqueles tempos — para uma turba de apoiadores de suas ideias que pediam o fechamento do Congresso Nacional e do Supremo Tribunal Federal, e a "intervenção militar". O presidente da República foi obrigado a fazer, de cima de uma caminhonete improvisada como palanque, o discurso em que disse: "nós não queremos negociar nada. Chega de velha política! Contem com o seu presidente para fazer tudo aquilo que for necessário para manter a Democracia e salvar o que há de mais sagrado no nosso país: a liberdade!". Bolsonaro e seus fiéis seguidores estavam possessos com o STF, pois a Corte constitucional tinha decidido que cabia aos governadores de Estado e às autoridades sanitárias locais — dos municípios ou das unidades da Federação — o poder de instituir *lockdowns*, uso de máscaras e medidas de distanciamento social como prevenção à pandemia letal que grassava no mundo.

Menos de duas semanas depois, em 30 de abril daquele mesmo ano, em cerimônia no Comando Militar do Sul, Bolsonaro estendeu a mão para cumprimentar os generais presentes. O primeiro a responder — apresentando o cotovelo, negando-se a trocar um aperto de mãos, como estabelecia o protocolo sanitário pandêmico — foi justamente Pujol. Todos os demais generais imitaram o gesto do comandante do Exército, o que deixou o presidente da República desconcertado e profundamente irritado. As duas refugadas de Pujol e a recusa de Azevedo e Silva a optar por um texto mais duro do que o divulgado na Ordem do Dia de

31 de março de 2019, quando o golpe militar que inaugurou a ditadura de 21 anos no Brasil completou 55 anos, haviam posto o ministro da Defesa na alça de mira do chefe.

Na véspera daquela breve audiência, na qual disse ao general Azevedo e Silva que "precisava do cargo" dele, Jair Bolsonaro demonstrou profunda irritação e falta de confiança no ministro depois de ler uma entrevista do então responsável pelo setor de recursos humanos do Exército, general Paulo Sérgio Nogueira, ao jornal *Correio Braziliense*. Nogueira afrontou a cruzada pessoal do presidente contra a Medicina e a Saúde, e admitiu que as Forças Armadas se preparavam para uma "3ª onda de Covid". Além disso, o general que cuidava do RH da Arma também revelou que considerava terem sido fundamentais as medidas de distanciamento, afastamento e *lockdowns*, observadas pelos militares para evitar a perda de vidas nas tropas durante os meses mais duros do avanço da Covid-19.

Fernando de Azevedo e Silva, um dos quadros mais serenos do alto oficialato brasileiro, era Comandante Militar do Sudeste quando se deu a deposição da presidente Dilma Rousseff. Meses depois, em setembro de 2016, ele se tornou chefe do Estado-Maior do Exército, seu último posto na ativa da tropa. Em agosto de 2018, foi nomeado assessor especial de Dias Toffoli na presidência do Supremo, de onde saiu para o Ministério da Defesa. Além de todo o rol de insatisfações pessoais de Bolsonaro, com a falta de adesão do general às suas ideias mais estúpidas de reviver o clima da ditadura militar 36 anos depois de o último general-ditador deixar o poder no Brasil, Azevedo e Silva desgastava-se internamente no Palácio do Planalto por ter evitado até onde pôde que as Forças Militares se convertessem em polos de tensão com os poderes Judiciário e Legislativo, e fossem exibidas como mão longa do golpismo de Jair Bolsonaro. Quando escutou a sentença do presidente para reivindicar seu posto e criticar seu desempenho pessoal à frente do ministério — em tudo divergente daquilo que o chefe pretendia —, o general compreendeu de imediato que não havia por que lutar. Sem protestos, sem tentativas vãs de pedir explicações, acatou a determinação, deu meia-volta e saiu do Planalto apenas cinco minutos depois do horário marcado para o início da agenda. De máscara e a passos largos, voltou para o gabinete do Ministério e divulgou uma nota seca à imprensa:

> *"Agradeço ao Presidente da República, a quem dediquei total lealdade ao longo desses mais de dois anos, a oportunidade de ter servido ao país, como Ministro de Estado da Defesa.*
>
> *Nesse período, preservei as Forças Armadas como instituições de Estado.*
>
> *O meu reconhecimento e gratidão aos Comandantes da Marinha, do Exército e da Aeronáutica, e suas respectivas forças, que nunca mediram esforços para atender às necessidades e emergências da população brasileira.*
>
> *Saio na certeza da missão cumprida.*
>
> *Fernando Azevedo e Silva"*

Somente depois da divulgação da nota de demissão do general Fernando Azevedo e Silva, o Palácio do Planalto incluiu na agenda, daquele 29 de março, a reunião de Bolsonaro com o seu já ex-ministro da Defesa. Sem delongas, o nome de Walter Braga Netto começou a circular como provável indicado ao cargo que fora de Azevedo e Silva. Braga Netto era um general quatro estrelas de ares botocudos e modos ríspidos. Havia um ano, ocupava o posto de ministro-chefe da Casa Civil. Tinha sido interventor federal na segurança pública do Estado do Rio de Janeiro quando Michel Temer ocupou a Presidência da República, entre fevereiro de 2018 e janeiro de 2019. No período da intervenção, a vereadora Marielle Franco (PSOL) e seu motorista, Anderson Gomes, foram executados por um policial militar integrante de uma milícia cujos integrantes mantinham relações perigosamente próximas com o clã familiar do então presidente da República, Jair Bolsonaro.

A auditoria informal de imagem de Braga Netto, promovida por *spin doctors* palacianos, foi eficaz. Antes de o sol se pôr, o ministro da Casa Civil foi confirmado como ministro da Defesa. No dia seguinte ao anúncio da troca de generais no Ministério da

Defesa, porém, fardas, quepes e coturnos pareciam incendiar: em solidariedade a Fernando Azevedo e Silva, e sem deixar vazar para interlocutores suas insatisfações com o ápice de politização das Forças Armadas atingido ali, os comandantes militares do Exército, da Marinha e da Aeronáutica também pediram demissão. Jamais na história brasileira os três postos de comando tinham ficado vagos ao mesmo tempo no meio de um período de governo.

O general Edson Leal Pujol, comandante do Exército; o almirante Ilques Barbosa, comandante da Marinha; e o brigadeiro Antônio Carlos Bermudez, da Aeronáutica, encontraram Azevedo e Silva no gabinete do Ministério da Defesa tão logo ele os comunicou de sua demissão. Foram solidários com o superior que estava de saída e reafirmaram as críticas que vinham fazendo ao excesso de tensão na relação entre civis e militares na cena política nacional, endureceram as discordâncias que não escondiam ter com a condução das ações de combate à pandemia da Covid no Brasil, por parte do Governo Federal, e anunciaram a disposição de sair junto com o general demitido.

A reunião foi relatada para Braga Netto naquela mesma noite. Na manhã seguinte, o linha-dura que assumiria o Ministério da Defesa na segunda-feira seguinte, convocou os três comandantes militares para ter com eles, em seu gabinete, no Palácio do Planalto. Braga Netto imaginou poder enquadrá-los e encontrou resistência. O almirante Ilques Barbosa peitou-o e fez observações ácidas ao desempenho de toda a equipe ministerial, ao presidente e ao futuro ministro da Defesa. Braga Netto não gostou e levantou a voz. Não havia mais clima para contornar a situação.

Quando os comandantes das três forças deixaram o gabinete da Casa Civil, a assessoria do Palácio do Planalto divulgava nota dizendo que o trio seria trocado. Ou seja, que haviam sido demitidos. Rapidamente, Braga Netto sentiu-se à vontade para compor sua equipe. Espelhou sua personalidade nos comandos das Forças Armadas. Na Marinha, pôs o almirante Almir Garnier, um militar que não disfarçaria os flertes constantes com as aventuras golpistas que estavam por vir. Na Aeronáutica, o brigadeiro Carlos de Almeida

Baptista Jr., considerado "extremamente profissional". No Exército, o general Paulo Sérgio Nogueira, o mesmo que comandava a área de Recursos Humanos da força e dera a entrevista tida como estopim da revolta de Bolsonaro com o que achava ser "boicote pessoal" de Azevedo e Silva. Na verdade, o general Nogueira havia sido pragmático na entrevista. Ele perfilava entre os oficiais que tinham as características almejadas pelo novo ministro da Defesa: falta de disposição para conflagrar a tropa contra as ordens dadas por superiores. O brigadeiro e o general, entretanto, não teriam o desempenho imaginado por Braga Neto ao nomeá-los.

Braga Netto fez serão no Palácio com o intuito de reescrever a Ordem do Dia, que pretendia ver lida em todos os quartéis das três forças na manhã de 31 de março de 2021. Sem perder muito tempo refletindo sobre os desdobramentos políticos que o texto detonaria, sentindo-se empossado no cargo, o recém-nomeado ministro da Defesa liberou sua primeira Ordem do Dia às 21 horas de 30 de março. Eis o texto:

> *"Eventos ocorridos há 57 anos, assim como todo aconteci-mento histórico, só podem ser compreendidos a partir do contexto da época.*
>
> *O século XX foi marcado por dois grandes conflitos bélicos mundiais e pela expansão de ideologias totalitárias, com importantes repercussões em todos os países.*
>
> *Ao fim da Segunda Guerra Mundial, o mundo, contando com a significativa participação do Brasil, havia derrotado o nazifascismo. O mapa geopolítico internacional foi reconfigurado e novos vetores de força disputavam espaço e influência.*
>
> *A Guerra Fria envolveu a América Latina, trazendo ao Brasil um cenário de inseguranças com grave instabilidade política, social e econômica. Havia ameaça real à paz e à democracia.*
>
> *Os brasileiros perceberam a emergência e se movimen-taram nas ruas, com amplo apoio da imprensa, de lideranças políticas, das igrejas, do segmento empresarial, de diversos setores da sociedade organizada e das Forças Armadas,*

interrompendo a escalada conflitiva, resultando no chamado movimento de 31 de março de 1964.

As Forças Armadas acabaram assumindo a responsabilidade de pacificar o país, enfrentando os desgastes para reorganizá-lo e garantir as liberdades democráticas que hoje desfrutamos.

Em 1979, a Lei da Anistia, aprovada pelo Congresso Nacional, consolidou um amplo pacto de pacificação a partir das convergências próprias da democracia. Foi uma transição sólida, enriquecida com a maturidade do aprendizado coletivo. O país multiplicou suas capacidades e mudou de estatura.

O cenário geopolítico atual apresenta novos desafios, como questões ambientais, ameaças cibernéticas, segurança alimentar e pandemias. As Forças Armadas estão presentes, na linha de frente, protegendo a população.

A Marinha, o Exército e a Força Aérea acompanham as mudanças, conscientes de sua missão constitucional de defender a Pátria, garantir os Poderes constitucionais, e seguros de que a harmonia e o equilíbrio entre esses Poderes preservarão a paz e a estabilidade em nosso país.

O movimento de 1964 é parte da trajetória histórica do Brasil. Assim devem ser compreendidos e celebrados os acontecimentos daquele 31 de março."

As frases finais, sobretudo a derradeira — *"assim devem ser compreendidos e celebrados os acontecimentos daquele 31 de março"* —, não estavam contidas no rascunho que Azevedo e Silva levou a Bolsonaro na audiência em que foi demitido. O ex-ministro achava-a provocativa ao conjunto da sociedade, mas ela foi a primeira incorporação do sucessor ao reescrever o texto. Na alvorada da data que marcava os 57 anos do famigerado início da ditadura militar imposta ao Brasil por 21 anos, as redes do governo e os perfis administrados pelos bolsonaristas mais entusiasmados amanheceram celebrando "os acontecimentos daquele 31 de março" de 1964, como pedia o Ministério da Defesa.

Numa tarde da última semana de abril, um oficial militar, que jamais se deixou identificar, foi ao encontro do procurador-geral da

República, Augusto Aras, e fez a ele um relato grave do que considerava açulamento das forças policiais e militares. As informações que ele repassou ao então procurador-geral da República estavam contidas nos alertas às polícias militares estaduais e, principalmente, eram extraídas em mensagens de PMs do Distrito Federal. O conjunto delas, lidas e analisadas ante a conjuntura daquele momento, permitia que se depreendesse que havia ali um apelo para que as forças policiais estaduais e do DF servissem de anteparo à massa de manobra bolsonarista numa eventual — e àquela altura hipotética — aventura golpista. A data formal para ocorrer o "golpe constitucional", como alguns tratavam o "evento" nas mensagens, era o 7 de Setembro de 2021. Bastante incrédulo, porém incomodado com o relato que lhe fora feito, o Procurador-Geral da República, Augusto Aras, dividiu preocupações e inquietações com o já ex-presidente do STF Dias Toffoli. Juntos, os dois foram buscar com oficiais de elite das Forças Armadas, integrantes dos quadros ativos e também da reserva, novas e mais profundas informações sobre o que se tramava nas coxias da caserna. O vice-procurador-geral da República, Humberto Jacques de Medeiros, e o ex-procurador-geral do Ministério Público Militar, Marcelo Weitzel, nomeado pelo PGR para o Conselho Nacional do Ministério Público (CNMP), foram incorporados àquele escalão avançado. O grupo procurava depurar e dar consequência aos informes. Estavam um pouco incrédulos das tenebrosas tramas do capitão do Exército, que ora ocupava a cadeira de presidente e sonhava com um Golpe de Estado destinado a deixá-lo exercer o poder sob a tutela dos militares e sem prestar contas às instituições republicanas. Das conversas imersivas no submundo do golpismo, colheram-se as seguintes certezas:

- Estimulada por postagens em redes sociais feitas por apoiadores políticos do presidente Jair Bolsonaro, e também a partir de estímulos dados por ele em suas *lives* (programas transmitidos por canais de *streaming*) e nas falas pronunciadas para grupos seletos de admiradores reunidos todos os dias no "chiqueirinho" diante do Palácio da Alvorada, a parcela da população brasileira que se dizia bolsonarista era impactada pela convocação formulada para que se manifestassem indo às ruas no 7 de setembro de 2021.

- Muitos policiais militares e o comando de algumas das PMs estaduais e a do Distrito Federal, em específico, tinham aberto canais de comunicação direta com porta-vozes do Palácio do Planalto. Esses porta-vozes eram militares, ministros ou não, e também políticos ou assessores que diziam "falar pelo presidente". Ouvidos como tal, as estratégias de organização dos atos de protesto contra o Congresso e contra o STF, instituições que se opunham à escalada de endurecimento do jogo político promovido pelo Planalto (Poder Executivo), eram levadas a sério.

- A linha direta estabelecida entre porta-vozes palacianos, governistas, bolsonaristas, com policiais militares — alguns deles, oficiais em postos de comando — solapava a autoridade dos governadores e dos coronéis comandantes das forças policiais dos estados e do DF.

- Em 2021, a soma de policiais e bombeiros militares em todas as unidades da federação resultava num efetivo em torno de 450 mil pessoas. Os bombeiros também eram impactados e respondiam aos apelos de perfilar nas linhas de defesa do "golpe constitucional". O cálculo foi feito pelo grupo que reagia em silêncio aos arreganhos golpistas, ouvidos como laivos, a partir das trincheiras do próprio Governo Federal. A união de PMs de folga ou em serviço, bombeiros, civis que seguiam as determinações de sua liderança política maior e militares da Forças Armadas aderentes ao discurso golpista poderia se converter numa tragédia institucional no 7 de setembro de 2021.

Sopesadas todas as informações, avaliada a gravidade da situação pela qual o país passava e, sobretudo, relembrada a advertência feita pelo ex-presidente Fernando Henrique Cardoso a Dias Toffoli (o movimento de *clinch* do boxe, descrito no capítulo *Serendipity*) quando ele assumiu a presidência do Supremo Tribunal Federal, em 2018, no momento em que o Brasil se preparava para começar a aprender a conviver com o personagem Jair Bolsonaro no comando do governo, o grupo resolveu agir.

Uma reunião entre Aras, Toffoli e os comandantes militares de Bolsonaro foi convocada informalmente. Eles se falavam com frequência, sem que fosse necessária a intermediação do ministro da Defesa, Braga Netto. Muito ao contrário, aliás: Braga Netto era *persona non grata* naquelas conversas. O general Paulo Sérgio de Oliveira e o brigadeiro Carlos de Almeida Baptista não só pareciam estar sempre à vontade nos encontros, como, algumas vezes, partiu deles a iniciativa de ouvirem o procurador-geral e o ministro do Supremo. O almirante Almir Garnier geralmente emudecia. Quando falava, procurava encontrar uma forma de argumentar a favor do lado bolsonarista. A partir das informações trocadas por aquele "aparato" informal, decidiu-se que o ex-procurador-geral do Ministério Público Militar, Marcelo Weitzel, àquela altura já integrante do Conselho Nacional do Ministério Público (CNMP), rodaria o território nacional para se reunir com os comandantes-gerais das Polícias Militares e com os respectivos procuradores-gerais de justiça dos estados e do Distrito Federal. A missão dele era verificar diretamente a aderência (ou o nível de repulsa) às convocações golpistas maquiadas de apoio ao governo no 7 de setembro.

Encerrado seu périplo, em julho de 2021, Weitzel fez relatos alarmantes para o procurador-geral Augusto Aras. A convocatória golpista adquirira capilaridade em todo o país, sobretudo entre policiais militares dos estados da região Norte, do Distrito Federal, do Rio de Janeiro, de São Paulo, do Mato Grosso e de Santa Catarina. Não sem perplexidade, a percepção foi passada ao vice-PGR Humberto Jacques de Medeiros e ao ministro Dias Toffoli. O ministro do Supremo reproduziu as preocupações para o colega de tribunal, Alexandre de Moraes. Também integrante do TSE, Moraes tinha se convertido em polo gravitacional do ódio, das aleivosias e das ameaças dos bolsonaristas, e mesmo do chefe do Poder Executivo, porque relatava os inquéritos de *fake news* e de "atos antidemocráticos" no STF e no Tribunal Superior Eleitoral.

Por consenso, o trio que tinha voz no Conselho Nacional do Ministério Público — Aras, Jacques e Weitzel — vislumbrou uma saída possível destinada a desmobilizar as PMs para o açulamento bolsonarista e recompor a ordem nas forças policiais estaduais: fazer com que todas elas estivessem formalmente em "estado de prontidão" no período do 7 de Setembro. Uma vez colocados em prontidão, os policiais têm de se manter aquartelados. Mesmo que estejam de folga, não podem sair de suas casas e têm seus movimentos sempre controlados pelo comandante-geral da força. Ou seja, nenhum policial ou bombeiro militar poderia alegar adesão aos atos bolsonaristas pelo motivo de não estar em serviço formal.

Além da proposta de prontidão geral, acatada de imediato por todos, segundo relato de um dos integrantes do grupo, decidiu-se que os procuradores-gerais de justiça das 27 unidades da federação seriam chamados à PGR para serem lembrados da cadeia de comando das polícias militares. Na ponta daquela cadeia de comando, como comandante-geral, estavam os governadores. Se houvesse distúrbios sociais, desordens políticas, ou, ainda que não se tenha falado dessa forma, tentativa de Golpe de Estado com a participação ou conluio de alguma polícia militar ou de parte da tropa, o respectivo governador da unidade rebelde poderia ser responsabilizado.

Exceto as PMs do Rio de Janeiro, de Santa Catarina e de Mato Grosso, todas as demais polícias militares encararam como necessário o estado de prontidão entre 6 e 8 de setembro de 2021. Em São Paulo, o então governador, João Doria, do PSDB, demitiu o coronel PM Aleksander Lacerda do comando do policiamento do interior do Estado. Lacerda, identificado com perfis de extrema-direita nas redes sociais, detinha cargo de comando e não só afrontou a determinação passada para o 7 de Setembro bolsonarista, como ainda foi às redes sociais propagar apelos por uma revolta contra o Congresso e o STF. O coronel teve de enfrentar um inquérito policial-militar destinado a desligá-lo da polícia militar paulista.

Os comandantes militares das três forças — Exército, Marinha e Aeronáutica — acompanharam, entenderam e apoiaram a execução da estratégia. Concordavam com ela. Rogaram, apenas, pelo silêncio absoluto em torno de sua implementação e de suas motivações. Sabiam, portanto, que afrontavam o comando e a liderança do ministro da Defesa, e do próprio presidente da República, ao acatarem a estratégia dos procuradores. Aras envolveu-se pessoalmente na luta por impor o aquartelamento e a responsabilização aos governadores do Rio, de Mato Grosso e de Santa Catarina. A pior conversa mantida pelo então PGR foi com o governador interino mato-grossense, Otaviano Pivetta, um grande produtor rural que respondia pelo cargo naquele momento. Pivetta dizia não se incomodar com bloqueios em rodovias no seu Estado, maior produtor de soja do país, porque eles "já vinham sendo feitos em protesto contra o ativismo do STF e do Congresso".

— Governador, nunca é demais lembrá-lo de que na ponta do comando da PM está o senhor. E que o foro para denunciar governadores é o Superior Tribunal de Justiça. As rodovias são federais. O senhor trate de segurar suas tropas e colocá-las para assegurar a ordem pública — apelou Aras a Pivetta, no último telefonema trocado. A contragosto, o Mato Grosso capitulou e os policiais militares foram também colocados em prontidão.

Carlos Moisés da Silva, bombeiro militar que era à época governador de Santa Catarina e se elegeu em 2018, na esteira dos discursos de ódio e de divisão da sociedade, foi mais permeável aos apelos feitos por Aras para enquadrar a sua PM. Pediu tempo. Contudo, assegurou que não permitiria a adesão de seus soldados aos achaques anti-institucionais convocados pelo ecossistema de apoio a Bolsonaro.

Cláudio Castro, efetivado no governo do Rio de Janeiro depois da cassação de Wilson Witzel, não tinha ascendência alguma sobre sua tropa e disse não ter condições de impor o aquartelamento da Polícia Militar entre 6 e 8 de setembro. O retorno do governador fluminense, mais que os outros, fez o alarme interno do aparato informal de resistência silenciosa ao golpe urdido no Palácio do Planalto trocar o tom amarelo pelo laranja.

— Conheço o presidente do Conselho Nacional de Comandantes Gerais das Polícias Militares — disse Aras em uma das reuniões de troca de informações mantidas com os comandantes militares das Forças Armadas.

O procurador-geral recebeu, então, a sugestão de ir atrás do coronel Paulo Coutinho, comandante-geral da PM da Bahia, com quem tinha relações amistosas. O telefonema para o coronel foi dado no ato daquela conversa, diante dos comandantes-gerais do Exército, da Marinha e da Aeronáutica.

— Comandante Paulo, tudo bem? Estou aqui com uma tarefa institucional. Estou diante de comandantes militares das Forças Armadas — disse Aras, dando o correto tom de gravidade ao tema.

Ao prosseguir no telefonema, o procurador-geral explicou que todos, em Brasília, tinham informações da possibilidade de adesão de policiais e bombeiros militares às convocações de baderna e golpe que saíam de satélites ligados ao Palácio do Planalto. A evolução do cenário preocupava-os. O PGR ouviu de volta que havia gente "do governo" fazendo aquela incitação. Durante a justificativa, foi cortado:

— Você sabe, não é, coronel Paulo, que não existe essa cadeia de subordinação entre Polícia Militar e Poder Executivo, Governo Federal, nada disso, não é? A cadeia de obediência de vocês é mi-li-tar — enfatizou o procurador-geral — ... e será sempre militar. E a determinação militar é não aderir a essas maluquices. Portanto, PM tem de garantir a ordem em cada Estado. Fora das divisas de seu Estado, cada comandante-geral de cada Polícia Militar responde e obedece a um único comandante: o comandante-geral do Exército. PM não tem de obedecer a presidente da República ou a ministro da Defesa. PM é força militar e responde ao Exército.

Ao desligar, pouco depois de ter dito aquelas palavras, duramente enfatizadas no sotaque chiado de baiano que ainda guarda, Aras tranquilizou seus interlocutores de momento.

— Ele compreendeu a situação e disse que vai passar a advertência para os demais comandantes — asseverou para o trio de comandantes militares.

A estratégia dos golpistas parecia avançar à revelia dos entraves que se iam criando. Num sábado, 14 de agosto, o presidente da

República publicou em suas redes sociais a informação de que ia pedir o *impeachment* de dois ministros do Supremo Tribunal Federal — Alexandre de Moraes e Luís Roberto Barroso. Jair Bolsonaro dizia-se perseguido pela dupla, e naquele momento Barroso presidia o Tribunal Superior Eleitoral. *Impeachments* de ministros do Supremo Tribunal Federal são possíveis no Brasil, a partir de processos abertos e julgados no âmbito exclusivo do Senado Federal. Jamais, até ali, e mesmo até março de 2024, quando este livro foi entregue à editora, houve sequer abertura de processo de *impeachment* contra ministros do STF no país.

Uma semana depois, em 20 de agosto, efetivamente, Bolsonaro se fez representar no Senado, pedindo o *impeachment* de Moraes — deixando Barroso de fora. Questionando "a constitucionalidade do inquérito das *fake news*", relatado por Alexandre de Moraes no STF, o advogado-geral da União, Bruno Bianco, entregou ao presidente do Senado, Rodrigo Pacheco, o pedido de *impeachment* de Moraes, alegando que o ministro do Supremo atuaria "como verdadeiro censor da liberdade de expressão ao interditar o debate de ideia e o respeito à diversidade, e ao descumprir compromisso expressamente assumido com este Senado Federal". Bianco não assinou a ação, que continha exclusivamente o jamegão de Bolsonaro. O senador Pacheco recebeu o papelório e deixou claro que não apreciaria o tema, mas sim, ia direcioná-lo ao arquivamento sumário. Assim foi feito.

O dia 22 de agosto de 2021 foi a data-chave no processo de monitoramento silencioso e desarticulação do *front* golpista que se armava no Brasil para o 7 de Setembro, que estava no horizonte. Naquela data, sem avisar previamente a ninguém — num ato de coragem inusual e em desacordo com o comportamento adotado até ali —, o governador Cláudio Castro demitiu o secretário da Polícia Militar do Estado, o coronel Rogério Figueiredo, e pôs no lugar dele o coronel Luiz Henrique Marinho Pires. Era reflexo das conversas duras mantidas por Aras com ele, recheadas de advertências — inclusive lembrando o destino do antecessor de Castro, Wilson Witzel, de breve mandato. O coronel Figueiredo, o demitido, mantinha relações figadais com a família Bolsonaro e, sobretudo, com o ex-capitão do Batalhão de Operações Especiais (Bope) da PM do Rio de Janeiro, Adriano da Nóbrega, assassinado em 2020 quando estava foragido na Bahia. Há suspeitas de que a morte de Nóbrega tenha sido uma sentença determinada internamente pelas milícias do Rio como queima de arquivo. Afinal, Nóbrega estava envolvido nos assassinatos da vereadora Marielle Franco e do motorista Anderson Gomes.

Na tarde daquele mesmo dia, um domingo, o coronel Aleksander Toledo Lacerda — responsável pelo comando de 5 mil policiais militares do interior de São Paulo, que estavam distribuídos em sete batalhões e tinham por missão policiar 78 municípios do Estado — fez postagens de cunho golpista em redes sociais. Em perfis administrados por ele, sem sequer maquiar sua própria identidade, o coronel Toledo Lacerda convocou a população em geral para os atos do 7 de Setembro de 2021, chamados por Bolsonaro e por seus apoiadores em Brasília. O militar criticou o Congresso e o STF em suas postagens, e xingou o governador estadual, João Doria, chamando-o de "cepa" numa analogia com a Covid-19. À noite, Doria decidiu demiti-lo.

"A Polícia Militar do Estado de São Paulo informa que o coronel Aleksander Toledo Lacerda foi afastado das suas funções à frente do Comando de Policiamento do Interior-7", dizia nota do governo paulista, divulgada ainda antes das 8 horas da manhã do dia seguinte. Prosseguia o texto, distribuído com a intenção de pautar todos os veículos de comunicação do Estado logo cedo: "A Corregedoria da instituição, que é legalista e tem o dever e a missão de defender a Constituição e os valores democráticos do país nela expressos, analisa as manifestações recentes do oficial, que foi convocado ao Comando Geral para prestar esclarecimentos". Tanto a Procuradoria-Geral da República quanto o comando-geral do Exército foram informados da decisão do governador de São Paulo, em paralelo com o envio da nota de demissão para a imprensa.

Um áudio, gravado pelo cantor sertanejo e ex-deputado federal Sérgio Reis desde o dia 19 — véspera do envio ao Senado do pedido de *impeachment* do ministro do STF, Alexandre de Moraes (assinado por Bolsonaro) — circulava velozmente entre apoiadores do golpe e bolsonaristas, em geral, nos grupos mantidos por eles nos aplicativos de mensagens WhatsApp e Telegram. Em um dos trechos, Reis convocava quem o ouvisse a invadir o Senado Federal se o *impeachment* de ministros do Supremo não fosse aprovado. "Se em trinta dias eles não tirarem aqueles caras, nós vamos invadir, quebrar tudo e tirar os caras na marra. Pronto. É isso que você quer saber? É assim que vai ser. Pronto.", dizia na gravação Reis, apoiador bolsonarista. Era uma convocação, já em 2021, daquilo que efetivamente ocorreu em 8 de janeiro de 2023 — mas o bolsonarismo havia perdido o *timing* e o presidente. Dois anos depois daquela convocação de Sérgio Reis, o petista Lula já havia sido empossado para o terceiro mandato na Presidência da República.

No domingo, 22 de agosto de 2021, os procuradores-gerais da Justiça de São Paulo e do Distrito Federal — que vinham conversando diariamente com a Procuradoria-Geral por meio do dispositivo informal montado por Aras e por Humberto Jacques — decidiram dar entrevistas cirurgicamente elaboradas para esvaziar a intentona golpista de 7 de setembro. Os Ministérios Públicos de São Paulo e do Distrito Federal classificaram como ilegal a ida de policiais militares da ativa aos atos do Dia da Independência. Em São Paulo, a promotoria do Tribunal de Justiça Militar (TJM) deu prazo de 48 horas para que a Corregedoria da Polícia Militar informasse as providências que havia tomado sobre as manifestações de PMs dizendo-se favoráveis àqueles atos. O Ministério Público do Distrito Federal foi objetivo. Em nota, disse entender que "a Constituição veda a participação de policiais militares da ativa em atos políticos, fardados ou não". O MPDFT (Ministério Público do Distrito Federal e Territórios) cobrou da Polícia Militar da capital informações dos órgãos de inteligência a respeito da organização de policiais para o 7 de Setembro bolsonarista. "Em caso de desobediência, os PMs podem responder a procedimento disciplinar e até a Inquérito Policial-Militar", advertiram procuradores distritais em conversas com jornalistas — claramente pautados pela operação silenciosa de desmonte da articulação golpista de 2021, conclamada a partir do próprio Palácio do Planalto e contra os poderes Judiciário e Legislativo.

No dia 23 de agosto, o jornal *Correio Braziliense*, maior veículo da mídia impressa de Brasília, registrava em texto: "As forças militares que cuidam da segurança do Congresso e da Esplanada dos Ministérios estão em estado de alerta para possíveis manifestações no feriado da Independência, em 7 de setembro, em Brasília": O jornal ainda dizia que as forças de segurança encarregadas de zelar pela Esplanada dos Ministérios asseguravam existir um esquema especial para funcionar entre os dias 6 e 8 de setembro. "A operação começou após a investigação a respeito de postagens e vídeos publicados nas redes sociais nos últimos dias, que incitam a população a praticar atos criminosos e violentos às vésperas do feriado", escreveu o *Correio*. E seguiu: "Como medida de segurança, o ministro Alexandre de Moraes, do Supremo Tribunal Federal (STF), autorizou o cumprimento de 13 mandados de busca e apreensão, atendendo a um pedido da subprocuradora Lindôra Araújo, da Procuradoria-Geral da República (PGR)".

Na manhã de 25 de agosto de 2021, Bolsonaro marcou presença na solenidade morna de homenagens ao Exército em razão da passagem do Dia do Soldado. A data foi instituída por ser o aniversário de Duque de Caxias, patrono da Arma e comandante brasileiro na Guerra do Paraguai (século XIX, Segundo Império). Sem discursar e ouvindo o comandante-geral da Força, general Paulo Sérgio Nogueira de Oliveira, chamá-lo de Comandante Supremo, Jair Bolsonaro prestou atenção ao discurso do subordinado. "A defesa da Pátria e a garantia dos poderes constitucionais, da lei e da ordem são, portanto, o farol que orienta o contínuo preparo e o emprego da força terrestre", disse o general Nogueira de Oliveira. Era um recado direto ao então presidente. O comandante do Exército também afirmou que o Exército se mantém sempre pronto a cumprir a missão "delegada pelos brasileiros na Carta Magna". No ponto específico, Nogueira de Oliveira pareceu ter sugerido a Jair Bolsonaro concordar com a deturpação da leitura do Artigo 142 da Constituição — sempre invocado pelo bolsonarismo como uma previsão dos Constituintes de 1988 para abrigar o golpismo.

Na tarde daquele mesmo dia, o então presidente da República teve de engolir a entrevista coletiva do presidente do Senado, Rodrigo Pacheco (PSD-MG), anunciando que tinha mandado arquivar o pedido de *impeachment* do ministro do STF Alexandre de Moraes, formulado pelo próprio Bolsonaro. "O Estado Democrático de Direito exige que só se instaure processo dessa natureza quando exista justa causa. Não é o caso. Cumpro a Constituição e a lei. Um pedido de *impeachment* sem adequação deve ser rejeitado", disse Pacheco. O arquivamento ia fermentar as hostes bolsonaristas, que seguiam se organizando para o 7 de Setembro.

Levantamento realizado por uma empresa de pesquisa em redes digitais chamada Novelo Data, e registrado pela versão eletrônica do jornal espanhol *El País*, que era publicado em língua portuguesa até 2022, registrou que nos 15 dias anteriores a 7 de setembro de 2021, as interações e o número de postagens sobre o tema "convocação de protestos contra o Supremo e o Congresso" seguiam em escalada vertiginosamente ascendente no período. Os registros apontavam não só para o termômetro dessas convocações nas redes, mas também para um roteiro que coincide, milimetricamente, com o das outras duas manifestações a favor de Bolsonaro, ocorridas naquele ano.

No texto do *El País*, Guilherme Felitti, fundador da Novelo Data, chama a atenção para o modelo da operação midiática via redes sociais. "Carla Zambelli (deputada federal bolsonarista à época) convoca oficialmente os atos", disse ele. "Foi assim em março (2021), quando houve a manifestação do dia 14; e em abril, para manifestação do dia 1º de maio". Segundo Felitti, o roteiro começava sempre com uma declaração de Bolsonaro disseminada por redes sociais, pedindo um "sinal". "O povo quer, é só o povo pedir", falava o então presidente, de alguma forma, em meio a seus discursos e entrevistas.

Foi assim também no dia 3 de setembro daquele ano, falando diante de apoiadores no "chiqueirinho" do Palácio da Alvorada. Jair Bolsonaro afirmou que se o presidente do Tribunal Superior Eleitoral, Luís Roberto Barroso, permanecesse "insensível" aos seus apelos contra o sistema eleitoral, e "se o povo assim desejar", haveria uma manifestação na avenida Paulista para "dar o último recado". A operação seguia à risca o roteiro já identificado pelas investigações da Polícia Federal, trabalhando sob o comando do ministro do STF e do TSE Alexandre de Moraes, no inquérito que já ali apurava a disseminação de *fake news* com fins políticos. "O largo uso de múltiplos canais e a eliminação de intermediários formadores de opinião para propagar o conteúdo falso" eram estratégias de ação, disse Felitti ao *El País*. De acordo com o levantamento da Novelo, eram perfis cristãos, muitos canais de notícias de extrema-direita, páginas que pediam intervenção militar, além de diversas páginas de fãs de Bolsonaro e do ex-juiz Sergio Moro que convocavam a ida às ruas. Poucos perfis eram pessoais. "Mas todo o ecossistema bolsonarista estava ali — Bia Kicis (deputada federal bolsonarista eleita pelo DF), Allan dos Santos (blogueiro de extrema-direita), Carlos Jordy (deputado federal pelo Rio de Janeiro, acusado de ser eleito por milícias fluminenses)" — ressalvava então o pesquisador e jornalista fundador da Novelo Data.

O dia 6 de agosto de 2021 amanheceu com as edições impressa e virtual do jornal *Folha de S.Paulo* brindando seus leitores com uma entrevista do filósofo e cientista político Marcos Nobre, concedida ao repórter Naief Haddad, que é um primor de antevisão analítica do que estava acontecendo no país e de como as coisas poderiam se desenrolar. Filho do ex-deputado federal Freitas Nobre, uma das vozes mais combativas na resistência à ditadura militar instalada a partir do golpe de 1964, Marcos Nobre alertava que o 7 de Setembro daquele ano era a preparação milimetricamente organizada para uma ruptura institucional. E que ela levava tempo. "O que Bolsonaro deseja é uma invasão do Capitólio organizada", afirmava ele, referindo-se à tentativa de Golpe de Estado empreendida em 6 de janeiro daquele mesmo 2021, nos Estados Unidos, quando Donald Trump quis evitar a consumação do resultado da eleição em que foi derrotado para Joe Biden (candidato Democrata). "A desarticulação da sociedade é tão grande que a impotência vira virtude. É como se a situação pudesse ser resolvida sozinha, como se a inércia fosse a melhor posição ('não precisamos fazer nada,

Bolsonaro já está derrotado'). Não temos um final feliz garantido", disse ele a Naief Haddad.

Lida após tudo o que vivemos, depois daquele 7 de Setembro da primeira grande intentona golpista de Jair Bolsonaro, a entrevista de Nobre se revela uma projeção lapidar excepcional e vale a pena ser revisitada em tópicos:

- *Se a expectativa é: vai ter um golpe em 7 de setembro? Não, não vai. Se a expectativa é: é uma preparação para o golpe? É. Na verdade, é um exercício de mobilização de tropas, dá um efeito importante, esperar um golpe que não vem. Aí se faz um novo exercício e, mais uma vez, é um golpe que não vem. Quando vem, você está despreparado para ele. Todo mundo compara o que o bolsonarismo pode fazer com a invasão do Capitólio, mas o episódio nos EUA foi muito desorganizado. O que Bolsonaro planeja é uma invasão do Capitólio organizada. Mais de um ano antes da eleição, ele começa a organizar como se dissesse: 'Quando for para fazer, que não seja aquela bagunça dos EUA, aqui tem que ser bem-feito'. Para tanto, ele precisa dessa mobilização no 7 de Setembro.*
- *Desde que se apresentou como candidato, o objetivo de Bolsonaro é dar o golpe. Há três caminhos para isso: a via eleitoral pura, um golpe antes da eleição e um golpe combinado com a eleição. É claro que o golpe pela vitória eleitoral seria mais simples para ele, mas, não tendo esse, há as outras duas opções, dependendo de como ele continuar. E ele continua muito bem posicionado para realizar qualquer um desses três caminhos. (...) O problema é o desequilíbrio entre esse projeto dele e o campo democrático brasileiro, que continua fazendo cálculos meramente eleitorais. O campo democrático joga amarelinha enquanto o Bolsonaro está montando um octógono de MMA, essa é a diferença. O campo democrático só pensa em termos eleitorais; para Bolsonaro, não existe esse limite. Essa clareza*

sobre o verdadeiro projeto do Bolsonaro tem se espalhado, mas ainda não é suficiente para unir o campo democrático. E a prova maior é que não houve impeachment. *É um sinal desse desequilíbrio: de um lado, uma sociedade acostumada com regras democráticas e que, portanto, só pensa em termos eleitorais; do outro, alguém disposto a destruir a democracia. Em vez de pensar em como defender a democracia para que exista eleição, esse campo fica fazendo cálculo eleitoral, avaliando como cada passo vai beneficiar o candidato A ou B. Não quero dizer que cálculos eleitorais não sejam importantes. São muito, precisamos continuar apostando que teremos eleições. Mas isso não significa ignorar o outro lado, que não se restringe a isso. Por isso, é hora de parar de falar em arroubos e bravatas. Não é nem uma coisa nem outra, são etapas de um cronograma de um golpe. Vamos parar de usar palavras inadequadas.*

- *Hoje (6 de setembro de 2021, registre-se), o cenário mais provável para ele (Bolsonaro) é uma combinação de eleição com golpe, o que significa chegar ao segundo turno — e Bolsonaro tem plenas condições de fazer isso, principalmente se não houver uma candidatura de direita não bolsonarista. Se ele sair derrotado por uma diferença de, vamos dizer, 60% a 40%, estão dadas as condições para o golpe. E não é nem um pouco irrealista imaginar um cenário assim. O objetivo dos bolsonaristas é diminuir ao máximo a margem em relação à candidatura Lula (se for mesmo o Lula em um segundo turno) para poder criar um clima necessário para um golpe. É preciso ter um apoio muito grande contra o golpe para que ele não aconteça, o que implica um pacto da esquerda e da direita não bolsonarista. Sem esse pacto, o Bolsonaro sai na frente porque o objetivo dele não é eleitoral, a eleição é só mais um dos elementos no cronograma do golpe. E o outro lado está pensando só em termos eleitorais.*
- *Sobre as Forças Armadas, a gente não sabe. Sobre as polícias, a gente sabe muita coisa e o que se sabe é preocupante. As polícias são estudadas por vários centros de pesquisa competentes e,*

*por isso, temos elementos para dizer que o bolsonarismo
nessas corporações é muito significativo e radicalizado. No
caso das Forças Armadas, temos muito impressionismo, as
pessoas acham isso ou aquilo. O que podemos dizer de objetivo
em relação a elas é que não vão apoiar um golpe se houver
uma grande organização em defesa da democracia. Se o
Bolsonaro conseguir criar um clima de divisão do país, que
é o que ele vai tentar fazer até o ano que vem, radicalizando
a população, aí, de fato, é muito difícil imaginar o que as
Forças Armadas poderão fazer. Bolsonaro sabe que precisa
de organização. E o 7 de Setembro é a demonstração da
organização, da mobilização e da capacidade de ação. (...)
É uma manobra militar.*

O teatro daquelas manobras estava demarcado: o Eixo
Monumental, em Brasília, no trecho em que se localiza a Esplanada
dos Ministérios; e a Avenida Paulista, em São Paulo. Nos dois pontos,
o então presidente Jair Bolsonaro discursaria presencialmente para
uma massa de apoiadores cuidadosamente inflada e inflamada por
seus movimentos prévios de articulação via redes sociais e perfis,
que lhe eram simpáticos na internet. Na capital da República, a
segunda-feira de ponto facultativo nas repartições públicas e data
"imprensada" entre um fim de semana e o feriado nacional do dia
seguinte permitiu que trios elétricos, caminhões, tratores e barracas
montadas por apoiadores dos atos minuciosamente organizados, a
partir de uma retórica evidentemente golpista e de afronta às instituições, estacionassem ao largo das calçadas do eixo estrutural e no
vão da rodoviária de Brasília, justo na passagem principal à via que
dá acesso aos prédios ministeriais e ao Congresso Nacional. Dali,
são dois quilômetros até a Praça dos Três Poderes, onde estavam
localizadas as entradas principais das sedes do próprio Parlamento
e do Supremo Tribunal Federal — alvos da ira dos bolsonaristas
fermentada pelos discursos do presidente. A distância seria percorrida
num movimento de invasão cadenciada da Esplanada. Tudo estava
coreografado pelos estrategistas bolsonaristas, e eles contavam com

a adesão e a inação da Polícia Militar do Distrito Federal. Porém, aquartelados e em estado de prontidão em razão das negociações silenciosas estabelecidas pela Procuradoria-Geral da República, pelo Conselho Nacional do Ministério Público e mesmo por ministros do STF, com a ciência e anuência dos comandantes militares, o apoio esperado pelos manifestantes — a inércia da PM — não ocorreu da forma pretendida. Foi por pouco.

Até o meio da tarde do dia 6, o bloqueio à invasão de veículos — ônibus, caminhões, tratores, carros de passeio — à Esplanada dos Ministérios, em Brasília, funcionou. A partir das 17h, contudo, a primeira barreira da operação de segurança conhecida como "escudo do Planalto" foi facilmente superada pelos veículos congregados pelos bolsonaristas. Manifestantes e seus veículos de apoio avançaram da rodoviária até a altura da catedral da cidade, encurtando para apenas um quilômetro e meio a distância que os separava da Praça dos Três Poderes. O policiamento parecia extremamente permeável ao avanço dos militantes pró-Bolsonaro, que haviam atendido à convocação de comparecerem aos atos de protesto e repúdios contra os poderes Judiciário e Legislativo. Às 19h30 do dia 6, a segunda das três barreiras de contenção dos manifestantes e dos automóveis foi rompida sem resistência militar, e uma horda começou a se deslocar na direção das sedes do Congresso e do Supremo Tribunal Federal. Àquela altura, os dispositivos de segurança do Judiciário e do Legislativo já haviam sido acionados em alerta vermelho.

Parecia que a primeira tentativa de Golpe de Estado tentado por Bolsonaro, com ele ainda sentado na cadeira presidencial, caminhava inexoravelmente para ser bem-sucedida. Mas entrou em cena Luiz Fux, um personagem que parecia passar ao largo das articulações preventivas entre a PGR e seus colegas, os ministros do STF Dias Toffoli e Alexandre de Moraes, que acompanhavam com maior proximidade o garroteamento do apoio das polícias militares e mesmo dos comandos militares das Forças Armadas à convocação da intentona bolsonarista. O então presidente do Supremo Tribunal Federal telefonou para o ministro da Defesa e general da reserva, Walter Braga Netto, num tom ameaçadoramente resignado e frio. Braga Netto havia assumido o Ministério da Defesa em 29 de março daquele ano, quando o também general Fernando Azevedo e Silva deixou o posto junto com os comandantes das três forças militares. Embora tivessem integrado os núcleos, o quarteto do rumo dado por Bolsonaro à escalada conflituosa entre as instituições republicanas e aquilo que acreditava liderar: o poder militar.

— Ministro, eu não vou pedir GLO (Garantia da Lei e da Ordem). Já disse isso ao general Matsuda — afirmou Fux ao militar que se vendia como cavalo do cão para fora do círculo íntimo de Bolsonaro, mas era, na verdade, uma espécie de borra-botas do capitão que o chefiava.

O ministro do Supremo Tribunal Federal fazia referência à Garantia da Lei e da Ordem, que seria executada pelas Forças Armadas caso o presidente do STF pedisse o acionamento do dispositivo constitucional ao presidente da República. Era tudo o que Bolsonaro queria, assim como os bolsonaristas golpistas invocaram a mesma GLO em 8 de janeiro de 2023 (discorreremos sobre isso no capítulo seguinte). Contudo, era o padrão, como anteviu o filósofo Marcos Nobre. O general Yuri Matsuda era o Comandante Militar do Planalto naquele momento. Luiz Fux foi além ao explicar o porquê de não pedir GLO ao então ministro da Defesa:

— Há atiradores de elite que eu ordenei que fossem estrategicamente colocados na laje do prédio do Supremo Tribunal Federal. Vou mandar que abram fogo contra quem quiser invadir o STF e se eles romperem o terceiro bloqueio na Esplanada dos Ministérios. Já romperam dois. Se romperem o terceiro, darei ordem de atirar. Estou dentro do Supremo, e daqui não sairei.

Braga Netto desligou o telefone com Fux e consultou o então procurador-geral da República, Augusto Aras, para saber se o presidente do Supremo Tribunal Federal podia fazer o que ameaçava fazer naquele 7 de Setembro de 2021.

— Pode, claro. E ele está certo — respondeu Aras.

Jair Bolsonaro foi então avisado pelo seu aparelho militar de que haveria uma dura repressão às hordas de apoiadores seus que compareciam a Brasília, convocados tanto por ele, nas entrelinhas de seus discursos dúbios, quanto por meio dos perfis de bolsonaristas em aplicativos de mensagens. Fux fez seu recado chegar, com idêntica gravidade, ao governador do Distrito Federal, Ibaneis Rocha.

— O que ele quer que eu faça? — chegou a perguntar Ibaneis a um interlocutor comum dele e de Fux. Ouviu uma resposta em revés:

— Que ponha a Polícia Militar para controlar o povo na Esplanada e mantenha a terceira e última barreira de acesso ao Congresso e ao STF — mandou dizer o presidente do Supremo à época.

A partir dali, os soldados da Polícia Militar do Distrito Federal pareciam ter girado uma chave de comando e mudaram a postura no trato com os manifestantes bolsonaristas. Os bloqueios foram restaurados, as abordagens se tornaram ríspidas e houve até mesmo a ocorrência de altercações isoladas entre PMs e manifestantes — com uso da força militar na contenção de bolsonaristas mais exaltados. O terceiro e último bloqueio que continha o acesso ao Supremo e à entrada principal do Congresso não foram rompidos.

Na manhã do dia 7 de setembro, Jair Bolsonaro pôde discursar diante dos apoiadores arregimentados para ouvi-lo — e cometeu crimes, tanto ali quanto à tarde, na Avenida Paulista, em São Paulo, para onde se deslocou no meio do dia.

Em Brasília, onde não ocorreu a parada militar tradicional e costumeira na dimensão em que sempre ocorrera — havia sido suspensa, meses antes, sob alegação de haver risco de contágio por causa da nova onda da Covid-19 —, Jair Bolsonaro compareceu na Esplanada dos Ministérios no meio da manhã. Por volta das 10 horas, estava num trio elétrico posicionado diante do Congresso, numa via denominada Pavilhão das Bandeiras. Havia um público razoável nos dois primeiros blocos de gramado da Esplanada, que estava fechada para o trânsito de automóveis. "Nós não mais aceitaremos que qualquer autoridade, usando a força do poder, passe por cima da Constituição", disse ao iniciar seu discurso tíbio e titubeante, tropeçando na gramática e na fonética. "Não mais aceitaremos qualquer discurso, qualquer ação, qualquer defesa, que venha de fora das quatro linhas da Constituição", prosseguiu.

"Nós também não podemos continuar aceitando que uma pessoa específica da região dos Três Poderes continue barbarizando a nossa população", tergiversou, acovardado, sem citar diretamente o ministro Alexandre de Moraes do STF e do Tribunal Superior Eleitoral, que conduzia o inquérito de apuração da produção e da disseminação de *fake news* e tinha determinado prisões de bolsonaristas, no âmbito daquele inquérito, dias antes. "Nós não podemos mais aceitar prisões políticas no nosso Brasil. Ou o chefe desse poder enquadra o seu (neste ponto, mais uma vez covarde, deixou de ser explícito e citar claramente Luiz Fux, presidente do Supremo Tribunal Federal, poder republicano ao qual se referia toscamente). Porque nós reconhecemos, valorizamos e sabemos a força de cada poder da República. Nós aqui, na Praça dos Três Poderes, juramos respeitar a nossa Constituição. Quem age fora delas (as tais quatro linhas da Constituição), ou se enquadra ou pede para sair", seguia, intercalando a fala com pausas. Foi então que ocorreu um momento pouco sutil. "O Supremo Tribunal Federal", recomeçou Bolsonaro, parando para deixar a turba gritar "fora Alexandre, fora Alexandre, fora Alexandre". No terceiro apelo de "fora, Alexandre", ele prosseguiu, mudando o rumo da prosa: "Que perdeu as condições para continuar dentro daquele Supremo Tribunal". A frase não parecia fazer nexo no conjunto do discurso, porém era o extravasamento do que ele evidentemente sentia. Queria se dirigir a Alexandre de Moraes diretamente e não podia. "Nós todos aqui somos, sem exceção, aqueles que dirão para onde o Brasil deverá ir. Temos em nossa bandeira escrito 'Ordem e Progresso'. É isso o que nós queremos. Não queremos ruptura. Não queremos brigar com poder nenhum. Mas não podemos admitir que uma pessoa turbe a nossa democracia (novamente, quis falar do rival Alexandre de Moraes, por quem tinha ideia fixa, e ficou na antessala, acovardado). Não podemos admitir que uma pessoa coloque em risco a nossa liberdade. Eu jurei um dia, juntamente com o Hamilton Mourão, vice-presidente da República, juntamente com o ministro da Defesa, Braga Netto, darmos a vida pela pátria. Todos vocês, que porventura não fizeram esse juramento, fizeram outro igualmente importante: dar a sua vida pela sua liberdade. A partir de hoje, uma nova história começa a ser escrita aqui no Brasil", encerrou.

O discurso durou breves quatro minutos. Era o suficiente. A choldra se inflamou. Bolsonaro desceu do trio elétrico, caminhou entre alguns circunstantes e correu para o Palácio do Planalto. De lá deslocou-se até a Base Aérea para tomar o destino de São Paulo.

Na Avenida Paulista, onde discursou por volta das 16 horas, parecendo revigorado pelo protagonismo da Esplanada dos Ministérios, Jair Bolsonaro mandou às favas os freios e contrapesos e pronunciou um discurso fora das tais "quatro linhas" da Constituição. Ele afrontou diretamente a Constituição e ameaçou claramente o ministro do Supremo Tribunal Federal, Alexandre de Moraes. Eis a íntegra do que disse:

> *"São Paulo, minha terra querida, boa tarde! Deus nunca disse para Israel "fica em casa que eu luto por você". Ele sempre disse "'vai' à luta que estou com você". Agradeço a Deus pela minha vida e também a ele que pelas mãos de 60 milhões de pessoas me colocaram nessa missão de conduzir o destino da nossa nação. Hoje nós temos um presidente da República que acredita em Deus, que respeita os seus militares que defende a família, e deve lealdade ao seu povo.*
>
> *Dizer a vocês que o conforte não me atrai. Eu sempre estarei onde o povo estiver. Passamos ainda momentos difíceis. Lá atrás usei uma passagem bíblica por ocasião das eleições "e conhecerei a verdade e a verdade vos libertará". Quando assumi a Presidência, lembrei de outra passagem: "por falta de conhecimento meu povo pereceu".*
>
> *Passei meses difíceis recebendo cobranças cada vez maiores para tomar decisões importantíssimas. Tinha que esperar um pouco mais de modo que a população aos poucos ou cada vez mais fosse se conscientizando do que é um regime ditatorial.*
>
> *Vocês passaram momentos difíceis com a pandemia, mas pior que o vírus foram as ações de alguns governadores*

e alguns prefeitos que simplesmente ignoraram a nossa Constituição, em especial o inciso do artigo 5º da mesma, onde tolheram a liberdade de expressão, tolheram o direito de ir e vir. Proibiram vocês de trabalhar e frequentar templos e igrejas para sua oração. Tudo isso foi se somando e a indignação de vocês foi crescendo.

O nosso povo sempre primou pela liberdade, respeitamos as leis e a nossa Constituição. Esse presidente que voz fala sempre esteve ao lado da nossa Constituição. Sempre esteve dentro das quatro linhas da mesma. Mas agora chegou o momento de nós dizermos a essas pessoas que abusam da força do poder para nos subjugar, dizer a esses poucos que agora tudo vai ser diferente. Nós continuamos jogando dentro das quatro linhas, mas não mais admitiremos qualquer uma dessas outras pessoas a jogar fora das quatro linhas.

Não podemos admitir que uma pessoa na Praça dos Três Poderes quer fazer valer a sua vontade. Querer inventar inquéritos. Querer suprimir a liberdade da expressão. Querer continuar prendendo pessoas honestas por um simples… Por uma acusação de crime de opinião. Queremos a paz, o diálogo e a prosperidade, mas não podemos mais admitir que pessoas que agem dessa maneira continuem no poder exercendo cargos importantes.

Não temos qualquer crítica a instituições, respeitamos todas as instituições. Quando alguém do poder Executivo começa a falhar eu converso com ele. Se ele não se enquadra, eu demito. No Legislativo, não é diferente. Quando um deputado ou senador começa a fazer algo que incomoda a todos nós, que está fora das quatro linhas, geralmente ele é submetido ao Conselho de Ética e pode perder o seu mandato.

Já no nosso Supremo Tribunal Federal infelizmente isso não acontece. Temos um ministro do Supremo que ousa continuar fazendo aquilo que nós não admitimos. Logo um ministro que deveria zelar pela nossa liberdade, pela democracia, pela Constituição faz exatamente o contrário. Ou esse ministro se enquadra ou ele pede para sair.

Não podemos admitir que uma pessoa, um homem apenas turve a nossa democracia e ameace a nossa liberdade. Dizer a esse indivíduo que ele tem tempo ainda para se redimir. Tem tempo ainda para arquivar seus inquéritos. Ou melhor, acabou o tempo dele. Sai, Alexandre de Moraes. Deixa de ser canalha. Deixe de oprimir o povo brasileiro.

Nós devemos sim, porque eu falo em nome de vocês, determinar que todos os presos políticos sejam postos em liberdade. Dizer a vocês que qualquer decisão do senhor Alexandre de Moraes, esse presidente não mais cumprirá. A paciência do nosso povo já se esgotou. Ele tem tempo ainda [...] de cuidar da tua vida. Ele para nós não existe mais. Liberdade para os presos políticos. Fim da censura. Fim da perseguição àqueles conservadores, àqueles que pensam no Brasil.

Como sempre... Dizer mais a vocês, nós acreditamos e queremos a democracia, a alma da democracia é o voto. Não podemos admitir um sistema eleitoral que não oferece qualquer segurança por ocasião das eleições. Dizer também que não é uma pessoa do Tribunal Superior Eleitoral que vai nos dizer que esse processo é seguro e confiável porque não é.

Não podemos admitir um ministro do Tribunal Superior Eleitoral também usando a sua caneta para desmonetizar páginas que criticam esse sistema de votação. Nós queremos uma eleição limpas, democráticas com voto auditável (sic) *e contagem pública dos votos. Não podemos ter eleições que pairem dúvidas sobre os eleitores. Nós queremos eleições limpas, auditáveis e com contagem pública dos mesmos. Não posso participar de uma farsa como essa patrocinada ainda pelo presidente do Tribunal Superior Eleitoral.*

Hoje temos uma fotografia para mostrar para o Brasil e o mundo. Não de quem está agora nesse carro de som, mas uma fotografia de vocês para mostrar para o mundo e para o Brasil que as cores da nossa bandeira são verde e amarelo. Cada vez mais nós somos conservadores. Cada vez mais respitamos as leis e nossa Constituição.

E não vamos mais admitir pessoas como Alexandre de Moraes continue a açoitar a nossa democracia e desrespeitar a nossa Constituição. Ele teve todas as oportunidades para agir com respeito a todos nós, mas não agiu dessa maneira como continua a não agir, como agora pouco interceptou um cidadão americano para ser inquerido sobre atos antidemocráticos. Uma vergonha para o nosso país, patrocinada por Alexandre de Moraes.

Esse é o primeiro problema que nós temos e tenho certeza que ao lado de vocês, superaremos todos os obstáculos. Vocês nunca viram um chefe de Estado se dirigir ao seu povo no limiar do seu mandato. Não quero o conforto dos palácios ou de benesses que existem em Brasília. Quero aquilo que seja justo, ao lado de vocês. Lá atrás, quando [...] praça no Exército Brasileiro, jurei dar minha vida pela pátria. E tenho certeza que vocês todos, também de forma consciente, juraram dar sua vida pela sua liberdade.

Há pouco encontrei uma menina que me perguntou se era difícil ser presidente. Eu falei que sim era difícil, mas era por ela. Faço isso pelos nossos filhos e nossos netos e faço porque tenho o apoio de vocês. Enquanto vocês estiverem ao meu lado eu estarei sendo porta-voz de vocês. Essa missão é digna. Essa missão é espinhosa, mas também é muito gratificante. Não existe satisfação maior do que estar no meio de vocês. Pode ter certeza, onde vocês estiverem, eu estarei.

Cumprimento patriotas que estão em todos os lugares desse nosso imenso Brasil hoje se manifestando por liberdade. O povo acordou ao longo dos últimos anos, cada vez mais, a onda verde e amarela a gente fez surgir por toda essa nação. Isso não tem preço, o acordar de uma nação, é a certeza que seremos grandes lá na frente.

Agora, o que incomoda alguns lá de Brasília é que nós conseguimos realmente a mudar (sic) o Brasil. Temos consequências da pandemia, sofremos consequências de falta d'água, sofremos consequências de geadas pelo Brasil. Mas, nós vamos superar esses obstáculos. O melhor de mim darei para vocês. Darei até a minha própria vida se for necessário.

Acreditem, com vocês nós colocaremos o Brasil no lugar de destaque que ele bem merece. Temos uma pátria que ninguém tem, temos um povo maravilhoso, temos tudo para sermos felizes. O que faltava eram políticos de qualidade. [...] Todos nós, como tenho do meu lado aqui alguns ministros, e vocês sabem do que nós estamos fazendo. Hoje nós prestamos conta a vocês e não a partidos políticos. Cada vez mais há certeza do nosso futuro. O apoio de vocês é primordial, é indispensável, para seguirmos adiante. Nesse momento quero mais uma vez agradecer a todos vocês, agradecer a Deus pela minha vida e pela missão. E dizer àqueles que querem me tornar inelegível em Brasília: só Deus me tira de lá. E aqueles que pensam que com uma caneta podem me tirar da Presidência, digo uma coisa para todos: nós temos três alternativas, em especial para mim, preso, morto ou com vitória. Dizer aos canalhas que nunca serei preso. A minha vida pertence a Deus, mas a vitória é de todos nós. Muito obrigado a todos. Brasil acima de tudo, Deus acima de todos."

* * *

Augusto Aras, procurador-geral da República, assistiu de sua casa em Brasília ao discurso do presidente da República, no dia 7 de setembro, na Avenida Paulista. Estava perplexo. Porém, não foi proativo em momento algum, não procurou falar com colegas ou com ministros do Supremo Tribunal Federal sobre o discurso evidentemente afrontador ao Estado Democrático. Contudo, o vice-procurador-geral Humberto Jacques de Medeiros trocou um telefonema com o superior na PGR. Deu vezo à mesma perplexidade do interlocutor.

Nas primeiras horas da manhã do dia 8 de setembro, ainda pesava no quadrilátero do poder em Brasília a atmosfera de Golpe de Estado tentado na véspera por Jair Bolsonaro. O então presidente da República sonhava se converter numa espécie (sempre imprópria) de "ditador constitucional". Relatos e informes chegados à PGR durante a madrugada davam conta de que havia 160 bloqueios de caminhoneiros em rodovias de 15 dos 27 Estados da federação. Os bloqueios foram convocados explicitamente por Bolsonaro como estratégia auxiliar da esteira golpista que imaginou comandar.

Instados a falar sobre as celebrações do Dia da Independência na véspera — acerca dos discursos proferidos na Esplanada dos Ministérios e na Avenida Paulista por um Jair Bolsonaro que atacou diretamente o Supremo Tribunal Federal e o ministro Alexandre de Moraes —, subprocuradores da República da estrita confiança de Aras e de Humberto Jacques opinaram sobre como viam o caso. Veladamente, o presidente da República também havia destratado Luiz Fux, que ocupava a presidência do STF. "Quero dizer a vocês que, qualquer decisão do senhor Alexandre de Moraes, este presidente não mais cumprirá", discursou o presidente da República no 7 de Setembro de 2021. E prosseguiu: "A paciência do nosso povo já se esgotou, ele (Alexandre de Moraes) tem tempo ainda de pedir o seu boné e ir cuidar da sua vida. Ele, para nós, não existe mais". Na capital paulista, à noite, o tom não mudou. "Ou o chefe desse poder (Luiz Fux) enquadra o seu (Alexandre de Moraes), ou esse poder pode sofrer aquilo que nós não queremos", discursou. Evitou falar os nomes dos ministros do Supremo porque, como todos sabem, a covardia sempre foi um traço definidor de sua personalidade problemática.

— Acho que só uma pessoa é capaz de evitar a escalada desse conflito entre a Presidência e o STF, entre o presidente Bolsonaro e o ministro Alexandre — especulou o vice-procurador-geral, Humberto Jacques, para o PGR Augusto Aras. Os dois se falaram por telefone. O telefonema precedeu o café da manhã de ambos, naquele 8 de setembro.

— É Michel Temer — prosseguiu o vice-PGR. — Acho que só o ex-presidente fala com os dois lados e pode pôr panos mornos nos dois. De outra sorte, teremos um cenário muito arriscado.

Aras escutou o colega e auxiliar direto e anotou a sugestão. Ele sempre teve diálogo franco e aberto com Temer, desde antes da assunção do ex-vice decorativo à Presidência com o *impeachment*, sem crime de responsabilidade, de 2016. A desconfiança de que

Bolsonaro esperava uma reação dura e coesa das instituições — STF, Congresso Nacional e PGR — para acionar o que considerava em devaneios "seu dispositivo militar" sempre ocupou lugar de destaque nas convicções do procurador-geral e de um interlocutor contumaz, o ministro Dias Toffoli, do Supremo.

Augusto Aras telefonou para Temer menos de duas horas depois e o sondou sobre a possibilidade de conversar pessoalmente com Jair Bolsonaro. Foi uma conversa longa. O ex-professor de Direito Constitucional Michel Temer levantou dúvidas sobre a solidez dos compromissos democráticos de Bolsonaro — os dois, na conversa, deram a entender que eram convicções gasosas as do então presidente — e se dispôs a funcionar como bombeiro destinado a apagar o rastilho de pólvora entre o Palácio do Planalto e a sede do STF. Só o faria, porém, apenas e tão-somente caso Bolsonaro subscrevesse uma carta de arrependimento e contrição que ele mesmo, Temer, escreveria.

Com o sinal verde e as prescrições preliminares de Michel Temer, o procurador-geral sondou diretamente Jair Bolsonaro e, indiretamente (por meio de outro ministro do STF), Alexandre de Moraes. Queria saber se ambos atenderiam um telefonema de Temer para falar "dos eventos do dia 7 e seus desdobramentos". Bolsonaro e Moraes disseram que sim. A partir dali, Bruno Bianco, advogado-geral da União de Bolsonaro e ex-secretário-geral da Casa Civil de Temer no período em que ele ocupou a Presidência depois da deposição de Dilma Rousseff, assumiu o controle das agendas e dos telefonemas trocados pelo trio.

Bolsonaro e Temer conversaram por telefone no começo da noite do dia 8 de setembro de 2021. O então presidente disse ao ex que temia ser preso por uma decisão de Alexandre de Moraes. O ex-vice de Dilma fez o interlocutor jurar que assinaria a tal carta "de contrição e de desculpas" que ele escreveria. Temer nunca escondeu adorar cartas escritas. Afinal, *verba volant, scripta manent* (as palavras voam, os escritos permanecem). O provérbio em latim ficou eternizado na esteira do processo golpista de 2016, quando o então vice-presidente escreveu um bilhete lamurioso à presidente da República reclamando por se sentir decorativo no Planalto. Ante a promessa de que o antecessor dobraria Moraes (o ministro do Supremo foi indicado ministro da Justiça por Temer), Bolsonaro rendeu-se a tudo.

Michel Temer chamou o publicitário Elsinho Mouco a seu apartamento paulistano ainda na noite de 8 de setembro, relatou a ele as conversas, sublinhou o nervosismo e a tensão que vislumbrou na voz de Bolsonaro — paúra da deposição e da cadeia — e começaram a rascunhar o texto que viria a ser revelado mais tarde como uma "Declaração à Nação" de um Jair Messias Bolsonaro acoelhado ante Alexandre de Moraes, crescentemente empoderado a partir dos inquéritos que se abriam para apurar a espiral de ataques do bolsonarismo ao Estado Democrático de Direito.

A seguir, a íntegra do texto divulgado por Bolsonaro em 9 de setembro de 2021, depois que Michel Temer se interpôs entre ele e Alexandre de Moraes a fim de evitar o recrudescimento daquela crise:

> *Declaração à Nação*
> *No instante em que o país se encontra dividido entre instituições é meu dever, como Presidente da República, vir a público para dizer:*
>
> 1. *Nunca tive nenhuma intenção de agredir quaisquer dos Poderes. A harmonia entre eles não é vontade minha, mas determinação constitucional que todos, sem exceção, devem respeitar.*
> 2. *Sei que boa parte dessas divergências decorre de conflitos de entendimento acerca das decisões adotadas pelo ministro Alexandre de Moraes no âmbito do inquérito das* fake news.
> 3. *Mas na vida pública, as pessoas que exercem o poder não têm o direito de "esticar a corda" a ponto de prejudicar a vida dos brasileiros e sua economia.*
> 4. *Por isso, quero declarar que minhas palavras, por vezes contundentes, decorreram do calor do momento e dos embates que sempre visaram ao bem comum.*

5. *Em que pesem suas qualidades como jurista e professor, existem naturais divergências em algumas decisões do ministro Alexandre de Moraes.*

6. *Sendo assim, essas questões devem ser resolvidas por medidas judiciais que serão tomadas de forma a assegurar a observância dos direitos e garantias fundamentais previstos no Art 5º da Constituição Federal.*

7. *Reitero meu respeito pelas instituições da República, forças motoras que ajudam a governar o país.*

8. *Democracia é isso: Executivo, Legislativo e Judiciário trabalhando juntos em favor do povo e todos respeitando a Constituição.*

9. *Sempre estive disposto a manter diálogo permanente com os demais Poderes pela manutenção da harmonia e independência entre eles.*

10. *Finalmente, quero registrar e agradecer o extraordinário apoio do povo brasileiro, com quem alinho meus princípios e valores, e conduzo os destinos do nosso Brasil.*

DEUS, PÁTRIA, FAMÍLIA.
Jair Bolsonaro
Presidente da República Federativa do Brasil

A divulgação da carta pelo Palácio do Planalto pôs fim ao fogo-fátuo da crise institucional, e o tema foi, aos poucos, saindo do horizonte político do país. O ministro Alexandre de Moraes não autorizou, por alguns meses, novas ações contra apoiadores do presidente Jair Bolsonaro. Houve, de fato, uma trégua política razoavelmente duradoura até o início da pré-campanha eleitoral, na virada de 2021 para 2022.

No dia 5 de novembro de 2021, o vice-procurador-geral da República, Humberto Jacques de Medeiros, protocolou no Supremo Tribunal Federal a manifestação da PGR na petição 9.910/DF, dirigida à ministra Cármen Lúcia. A petição era uma notícia-crime enviada pelo senador Randolfe Rodrigues, com solicitação de abertura de inquérito contra Jair Bolsonaro, em razão dos discursos do então presidente da República no 7 de setembro daquele ano. A manifestação foi redigida integralmente por Humberto Jacques, que não a submeteu sequer a vistas prévias do procurador-geral para mera anuência, pois a determinação havia sido para que todos os membros auxiliares exercessem plenamente as respectivas independências funcionais nas atribuições que lhe cabiam, no caso, como vice-PGR.

Principais trechos da manifestação de Humberto Jacques, que encerrou oficialmente o debate em torno do tema — até porque o acordo tácito de silêncio entre Bolsonaro e Moraes vigia:

> *"O MINISTÉRIO PÚBLICO FEDERAL, pelo Vice-Procurador-Geral da República, no uso de suas atribuições, vem à presença de Vossa Excelência para expor e requerer, ao final, o seguinte:*
>
> 1. *Esta petição veicula notícia-crime na qual são transcritos trechos de discursos realizados pelo presidente Jair Bolsonaro em Brasília e em São Paulo no último feriado da Independência que, segundo o peticionário, senador Randolph Rodrigues, contêm ameaças contra o Poder Judiciário. (...)*
>
> 3. *Alega que o presidente da República "atua claramente contra o livre exercício do Poder Judiciário" atuando, por enquanto, apenas com grave ameaça: 'Sustenta, ainda, que o noticiado incita a animosidade.*
>
> 4. *Requer a intimação da Procuradoria-Geral da República visando à abertura de inquérito e posterior promoção de ação penal contra o noticiado pela prática dos crimes previstos nos arts. 18 e 23, inciso 1, ambos da Lei nº 7.170/1983, bem como a abertura de investigação sobre "eventual financiamento destes atos" e a "utilização indevida da máquina pública, do dinheiro público, helicópteros em favor desses atos": (...)*

7. *A realização do art. 18 da Lei n° 7.170/1983 desenvolve-se em vista da motivação, dos objetivos do agente e da lesão aos bens jurídicos mencionados no art. 1° daquele diploma legal e depende da prática de atos de violência ou grave ameaça, que têm de ser contextualizadas e apuradas em concreto.*

8. *O grau de violência ou de ameaça necessários para que se possa considerar preenchido o tipo assenta-se na aferição de sua idoneidade para perturbar o livre exercício de quaisquer dos Poderes da União ou dos Estados.*

9. *Por violência, entende-se todo o ato de força ou hostilidade que seja idôneo a impedir o livre exercício de quaisquer dos poderes constitucionais. Tem de surgir como pré-ordenada a coagir, a impedir ou dificultar a atuação legítima de quaisquer dos poderes constituídos, devendo a adequação do meio ser aferida por um critério objetivo, tendo sempre em conta as específicas circunstâncias de cada caso.*

10. *A ameaça adequada consiste no anúncio de que o agente pretende infligir um mal futuro, pessoal ou patrimonial, dependente da sua vontade e que seja apto a provocar medo ou inquietação. Deve ser suscetível de ser tomada a sério, dando o agente a impressão de estar resolvido a praticar o fato.*

11. *A conduta do noticiado deixa de integrar a tipicidade prevista neste normativo porquanto não afrontou ou ameaçou o livre exercício do Poder Judiciário da União com o uso de qualquer violência física ou moral. A expressão "ou o chefe desse poder enquadra o seu ou esse poder pode sofrer aquilo que nós não queremos" não significa o anúncio de um mal futuro, como requer o tipo de injusto em questão.*

12. *Tampouco é possível considerar como seguro, de acordo com as regras da experiência, que o seu sentido seja, apenas, a abolição violenta do Estado Democrático de Direito. Quer isto dizer que o fato é de tal modo vago*

e impreciso, que não é forçoso entendê-lo, nos termos em que o noticiado o entendeu.

13. Assim como é plausível que as referidas palavras constituam uma parlapatice inconsequente, não se descarta que elas talvez significassem que o Poder Judiciário poderia, na perspectiva do noticiado, sofrer um indesejável descrédito por parte da população caso não disciplinasse um de seus membros.

14. Ainda que se admita, por mera hipótese, a existência de uma ameaça, não foi a mesma suscetível de ser tomada a sério pelo poder ameaçado. Quando muito, houve um arroubo de retórica de parte do presidente da República, e foi essa, inclusive, a percepção de um membro aposentado do Supremo Tribunal Federal à época dos fatos.

15. A exaltação, acompanhada de gesticulação mais ou menos efusiva e impropérios, habitual nestas situações, que envolveu e antecedeu o discurso do noticiado e a que o peticionário se referiu como ultimato, não constitui seguramente elemento objetivo integrador do ilícito imputado, ou seja, não integra os conceitos de violência ou de grave ameaça a que se reportam o preceito incriminador, porque não era ato capaz de impedir a missão do poder constituído.

16. Não tendo havido o emprego de violência ou de ameaça, limitando-se o noticiado à imprecação verbal, ou quaisquer outras atitudes e comportamentos que não sejam aptos a anular ou dificultar significativamente a capacidade de atuação do poder constitucional, não há crime.

17. Os mesmos motivos de que se valeu a Procuradoria-Geral da República nas alegações finais da AP 1044/DF para afastar a responsabilização penal do deputado Daniel Silveira pela prática do crime previsto no art. 23, inciso II, da Lei 7.170/1983 devem ser evocados

para afastar a pretendida responsabilização penal do presidente da República pela suposta incitação à subversão da ordem política ou social.

18. *As expressões "ou o chefe desse poder enquadra o seu ou esse poder pode sofrer aquilo que nós não queremos" e "ou esse ministro se enquadra ou ele pede para sair" são insuficientes para a realização típica do crime de incitação à subversão da ordem política ou social, porquanto a intervenção penal através da figura do art. 23, inciso II, da Lei n. 7.170/1983 exige um incentivo público à adoção de um comportamento político-subversivo por parte de um terceiro.*

19. *No presente caso, o ato nem tem um significado de apelo, nem foi ele dirigido à generalidade das pessoas presentes nas manifestações de Brasília e de São Paulo.*

20. *Bem pelo contrário. A passagem destacada parece apontar no sentido de que as palavras do noticiado tinham como destinatários precisos o presidente do Supremo Tribunal Federal e um de seus integrantes.*

21. *Da mesma forma, o teor das declarações que, na sequência, foram proferidas e estão no cerne da imputação a ele dirigida, tem como destinatário específico e direto o presidente do Tribunal Superior Eleitoral: "E nao é uma pessoa do TSE que vai nos dizer que este processo é seguro porque não é. Um ministro do TSE usar sua caneta e desmonetizar páginas que criticam esse tipo de votação".*

22. *A razão para que devam ser excluídas do círculo típico da instigação pública os casos em que, apesar de publicamente manifestados, tenham como destinatários uma concreta pessoa ou mesmo um conjunto restrito e definido de pessoas tem a ver com a necessidade de se diferenciar essas hipóteses das de participação criminosa, independentemente de outras pessoas, que não apenas os seus concretos destinatários, terem se sentido sugestionadas à prática do crime em causa.*

23. *Nessas situações, "o agente instigador, hoc* sensu, *poderá vir a incorrer em responsabilidade criminal, mas por via direta do ilícito-típico violado na sequência da sua atuação pelos destinatários da mesma, na qualidade de instigador ou de cúmplice, desde que, naturalmente, os demais pressupostos da instigação ou da cumplicidade estejam preenchidos quanto a ele e quanto ao fato respectivo".*

(...)

35. *Por todo o exposto e notadamente por conter pedidos manifestamente improcedentes, o Ministério Público Federal preconiza, com fundamento no art. 21, 1°, do Regimento Interno do Supremo Tribunal Federal, o arquivamento desta petição.*

Brasília, 12 de dezembro de 2022

RUÍNAS DO REFUGO

Em 2022, mais uma vez, Jair Bolsonaro pôs em marcha o seu aparelho golpista. Era o ano eleitoral, ele tentaria a reeleição e estava evidente que o principal antagonista seria o ex-presidente Luiz Inácio Lula da Silva, do PT. Pela primeira vez na história republicana brasileira, um presidente incumbente (ou seja, no exercício do cargo), enfrentaria um ex-presidente da República. Mas, como anteviu o filósofo e cientista político Marcos Nobre — na entrevista publicada pelo jornal *Folha de S.Paulo*, no dia 6 de setembro de 2021, e rememorada em tópicos no capítulo anterior —, disputar a eleição era apenas parte da estratégia de Bolsonaro. Ele seguia no firme propósito de dar o golpe, porque só um cenário de exaurimento dos recursos democráticos o conservaria no poder, ainda que como títere de um dispositivo militar que, ao fim e ao cabo, o desprezava. Porém, esse dispositivo militar golpista não podia abrir mão da popularidade conquistada por Jair Bolsonaro numa opinião pública fraturada pela disseminação de discursos de ódio e de maniqueísmos eleitorais rastreiros.

Em 1º de abril de 2022, o general Walter Braga Netto foi obrigado, pelo calendário e pelas leis eleitorais, a deixar o Ministério da Defesa para ser inscrito como candidato a vice-presidente na chapa de Jair Bolsonaro. Em seu lugar no ministério deixou o general Paulo Sérgio Nogueira de Oliveira, que passou automaticamente para a reserva. Marco Antônio Freire Gomes, um general das Forças Especiais e com fama de linha-dura, ascendeu ao Comando Geral do Exército sucedendo Nogueira de Oliveira no posto. Dada a interlocução fluida nascida na trincheira silenciosa de resistência aos avanços que Bolsonaro tentou promover nas tropas e nos quartéis, em 2021, quando tentou dar um Golpe de Estado no 7 de Setembro daquele ano, Paulo Sérgio Nogueira de Oliveira pediu uma conversa privada com o então procurador-geral da República, Augusto Aras, antes de aceitar ascender ao Ministério da Defesa. Desejava ouvi-lo acerca de prós e contras da mudança de cargo.

— Eu, se fosse você, não aceitaria. General, o país vai precisar muito de sua firmeza este ano. O senhor sabe do que estou falando. Tudo aquilo que vimos e passamos juntos no ano passado, passaremos esse ano de novo. Qual é o seu projeto de vida?

— Procurador, nós, militares, não temos grandes ambições, projeto de vida, para quando estamos fora dos quartéis. Quando a gente passa à reserva como general de exército, pode até trabalhar em uma coisa ou outra, mas significa que chegamos ao topo da carreira à qual dedicamos a vida. O que resta? Nada. É vestir o pijama e cuidar dos netos.

— O Comandante Geral tem tropas abaixo de si e é a autoridade máxima de todo o Exército, a cujos princípios tem de ser leal. O ministro da Defesa tem de ser leal ao Presidência da República.

A conversa acabou sem que Paulo Sérgio Nogueira de Oliveira dissesse ali, no curso dela, qual decisão tomaria. Dias depois, Aras foi informado por *sites* de notícia da decisão do general: assumiria o Ministério da Defesa e para o lugar dele iria Freire Gomes, uma escolha lógica ante as opções possíveis. Contudo, a relevância da troca não seria pouco sútil para as pretensões golpistas de Bolsonaro. Como retórica política, como se tocasse um imaginário apito de cachorro com o objetivo de manter sua tropa — as hordas de bolsonaristas dentro e fora do governo, com maior ou menor aderência à pregação que propunha alinhamento vil do discurso de extrema-direita às profissões de fé das denominações religiosas neopentecostais —, Bolsonaro insistia em lançar no ar desconfianças indecorosas e nunca assentadas em provas reais que disseminavam dúvidas sobre a segurança e a imparcialidade das urnas eletrônicas e do sistema eleitoral brasileiro.

Utilizadas desde o pleito municipal de 1996, desenvolvidas a partir de tecnologia genuinamente nacional e comprovadamente seguras e resilientes a tentativas de fraudes eleitorais, as urnas eletrônicas foram sendo crescentemente adotadas no país. A eleição de 2002, quando Lula (adversário de Bolsonaro duas décadas depois) elegeu-se presidente para seu primeiro mandato, foi também o primeiro pleito nacional em que as urnas eletrônicas se constituíram na forma total de coleta de votos. Criada na esteira da Revolução de 1930, quando evidências de fraudes eleitorais convulsionaram o país e levaram Getúlio Vargas a liderar um levante, depor o governo de plantão e assumir o poder, a Justiça Eleitoral Brasileira construiu uma história de respeito e confiança junto à sociedade e às demais instituições republicanas que não permitiam, e muito menos justificavam, o enxovalhamento de que vinha sendo vítima por parte da Presidência da República.

Em meados de maio de 2022, pouco mais de um mês depois da troca de comando no Exército e com o intuito de checar se havia novos riscos de ruptura democrática no horizonte, Augusto Aras solicitou agenda com os comandantes das três forçar militares. Eram conversas informais. Em paralelo, chamou mais uma vez o ex-corregedor-geral do Ministério Público Militar, Marcelo Weitzel, para uma troca de ideias sobre a conjuntura. Humberto Jacques de Medeiros, por razões pessoais, havia pedido para deixar a vice-procuradoria-geral da República — tendo sido substituído pela subprocuradora-geral Lindôra Araújo — já não fazia mais parte do grupo. O procurador--geral e o conselheiro Weitzel, do CNMP, decidiram ser prudente fazer um novo *roadshow* propagando os princípios democráticos nas diversas unidades da federação, marcando encontros pessoais e formais com os comandantes-gerais de todas as Polícias Militares e com os Procuradores-Gerais de Justiça para sentir o pulso da soldadesca.

Havia risco de atendimento de convites a rebelião como houve em 2021? Aras e Dias Toffoli, em nome da confiança mútua que sempre nutriram, seguiram falando e especulando sobre o tema. O périplo não se iniciou de imediato e no dia 5 de julho uma impertinência notável e histórica interrompeu o seu curso: uma reunião convocada por Jair Bolsonaro com muitos de seus ministros, comandantes militares e assessores graduados do gabinete presidencial, além do ex-ministro Braga Netto, já formalmente candidato a vice-presidente na chapa do Partido Liberal (PL). Posteriormente, em razão da quebra de sigilo telemático imposta pelo ministro do STF, Alexandre de Moraes, nas investigações em torno dos inquéritos que apuravam os atos antidemocráticos e o golpe de 8 de janeiro de 2023, aquele encontro "quase ministerial" celebrizou-se como "A Reunião do Golpe" e ficou eternizada em captura audiovisual.

A reunião do dia 5 de julho de 2022 ocorreu no Salão Leste do Palácio do Planalto, não constava da agenda oficial do então presidente da República, começou às 8h30min e imortalizou a conspiração tosca de Bolsonaro e de sua turma de aloprados contra a Constituição e contra o Estado Democrático. Estavam lá, além do próprio Bolsonaro, que se postou no vértice da mesa de reuniões em forma de ângulo agudo:

1. Braga Netto, ex-ministro da Casa Civil e da Defesa e candidato a vice-presidente.
2. Anderson Torres, ministro da Justiça.
3. Simas Magalhães, secretário-geral do Ministério das Relações Exteriores.
4. Bruno Eustáquio, ministro das Minas e Energia.
5. Victor Godoy Veiga, ministro da Educação.
6. Ronaldo Bento, ministro da Cidadania.
7. Adolfo Sachsida, ministro das Minas e Energia.
8. Paulo Cézar Alvim, ministro da Ciência e Tecnologia.
9. Carlos Alberto Britto, ministro do Turismo.
10. Wagner Rosário, ministro da Controladoria Geral da União.
11. Mário Fernandes, secretário-executivo da Secretaria Geral da Presidência.
12. Augusto Heleno, ministro-chefe do Gabinete de Segurança Institucional.
13. Brigadeiro Carlos Baptista Jr., comandante-geral da Aeronáutica.
14. André de Sousa Costa, secretário de Comunicação Social.
15. José Santini, assessor especial da Casa Civil.

16. Célio Faria, ministro-chefe da Secretaria de Governo.
17. Paulo Sérgio Nogueira de Oliveira, ministro da Defesa.
18. Paulo Guedes, ministro da Economia.
19. Marcos Montes, ministro da Agricultura, Pecuária e Abastecimento.
20. José Carlos de Oliveira, ministro do Trabalho e da Previdência.
21. Marcelo Queiroga, ministro da Saúde.
22. Fábio Faria, ministro das Comunicações.
23. Joaquim Álvaro Pereira Leite, ministro do Meio Ambiente.
24. Daniel de Oliveira Ferreira, ministro do Desenvolvimento Regional.
25. Daniela Alvarenga, ministra dos Direitos Humanos e da Mulher.
26. Bruno Bianco, advogado-geral da União.
27. General Marco Antônio Freire Gomes, comandante-geral do Exército.
28. Almirante Francisco Campos, secretário-geral da Marinha.
29. Jonathas Assunção, assessor da Casa Civil.
30. Adler Anaximandro de Cruz e Alves, secretário-geral da Advocacia Geral da União.

O vídeo com a íntegra daquele bizarro convescote de golpistas, da manhã de 5 de julho de 2022, estava no *laptop* de uso pessoal do tenente-coronel Mauro Cid, ajudante de ordem da Presidência da República por toda a gestão de Bolsonaro. O computador foi apreendido quando Cid foi preso, em 2023, acusado de tentar ocultar joias do patrimônio público, vender relógios presenteados pelo príncipe herdeiro da Arábia Saudita e atuar ativamente para falsificar a carteira de vacinação da família do então presidente, a dele mesmo e a da filha. Dando lastro e consequência ao discurso de negação da pandemia da Covid e de descrédito nas estratégias científicas de controle, combate e prevenção à Covid-19, Bolsonaro e assessores mais próximos dele — como era o caso de Mauro Cid — seguiram firmes no propósito de não se vacinarem. Em razão disso, precisaram falsificar cartões de vacinação para entrarem em países que exigiam a vacina e promoviam o controle de entrada em seus territórios por meio de carteiras internacionais de vacinação. A adulteração nas carteiras de vacinação foi comprovada depois de investigação conduzida pelo Supremo Tribunal Federal.

O vídeo da reunião foi a peça de resistência da operação policial apelidada *Tempus Veritatis* (Tempo da Verdade) deflagrada no início da manhã do dia 8 de fevereiro de 2024, véspera da sexta-feira de Carnaval. Empreendida pela Polícia Federal, autorizada pelo Supremo Tribunal Federal por meio do ministro Alexandre de Moraes e com anuência integral da Procuradoria-Geral da República, a *Tempus Veritatis* cumpriu 33 mandados de busca e apreensão, quatro de prisão preventiva e 48 medidas alternativas — uma delas, contra o já ex-presidente Jair Bolsonaro, que além de ter tido seus endereços vasculhados pela PF, foi obrigado a entregar o passaporte à Justiça: estava impedido de sair do país.

No expediente em que autoriza e fundamenta a ação da operação, o ministro Alexandre de Moraes descreve os principais trechos do inacreditável vídeo em que o então presidente da República, Jair Bolsonaro, com a anuência ativa e passiva de ministros e assessores, além dos comandantes militares, expõe a dinâmica de um Golpe de Estado que pretendia dar sob a justificativa de que as eleições brasileiras não seriam democráticas. E também fica claro que, com a ciência da Presidência da República, o Gabinete de Segurança Institucional do Palácio do Planalto preparava-se para infiltrar agentes da Agência Brasileira de Investigação no comando das campanhas eleitorais de adversários de Jair Bolsonaro. Nenhuma narração descritiva daquele vídeo supera a apertada síntese da dinâmica dos discursos — e dos fatos — contida na manifestação do ministro Moraes ao determinar o desencadeamento da Tempo da Verdade. Eis o trecho:[1]

> *"A representação faz menção a uma transmissão ao vivo (live) realizada pelo então Presidente JAIR MESSSIAS BOLSONARO em julho de 2021, na qual estava*

---

[1] Os negritos foram colocados pelo autor do livro. (N.E.)

acompanhado pelo então Ministro da Justiça ANDERSON TORRES e outras pessoas, como oportunidade para disseminação de desinformação, com a prática de notícias fraudulentas sobre inexistentes indícios de ocorrência de fraudes e manipulação de votos nas eleições e vulnerabilidades do sistema eleitoral brasileiro, aproveitando-se do exame deturpado realizado pelo Coronel do Exército EDUARDO GOMES.

(...)

*Na sequência, noticia a autoridade policial que, **em 5 de julho de 2022**, foi convocada, pelo então Presidente JAIR MESSIAS BOLSONARO, reunião da alta cúpula do Governo Federal, que contou com a presença de ANDERSON TORRES (então Ministro da Justiça), AUGUSTO HELENO RIBEIRO PEREIRA (então Chefe do Gabinete de Segurança Institucional), PAULO SÉRGIO NOGUEIRA DE OLIVEIRA (então Ministro da Defesa), MÁRIO FERNANDES (então Chefe-substituto da Secretaria-Geral da Presidência da República), WALTER SOUZA BRAGA NETTO (ex-Ministro Chefe da Casa Civil e futuro candidato a vice-Presidente da República), **todos ora investigados**, prestando-se o ato a reforçar aos presentes a ilícita desinformação contra a Justiça Eleitoral, apontando o argumento de que as Forças Armadas e os órgãos de inteligência do Governo Federal detinham ciência das fraudes e **ratificavam a narrativa mentirosa** apresentada pelo então Presidente da República JAIR MESSIAS BOLSONARO.*

*A reunião, segundo a Polícia Federal, **também teve como finalidade cobrar dos presentes conduta ativa na promoção da ilegal desinformação e ataques à Justiça Eleitoral**: promoção e a difusão, em cada uma de suas respectivas áreas, desinformações quanto à lisura do sistema de votação, utilizando a estrutura do Estado brasileiro para fins ilícitos e desgarrados do interesse público. **Essa narrativa serviu, como um dos elementos essenciais, para manter mobilizadas as manifestações em frente às instalações*** *militares, após a derrota eleitoral e, com isso, dar uma falsa percepção de apoio popular, pressionando integrantes das Forças Armadas a aderirem ao Golpe de Estado em andamento (fl. 10).*

As investigações da Polícia Federal trouxeram aos autos **excertos da fala do então Presidente** *JAIR MESSIAS BOLSONARO naquela oportunidade e que constam de vídeo identificado em computador apreendido na residência de MAURO CESAR CID, realizada no RAPJ nº 4401196/2023 (fl. 31):*

"Hoje me reuni com o pessoal do WhatsApp, e outras também mídias do Brasil. Conversei com eles. Tem acordo ou não tem com o TSE? Se tem acordo, que acordo é esse que está passando por cima da constituição? Eu vou entrar em campo usando o meu exército, meus 23 ministros". *No vídeo, o então Presidente ainda disse:* **"E eu tenho falado com os meus 23 ministros. Nós não podemos esperar chegar 23, olhar para trás e falar: o que que nós não fizemos para o Brasil chegar à situação de hoje em dia? Nós temos que nos expor. Cada um de nós. Não podemos esperar que outros façam por nós. Não podemos nos omitir. Nos calar. Nos esconder. Nos acomodar. Eu não posso fazer nada sem vocês. E vocês também patinam sem o Executivo. Os poderes são independentes, mas nós dois somos irmãos. Temos um primo do outro lado da rua que tem que ser respeitado também. Mas todo mundo que quer ser respeitado tem que respeitar em primeiro lugar. E nós não abrimos mão disso".**

Segue a representação da Polícia Federal transcrevendo as falas do então Presidente JAIR BOLSONARO e de outros participantes da reunião, nos seguintes termos (fls. 32-48): (...): **"A Câmara deve votar hoje o... a PEC da Bondade, como é chamada, né? E não tem como, né, depois dessa**

PEC da Bondade, a gente... a gente não tá pensando nisso, manter 70% dos votos, ok? Mas a gente vai ter 49% dos votos, vou explicar porquê, né?" (...)

Prosseguindo no discurso, JAIR BOLSONARO faz, novamente, acusações falsas e sem nenhum indício, afirmando que o dinheiro do narcotráfico teria financiado o atual Presidente da República LULA DA SILVA e outros ex-presidentes de países da América do Sul: *"É ... Nós estamos vendo aqui a... não é toda a imprensa, uma outra TV e as mídias sociais sobre a delação do Marcos Valério. A questão da... da execução do Celso Daniel. Né? É... O envolvimento com o narcotráfico. É... Temos informações do General Carvajal lá da Venezuela que tá preso na Espanha. Ele... já fez a delação premiada dele lá. É... Por 10 anos abasteceu com o dinheiro do narcotráfico Lula da Silva, Cristina Kirchner, Evo Morales. Né? Essa turma toda que vocês conhecem. (...) E a gente vê que o Datafolha continua... é... mantendo a posição de 45% e, por vezes, falando que o Lula ganha no primeiro turno. Eu acho que ele ganha, sim. As pesquisas estão exatamente certas. De acordo com os números que estão dentro dos computadores do TSE. Né? E... Eu tô... Eu tenho que ter bastante calma, tranquilidade, e vou entrar em detalhes com vocês daqui a pouco".*

(...)

No transcorrer da fala o JAIR BOLSONARO indaga os presentes: *"(...) Nós vamos esperar chegar 23, 24, pra se foder? Depois perguntar: por que que não tomei* providência lá trás? (sic) *E não é providência de força não, caralho! Não é dar tiro. Ô PAULO SÉRGIO, vou botar a tropa na rua, tocar fogo aí, metralhar. Não é isso, porra!".*

Em seguida, o então Presidente da República, JAIR BOLSONARO, assinala, ostensivamente, **o objetivo da reunião: coagir os Ministros e todos os presentes, para que aderissem à ilícita desinformação apresentada.**

Nesse sentido, o então Presidente da República exige que seus **ministros** *— em total desvio de finalidade das funções do cargo —* **deveriam promover e replicar, em cada uma de suas respectivas áreas, todas as desinformações e notícias fraudulentas quanto à lisura do sistema de votação, com uso da estrutura do Estado brasileiro para fins ilícitos e dissociados do interesse público** *(fl. 36).*

"Daqui pra frente quero que todo ministro fale o que eu vou falar aqui, e vou mostrar. Se o ministro não quiser falar ele vai vim (sic) falar para mim porque que ele não quer falar. Se apresentar onde eu estou errado eu topo. Agora, se não tiver argumento pra me ti... demover do que eu vou mostrar, não vou querer papo com esse ministro. Está no lugar errado. Se está achando que eu vou ter 70% dos votos e vou ganhar como ganhei em 2018, e vou provar, o cara está no lugar errado".

Conforme a representação policial: na continuidade de sua fala, o então presidente explicita aos presentes que **agendou a reunião com embaixadores** *para, em suas palavras,* **"mostrar o que está acontecendo".** *JAIR BOLSONARO reforça a narrativa de fraude eleitoral para eleger o então pré-candidato LULA, acusando, inclusive, os Ministros do STF EDSON FACHIN, LUIS ROBERTO BARROSO, ALEXANDRE DE MORAES, de não serem isentos. Diz:* **"Porque os cara (sic) estão preparando tudo, pô! Pro Lula ganhar no primeiro turno, na fraude. Vou mostrar como e porquê. Alguém acredita aqui em FACHIN, BARROSO, ALEXANDRE DE MORAES? Alguém acredita? Se acreditar levanta o braço! Acredita que eles são pessoas isentas, estão preocupado (sic) em fazer justiça, seguir a Constituição? De tudo que são... Estão vendo acontecer?"** *(...)*

A autoridade policial prossegue em sua exposição: em outro trecho, JAIR BOLSONARO novamente **acusa o STF de atuar fora dos limites constitucionais** *e que não teria* como LULA ganhar a eleição no voto, insinuando que sua vitória nas eleições presidenciais, caso ocorresse, seria em decorrência de fraude nas urnas eletrônicas. (...) **"Vou fazer uma reunião quinta-feira com embaixadores, semana que vem com mais, vou convidar autoridades do... do Judiciário, pra outra reunião, pra mostrar o que tá acontecendo. (...) Não tem como esse cara ganhar a eleição no voto. Não tem como ganhar no voto. Também, eu não vou passar aqui, em 2014 foi aprovado o voto impresso no Congresso, está fora do foco, né, fora da... do radar nosso, nem lembrava disso, que depois também o nosso Supremo derrubou. O nosso Supremo aqui é um poder à parte. É um supersupremo. Eles decidem tudo. Fora... Muitas vezes fora das quatro linhas"**.

(...)

Reporta ainda a autoridade policial **a total adesão e participação** do então Ministro da Justiça, ANDERSON TORRES, **na prática de atos antidemocráticos e golpistas**: em seguida, a palavra é passada ao então Ministro da Justiça, ANDERSON TORRES. O Ministro reitera a narrativa do Presidente JAIR BOLSONARO, ressaltando a necessidade dos presentes em propagar as informações falsas quanto a fraudes e vulnerabilidades no sistema eletrônico de votação. Além disso, ANDERSON TORRES reforça o temor do que poderia acontecer caso o "PT" ganhasse as eleições, reiterando o exemplo da Bolívia. De forma enfática diz: **"(...) E o exemplo da Bolívia é o grande exemplo pra todos nós. Senhores, todos vão se foder! (sic) Eu quero deixar bem claro isso. Porque se... eu não estou dizendo que... eu quero que cada um pense no que pode fazer previamente porque todos vão se foder"**. Segue o trecho da fala:

"Têm muitos aqui que eu não sei nem se têm estrutura para ouvir o que a gente tá falando aqui. Com todo o respeito a todos. Mas eu queria começar por uma frase

que o Presidente colocou aqui, que eu acho muito verda-
deira. E o exemplo da Bolívia é o grande exemplo para
todos nós. Senhores, todos vão se foder! (sic, de novo)
Eu quero deixar bem claro isso. Porque se... eu não
estou dizendo que... eu quero que cada um pense no
que pode fazer previamente porque todos vão se foder".
(...)

Assim como FILIPE BARROS, ANDERSON TORRES novamente **cita o conteúdo falso divulgado na chamada** live **presidencial realizada no dia 29 de julho de 2021,** *distorcendo, de forma deliberada, informações, termo de decla-* *rações e perícias realizadas pela Polícia Federal* **com o objetivo** **de disseminar narrativas sabidamente não verídicas ou** **sem qualquer lastro concreto, com a finalidade de induzir** **ao erro os demais participantes da reunião quanto à** **lisura do sistema de votação brasileiro.** *O então Ministro* *da Justiça insinua que a Polícia Federal já teria feito várias* *sugestões de aperfeiçoamento que não teriam sido acatadas pelo* *TSE, em seguida conclui* **"(...) Mas a gente está aí há seis** **anos fazendo. O outro lado joga muito pesado, senhores.** **Eu acho que, eu acho que essa consciência todos aqui** **devem ter. (...) a Polícia Federal sempre esteve aqui...** **sempre esteve com um outro viés, e com um outro olhar.** **Sempre foi com um viés colaborativo... olha, cuidado** **com isso, cuidado com aquilo. E esses cuidados têm seis,** **sete anos que tão... que foi naquela... naquela** live **que** **eu li esses relatórios e eles iam lá desdizendo um monte** **de coisa, está, e quando eu li os relatórios, me jogaram** **pra dentro do inquérito. Por que vai falar o quê? De** **um relatório de um Perito Criminal da Polícia Federal?** **Que já há seis, sete anos está dizendo: tem que fazer isso.** **Cuidado com aquilo. Olha, aqui está ruim. O que que** **foi feito? Acataram isso? Fizeram isso? Porque se tivesse** **feito tinham... tinham "desdizido" na** live! **Está bom, o** **Ministro está mentindo aí ó. Tudo que foi falado está...**

está... está aqui no sistema. Isso está no sistema? Essas aperfeiçoa ... esses aperfeiçoamentos foram colocados no sistema? Agora vêm as Forças Armadas e fazem uma série de observações. A PF continua fazendo observação. É claro que da nossa parte nós não vamos botar a arma na cabeça dos caras e falar "coloquem isso". Mas a gente está aí há seis anos fazendo. O outro lado joga muito pesado, senhores. Eu acho que, eu acho que essa consciência todos aqui devem ter".

Por fim, ANDERSON TORRES faz imputações graves, relacionando a facção criminosa PRIMEIRO COMANDO DA CAPITAL (PCC) ao Partido dos Trabalhadores (PT), afirmando que muita coisa estaria vindo à tona, inclusive com depoimentos. De forma enfática diz: **"Isso não é mentira. Isso não é mentira".** *Por fim, o então Ministro da Justiça afirma que atuaria de forma mais incisiva, por meio da Polícia Federal.* **"Mas estamos aí, Presidente, desentranhando a velha relação do PT com o PCC. A velha relação do PT com o PCC. Isso está vindo aí através de depoimentos que estão há muito guardados aí... isso aí foi feito ó. Tá certo? Isso tudo está vindo** à **tona. Isso não é mentira. Isso não é mentira. Então, muita coisa... é... é... é... está vindo à tona aí. Muita coisa que a população é... sabe, mas tudo precisa ser rememorado. Está certo? Então, essa questão das urnas, essa questão dos inquéritos, nós montamos um grupo lá... é... é... é... O Diretor-Geral da Polícia Federal montou um grupo de policiais federais. E agora uma equipe completa. Não só com peritos. Mas com delegados, com peritos, com agentes pra poder acompanhar, realmente, o passo a passo das eleições pra poder fazer os questionamentos necessários que têm que ser feitos e não só as observações. (...) A gente vai atuar de uma forma mais incisiva. Já estamos atuando. Mas eu acho que o mais importante é cada um entender o momento agora e as colocações** *que a gente deve fazer. A gente realmente deve mostrar é... a nossa... a nossa preocupação com tudo isso que tá acontecendo no Brasil e com o futuro do Brasil".*

Após a fala do então Ministro ANDERSON TORRES, o investigado BRAGA NETTO avisa aos presentes sobre uma notícia de que o Ministro EDSON FACHIN do STF teria afirmado que a auditoria nas urnas não mudaria o resultado da eleição, afirmando: **"(...) Senhores, só observar que saiu uma notícia agora dizendo... o FACHIN dizendo que auditoria não muda resultado de eleição. Não sei se os senhores já viram isso".** *ANDERSON TORRES diz:* **"Depois que der merda (sic) não muda nada não".**

Ainda no referido contexto, **a autoridade policial aponta que o então presidente** *JAIR BOLSONARO* **afirma que Ministros do STF e do TSE estariam tentando "dar um ar de legalidade, de honestidade e transparência".** *Em seguida afirma que teria que tomar uma providência. A efetiva participação do investigado PAULO SÉRGIO NOGUEIRA DE OLIVEIRA, igualmente, é bem fundamentada pela Polícia Federal, ao apontar que: "A reunião transcorre com a fala do então Ministro da Defesa, o General* **PAULO SÉRGIO NOGUEIRA DE OLIVEIRA***. O Ministro deixa evidenciada a preocupação em relação aos assuntos que estavam sendo tratados na reunião. Ele inicia abordando as proposições feitas pelo Ministério da Defesa ao TSE e que não foram aceitas. Em seguida diz:* **"(...) esses comentários aqui eu peço que fique entre a gente. Eu estou aqui muito cioso, como falei antes, justamente porque é uma reunião aberta e que são assuntos bem sensíveis (...)".** *Prosseguindo em sua fala, PAULO SÉRGIO NOGUEIRA demonstra sua desconfiança em relação ao Tribunal Superior Eleitoral. Diz:* **"Muito bem, o TSE, ele tem o sistema e o controle do Processo Eleitoral. Então, como disse o Presidente, eles decidem aquilo que possa interessar ou não e não** *tem instância superior. E a gente fica meio que de mãos atadas esperando a boa vontade dele aceitar isso ou aquilo outro".* O Ministro da Defesa *faz uma imputação grave ao TSE,* afirmando que a Comissão de Transparência Eleitoral seria "pra inglês ver", constituindo um "ataque à Democracia". Diz: *"Vou falar aqui muito claro. Senhores! A comissão é pra inglês ver. Nunca essa comissão sentou numa mesa e discutiu uma proposta. É retórica, discurso, ataque à Democracia".* Ainda em sua fala, PAULO SÉRGIO NOGUEIRA demonstra que trata o Tribunal Superior Eleitoral como um inimigo. Em linguagem militar ele descreve a estratégia: *"O que eu sinto nesse momento é apenas na linha de contato com o inimigo. Ou seja... na guerra a gente... linha de contato, linha de partida. Eu vou romper aqui e iniciar minha operação. Eu vejo as Forças Armadas e o Ministério da Defesa nessa linha de contato. Nós temos que intensificar e ajudar nesse sentido para que a gente não fique sozinhos no processo".*

Por fim, o então Ministro da Defesa *admite que a atuação das Forças Armadas para* "garantir transparência, segurança, condições de auditoria" *nas eleições tinha a finalidade de reeleger o então presidente JAIR BOLSONARO.* "Para encerrar... senhor Presidente, *eu estou realizando reuniões com os Comandantes de Força quase que semanalmente. Esse cenário, nós estudamos, nós trabalhamos. Nós temos reuniões pela frente, decisivas para a gente ver o que pode ser feito; que ações poderão ser tomadas pra que a gente possa ter transparência, segurança, condições de auditoria e que as eleições se transcorram da forma como a gente sonha! E o senhor, com o que a gente vê no dia a dia, tenhamos o êxito de reelegê-lo e esse é o desejo de todos nós".*

O então Presidente da República, JAIR MESSIAS BOLSONARO, *reforça a atitude golpista do investigado*

PAULO SÉRGIO NOGUEIRA DE OLIVEIRA, conforme detalhado pela Polícia Federal: "Em seguida, JAIR BOLSONARO ressalta o objetivo da reunião, afirmando que os órgãos do Governo Federal que integravam a Comissão Eleitoral deveriam produzir um documento em conjunto afirmando garantir a lisura das eleições, naquele momento, seria impossível de ser atingida. Pede o então presidente, Jair Bolsonaro: **"Olhem para minha cara, por favor. Todo mundo olhou para minha cara? Acho que não tem bobo aqui. Pô, mais claro do que está aí? Mais claro... impossível! Eu acredito que essa proposta de cada um da Comissão de Transparência Eleitoral tem que... quem responde pela CGU vai, quem responde pelas Forças Armadas aqui... é botar algo escrito, tá? Pedir à OAB. Vai dar... a OAB vai dar credibilidade para gente, tá? Polícia Federal... dizer... que até o presen... uma nota conjunta com vocês, com vocês todos... topam... que até o presente momento dadas as condições de... de... se definir a lisura das eleições são simplesmente impossíveis de serem atingidas. E o pessoal assina embaixo. Além de eu falar com os embaixadores e pagar a missão pro ... já que o Célio tá coordenando aqui ... Célio, missão Célio, você vai ver todos que integram a comissão de... Comissão de Transparência Eleitoral. Convidar todos para semana que vem. Todos. Para a gente fazer uma reunião como o pessoal e eles tomar pé do que tá acontecendo".**

No final de sua fala, JAIR BOLSONARO faz a seguinte afirmação: (...) **"Pessoal, perder uma eleição não tem problema nenhum. Nós não podemos é perder a Democracia numa eleição fraudada! Olha o Fachin. Os caras não têm limite. Eu não vou falar que o Fachin está levando 30 milhões de dólares. Não vou falar isso aí. O... que o Barroso está levando 30 milhões de dólares. Não vou falar isso aí. Que o Alexandre de**

Moraes está levando 50 milhões de dólares. Não vou falar isso aí. Não vou levar para esse lado. Não tenho prova, pô! Mas algo esquisito está acontecendo".

(...)

*Em outro momento relevante para o contexto da investigação, o **General MÁRIO FERNANDES pede a palavra**. Ele explicita **a necessidade de cobrar um prazo para que o TSE autorize o acompanhamento das eleições pelos Três Poderes**. Caso não ocorra essa autorização pelo TSE, **o General propõe o que ele chama de "uma alternativa se isso não acontecer nesse prazo"**. Ele desenvolve seu raciocínio no sentido de que, se nada fosse feito, já estaria na véspera das eleições e com isso **a "liberdade de ação" do governo seria bem menor**. Em seguida, ressalta a necessidade de uma "segunda alternativa" **e as consequências de uma possível ação pela força**. Em conclusão, afirma a necessidade de a ação acontecer antes das eleições, dentro do que ele chama de "normalidade". Diz: **"Então, tem que ser antes. Tem que acontecer antes. Como nós queremos. Dentro de um estado de normalidade. Mas é muito melhor assumir um pequeno risco de conturbar o país pensando assim, para que aconteça antes, do que assumir um risco muito maior da conturbação no 'the day after', né? Quando a fotografia lá for de quem a fraude determinar".***

*A existência do ilícito núcleo de inteligência paralela também fica demonstrada nessa reunião, na fala do investigado AUGUSTO HELENO, como demonstra a Polícia Federal: "Por fim, dentro do contexto investigativo, torna-se relevante contextualizar a fala do General AUGUSTO HELENO, então Ministro de Estado e Chefe do Gabinete de Segurança Institucional da Presidência da República — GSI/PR. Inicialmente, **o General AUGUSTO HELENO afirma que conversou com o Diretor — Adjunto da ABIN** VITOR **para infiltrar agentes nas campanhas eleitorais, mas adverte do risco de se identificarem os*** *agentes infiltrados. Nesse momento, o então presidente* **JAIR BOLSONARO, possivelmente verificando o risco em evidenciar os atos praticados por servidores da ABIN, interrompe a fala do Ministro, determinando que ele não prossiga em sua observação, e que posteriormente "conversem em particular" sobre o que a ABIN estaria fazendo. (...)**

O chefe do GSI/PR prossegue em sua fala e **evidencia a necessidade de os órgãos de Estado vinculados ao Governo Federal atuarem para assegurar a vitória do então Presidente JAIR BOLSONARO.** *Diz: "Não vai ter revisão do VAR. Então, o que tiver que ser feito tem que ser feito antes das eleições. Se tiver que dar soco na mesa é antes das eleições. Se tiver que virar a mesa é antes das eleições". Em seguida,* **o então Ministro do GSI afirma de forma categórica que deveriam agir contra determinadas instituições e pessoas.** *Diz: "Eu acho que as coisas têm que ser feitas antes das eleições. E vai chegar a um ponto que nós não vamos poder mais falar. Nós vamos ter que agir. Agir contra determinadas instituições e contra determinadas pessoas. Isso para mim é muito claro".*

A descrição da reunião de 5 de julho de 2022, **nitidamente, revela o arranjo de dinâmica golpista, no âmbito da alta cúpula do governo, manifestando-se todos os investigados que dela tomaram parte no sentido de validar e amplificar a massiva desinformação e as narrativas fraudulentas sobre as eleições e a Justiça eleitoral, entre outras, inclusive lançadas e reiteradas contra o então possível candidato Luiz Inácio Lula da Silva, contra o TRIBUNAL SUPERIOR ELEITORAL, seus Ministros e contra Ministros do SUPREMO TRIBUNAL FEDERAL.** *A potencialização do processo de propagação de desinformação para gerar descrédito contra o processo eleitoral brasileiro também contou com a participação* *de diversos outros investigados, como o Coronel SÉRGIO RICARDO CAVALIERE DE MEDEIROS, que, em diálogos mantidos com MAURO CID, em outubro de 2022, tratou sobre identificação de fictícia fraude no primeiro turno das eleições (fls. 50- 51, 59-62)."*

* * *

Há pouco a dizer, meramente adjetivando a despudorada evidência espantosamente registrada em audiovisual, para se perceber que houve, claramente, uma trama golpista destinada a abolir o Estado Democrático naquela reunião de 5 de julho de 2022. A descrição narrativa da "Reunião do Golpe", feita pelo ministro Alexandre de Moraes, era a perfeita tradução daquilo que havia sido tentado antes, em 2021, e que foi evitado por uma ação silenciosa e assertiva da união da Procuradoria-Geral da República, do Conselho Nacional do Ministério Público e de ministros do Supremo Tribunal Federal — com a ciência do próprio Alexandre de Moraes de que aquelas operações silenciosas estavam sendo empreendidas. A interlocução ocorrida entre Moraes e Jair Bolsonaro, promovida por Michel Temer e executada pelo então advogado-geral da União, Bruno Bianco, que estava também no convescote golpista de 2022, foi parte da tentativa de contenção não só dos ímpetos, mas sim das ganas, de se converter em líder de uma abolição do Estado de Direito empreendida pelo ex-presidente da República. Os poucos meses de recesso dos ataques de Bolsonaro a Moraes não contiveram a trama golpista, que de resto parecia a "razão de ser" do seu mandato presidencial.

Duas semanas depois da "Reunião do Golpe", em 18 de julho de 2022, efetivamente ocorreu o encontro de Jair Bolsonaro com 47 embaixadores e representantes de embaixadas em Brasília. Tudo conforme o planejamento da dinâmica golpista deslindada em 5 de julho no Palácio do Planalto. A reunião com os embaixadores, por sua vez, se deu no Palácio da Alvorada (residência oficial da Presidência da República). Profissionais e ciosos de seus papéis na máquina do Estado, os diplomatas de carreira que trabalhavam no gabinete do ministro Carlos França, das Relações Exteriores, não permitiram que o "minicomício externo" fosse agendado no Palácio do Itamaraty (sede do MRE), como queriam os assessores presidenciais. Também não saíram com o timbre do Itamaraty, mas sim do próprio Planalto, os convites às embaixadas. Embaixadores com peso específico na geopolítica internacional, como o dos Estados Unidos, da França, do Reino Unido, da China, da Rússia, da Espanha, da Alemanha, da Argentina e do México, por exemplo, não compareceram. Alguns nem mandaram representantes. A TV Brasil, canal público, transmitiu o evento — que era, ao mesmo tempo, uma agenda da campanha de tentativa de reeleição de Bolsonaro e dente da correia golpista na engrenagem montada pelo "gabinete do Estado de Exceção" criado pelo então presidente.

Onze meses depois, em 30 de junho de 2023, já com o temido adversário dele no pleno exercício da Presidência da República, num julgamento cuja sentença foi decretada por 5 votos a 2 em seu plenário, o Tribunal Superior Eleitoral decretou a inelegibilidade de Jair Bolsonaro pelo prazo de oito anos — até 2030. O motivo de o TSE torná-lo inelegível foi justamente a ocorrência da reunião com os embaixadores no Palácio da Alvorada. Ali, cometeram diversas condutas vedadas pela legislação.

A seguir, trechos do discurso de Bolsonaro proferido naquela decisiva reunião com embaixadores e representantes diplomáticos. Na fala do então presidente, fica evidente o desapreço para com a Democracia e as ferramentas de Estado existentes no país para promovê-la:

- *"O que eu mais quero, por ocasião das eleições, é a transparência. Porque nós queremos que o ganhador seja aquele que realmente seja votado. Nós temos um sistema eleitoral que apenas dois países no mundo usam. No passado, alguns países tentaram usar, começaram até a usar esse sistema e rapidamente foi abandonado".*
- *"Teria muita coisa a falar aqui, mas eu quero me basear exclusivamente em um inquérito da Polícia Federal e foi aberto após*

o 2º turno das eleições de 2018, onde um hacker *falou que tinha havido fraude por ocasião das eleições. Falou que ele tinha invadido, o grupo dele, o TSE, O Tribunal Superior Eleitoral. Obviamente, quando se fala em manipulação de números após eleições, quem manipula é quem ganhou. Não seria eu o manipulador. E a Polícia Federal começou, então, a apurar. Se houve ou não manipulação e de quem seria a responsabilidade".*

- *"Segundo o TSE, os* hackers *ficaram por oito meses dentro dos computadores do TSE. Com código-fonte, com senhas e muito à vontade dentro do Tribunal Superior Eleitoral. E, diz ao longo do inquérito que eles poderiam alterar nomes de candidatos, tirar voto de um, transferir para outro. Ou seja, o sistema, segundo documento do próprio Tribunal Superior Eleitoral e conclusão da Polícia Federal, é um processo aberto a muitas maneiras de se alterar o processo de votação. Então, de imediato, a Polícia Federal pediu o tal de Logs, né, que é a impressão digital do que acontece dentro do sistema informatizado".*

- *"O que nós entendemos aqui no Brasil é que, quando se fala em eleições, elas têm que ser totalmente transparentes, coisa que não aconteceu em 2018. Também, a Polícia Federal, depois que demorou sete meses para o TSE informar que os Logs já haviam sido apagados, repito, eles poderiam ser fornecidos de forma espontânea ou através do requerimento, no mesmo dia, ou no dia seguinte".*

- *"Só dois países do mundo usam esse sistema eleitoral nosso. Vários outros países ou não usam ou começaram a usá-lo ou chegaram à conclusão de que não era o sistema confiável porque ele é inauditável. É impossível fazer uma auditoria em eleições aqui no Brasil. E, agora, a fotografia de alguns países, com toda certeza tem gente aqui da Inglaterra, França, Irlanda. Alemanha, Hong Kong, Coreia do Sul, Japão. Olha, o pessoal está acompanhando a apuração. No Brasil, não tem como acompanhar a apuração".*

- *"Em 2014, a conclusão foi de que houve uma dúvida grave. Quem ganhou as eleições? Daria um capítulo, mas eu não vou entrar nesse capítulo aqui. Já está bem, bastante curioso o que aconteceu em 2014. A Polícia Federal, nesses momentos, recomendou o voto impresso. Manteriam o sistema eleitoral nosso, mas seria impressora do lado da urna".*

- *"Deixo claro que quando se fala em ministro Fachin, ele foi o responsável por tornar Lula elegível. Numa interpretação de um dispositivo constitucional, o Lula estava preso, e o Supremo entendeu que a prisão só poderia acontecer em última instância, na 4ª instância".*

- *"Simplesmente anulou os julgamentos voltando para a 1ª instância, o senhor Luiz Inácio Lula da Silva. Ao voltar para a 1ª instância, ele reconquistou a possibilidade de ser elegível. Em setembro de 2021, o ministro Barroso, por portaria, resolve convidar algumas instituições, entre elas as Forças Armadas, a participarem de uma comissão de transparência eleitoral. As Forças Armadas não se meteram nesse processo".*

- *"Continua então o senhor Barroso me atacando. Deixo bem claro, por que o senhor Barroso foi escolhido pelo governo do PT para ser ministro do Supremo Tribunal Federal? Porque ele trabalhou para que o terrorista Cesare Battisti ficasse no Brasil. E, no último dia do presidente Lula, em 2010, Battisti conseguiu a condição de refugiado no Brasil, graças ao trabalho do Barroso, que era advogado naquela época, o terrorista Cesare prevaleceu no Brasil. Graças a isso, certamente pegou confiança no Partido Trabalhista e foi indicado para o Supremo Tribunal Federal".*

- *"Então, essa acusação que eu vazei dados por inquérito, que é ostensivo, não tem qualquer classificação sigilosa. É uma acusação simplesmente infundada. Carece de base, de amparo legal. É uma acusação mentirosa, nada existe no inquérito. O inquérito como o próprio depoimento do delegado encarregado mesmo da corregedoria da PF e da Procuradoria da Câmara dizendo do inquérito não tinha qualquer classificação sigilosa. E, se tivesse, estava errado. Porque, quando se fala em eleições, vem à nossa cabeça transparência. E o senhor Barroso também com o senhor Fachin, começaram a andar pelo mundo me criticando, como se estivesse preparando um golpe por ocasião das eleições. É exatamente o contrário o que está acontecendo. O Barroso, os Estados Unidos, faz uma palestra como se livrar de um presidente. Ele era presidente do Tribunal Superior Eleitoral e do Supremo Tribunal Federal. A gente não tem notícias de pessoas que ocupam essa Corte nos países e que fique falando, dando entrevista, dando e colocando a sua opinião pessoal sobre esse ou aquele governo. Lamentável a ação do ministro Barroso pelo mundo. Isso atrapalha o Brasil".*

* * *

Como é possível constatar pelos fatos que ocorriam naquele julho de 2022, o ambiente pré-eleições fazia ferver o subsolo, o submundo político no país. Era preciso colocar de novo o termômetro naquela fervura, no magma, para medir as condições de temperatura e pressão e saber se continuavam latentes — ou não, ou acomodadas — as forças policiais estaduais. Em 2022, o efetivo total dessas forças ultrapassa 500 mil PMs, oficiais, suboficiais e bombeiros militares. Agindo de *motu proprio*, segundo ele imbuído do que chama de "dever missionário", o então procurador-geral Augusto Aras pediu ao conselheiro Marcelo Weitzel, do CNMP, para que corresse novamente os comandos-gerais das 27 Polícias Militares e restabelecesse o contato com os procuradores-gerais de Justiça de cada Estado. A pauta era a mesma de 2021: saber se havia algum alerta necessário para o 7 de Setembro em que se celebrariam os 200 anos da Independência (em pleno calendário eleitoral de disputa presidencial) e ameaças de levante detectadas e refinadamente abortadas no ano anterior. Weitzel cumpriu a missão e deu o retorno ao PGR.

— Nem de longe havia o mesmo clima de 2021 — contou depois, no processo de apuração deste relato documental. — A eleição determinou um total esvaziamento de qualquer levante. Muitas lideranças egressas dos movimentos militares eram candidatas, estavam já em campanha e tinham muito a perder se houvesse qualquer tipo de conflito. Os governadores, mesmo os simpáticos a Bolsonaro e que eram candidatos à reeleição, não queriam confusão com o TSE. Afinal, se tivessem algum problema nas campanhas deles, teriam de resolver com a Justiça Eleitoral. Encerradas as viagens de levantamento, disse ao doutor Aras que as Polícias Militares não iam se envolver em aventuras naquele ano, que seria muito mais calmo do que em 2021, como de fato foi.

O dia 25 de agosto de 2022, Dia do Soldado, Dia do Exército, e data também em que a ministra Maria Thereza de Assis Moura tomou posse na presidência do Superior Tribunal de Justiça (STJ), tem lugar especial no calendário do jogo duro constitucional e das sucessivas intentonas golpistas que o Brasil sofreu desde a posse de Jair Bolsonaro no posto de Chefe de Governo. Foi uma data marcante nas lembranças do general Marco Antônio Freire Gomes, Comandante-Geral do Exército entre os meses de março e dezembro daquele ano. No dia 25 de agosto, vencidos os salamaleques no Quartel-General do Exército, quando se celebrou a memória de Duque de Caxias, patrono da tropa, Freire Gomes trocou análises de conjuntura com o brigadeiro Baptista Jr., comandante-geral da Aeronáutica. Ambos eram desafetos de Braga Netto.

No curso das investigações da Operação *Tempus Veritatis*, foram flagradas mensagens trocadas entre o ex-ministro da Defesa e ex-candidato a vice-presidente de Jair Bolsonaro com outros oficiais. Em algumas dessas mensagens, Braga Netto dizia que Freire Gomes era "omisso", "indeciso" e até "cagão" (*sic*) por relutar a conceder tropas e determinar missões a militares na execução da estratégia de Golpe de Estado delineada na reunião golpista gravada em 5 de julho, no Palácio do Planalto. Nas mesmas mensagens, o ex-ministro da Defesa pedia a um coronel que "infernizasse a vida" de Baptista Jr. e de seus familiares nas redes sociais e em aplicativos de mensagens pelos mesmos motivos que, segundo ele, justificavam as imprecações a Freire Gomes. Uma tropa de detratores mercenários do bolsonarismo deu consequências às ordens "superiores".

Os comandantes-gerais do Exército e da Aeronáutica estavam preocupados e não esconderam isso de ninguém nas comemorações do Dia do Soldado. O almirante Almir Garnier, empolgado com os mesmos cenários que preocupavam o general e o brigadeiro, não fez parte de toda a conversa da cúpula militar, só de parte dela. Freire Gomes e Baptista Jr. localizaram, por telefone, o então procurador-geral da República, Augusto Aras, e pediram uma reunião urgente ainda naquela noite. Aras disse-lhes que ia à posse da ministra Maria Thereza de Assis Moura, no STJ, mas não refugou: apenas solicitou para que a conversa fosse o mais cedo possível — fim da tarde, de preferência — e disse que levaria outra pessoa. Não especificou quem seria. Era o ministro José Antônio Dias Toffoli, do Supremo Tribunal Federal, que chegou atrasado à solenidade de posse de Maria Thereza de Assis Moura no STJ naquela noite.

O encontro dos três militares — o almirante Garnier também foi — efetivamente ocorreu. Deu-se numa casa do Lago Sul, em Brasília, na região da Península dos Ministros (QL12). Os comandantes do Exército e da Aeronáutica foram explícitos e didáticos ao relatar o desconforto que sentiam ante os cenários de Golpe de Estado, que se desenhavam a partir das conversas enviesadas que pescavam em Brasília. A palavra "golpe" não foi utilizada nos relatos, mas o contexto descrito a deixava explícita. Almir Garnier estava bem mais contido que os outros dois, embora nenhum deles encontrasse motivos para crer que havia aderido à escalada golpista. Também não se falou, naquele encontro, de quaisquer possibilidades de decretação de Estado de Sítio.

As investigações em torno da intentona golpista de 8 de janeiro de 2023 levaram a Polícia Federal e o Ministério Público a apreenderem uma "minuta do golpe" impressa na casa de Anderson Torres, ex-ministro da Justiça de Bolsonaro. Depois, texto semelhante àquele foi encontrado em arquivo eletrônico com o tenente-coronel Mauro Cid numa das gavetas usadas por Jair Bolsonaro, na sede do Partido Liberal, em Brasília. O documento constituiu-se em prova material do avançado estágio das elucubrações do "dispositivo golpista". Contudo, não se falou dele e nem esteve presente, nem de longe, nas conversas entre Aras, Toffoli e os comandantes militares. À certa altura daquele encontro do dia 25 de agosto de 2022, quando ele já se encaminhava para o final, porque tanto o procurador-geral quanto o ministro do STF pretendiam ir à solenidade de posse da nova presidente do STJ, ou ao menos à festa que seria dada em sequência, Aras fez questão de deixar claro para o general, o almirante e o brigadeiro que estavam na sala com ele:

— Espero que o presidente da República saiba que não existe essa história de "meu Exército", "minhas Forças Armadas". No fim de tudo, de fato, o comando é de vocês e vocês não servem ao Governo. A nenhum Governo. Forças Armadas são órgãos de Estado.

Augusto Aras não lembra de ter ouvido nenhuma resposta de volta. E, como veremos a seguir, na primeira oportunidade que teve de repetir aquilo para o próprio Jair Bolsonaro, ele o fez.

A partir da conversa mantida entre o procurador-geral da República, um dos ministros do Supremo Tribunal Federal e os três comandantes militares das Forças Armadas, o general Freire Gomes decidiu que oficiais generais de uma ou duas estrelas (e de confiança integral dele) seriam despachados para tomar a temperatura da adesão aos discursos antidemocráticos e aos apelos por uma virada de mesa nas regras do jogo do Estado de Direito dentro dos comandos militares regionais. O objetivo do comandante do Exército era assegurar que nenhum dos seus subordinados diretos estava disposto a parecer com Mourão Filho. Na manhã de 31 de março de 1964, o general Olímpio Mourão Filho, comandante da 4ª Região Militar abrigada em Juiz de Fora (MG), sublevou as tropas sob seu comando e ordenou que marchassem para a divisa com o Rio de Janeiro. O ato intempestivo precipitou a deposição do presidente João Goulart e o início da ditadura militar que se abateu sobre o país por 21 anos. No conluio golpista formado 60 anos antes daqueles ricochetes e estrebuches golpistas do dispositivo bolsonarista, a data marcada para se detonar a "sublevação" era 2 de abril.

Tendo por base os relatos dos generais enviados aos principais quartéis do país (à semelhança do que o ex-procurador-geral-militar, Marcelo Weitzel, fez com as Polícias Militares), o general Freire Gomes ia silenciosamente garroteando as possibilidades de conceder estrutura militar formal aos devaneios de Bolsonaro, que desejava, sim, ser lançado fora das quatro linhas a fim de se dizer "induzido a uma ruptura". A estratégia surtiu efeito moderado. Porém, foi o suficiente para impedir maiores ousadias do presidente que tentava a reeleição.

O 7 de Setembro de 2022 foi menos provocativo, por parte de Bolsonaro e contra as instituições republicanas e democráticas, do que o de 2021. As relações entre os comandantes do Exército e da Aeronáutica com o presidente da República e com o candidato a vice dele na tentativa de obter novo mandato, Braga Netto, seguiram tensas até outubro. Permaneceram assim durante os dois turnos da eleição que consagraria Lula vitorioso. Freire Gomes não permitiu o envolvimento de militares de suas tropas na sabotagem ao pleito montada pela Polícia Rodoviária Federal no Nordeste (investigada e escrutinada no âmbito dos inquéritos relatados pelo ministro Alexandre de Moraes no STF). Baptista Jr. também não permitiu que se desse crédito à mentira que se espalhava no pântano do bolsonarismo segundo a qual a Aeronáutica poderia deixar de distribuir as urnas eletrônicas pelas localidades mais ermas do território nacional. Afinal, são aviões da Força Aérea, em operações coordenadas pela Aeronáutica junto com a Justiça Eleitoral, que distribuem as urnas.

Era o Bicentenário da Independência, e Marcelo Rebelo de Sousa, presidente de Portugal, antiga Corte da qual o Brasil se libertou em 1822, converteu-se no único chefe de Estado a comparecer às festividades turvadas pela mistura entre data nacional e campanha política promovida por Bolsonaro. A agenda do então presidente da República foi dividida entre Brasília, pela manhã, e o Rio de Janeiro. Na Esplanada dos Ministérios, em Brasília, ponto tradicional da parada militar, as ausências dos presidentes Luiz Fux, do Supremo Tribunal Federal; de Rodrigo Pacheco, do Congresso; além de Arthur Lira, da Câmara dos Deputados, foram notadas e passavam um recado nem um pouco sutil da toxicidade do personagem encarnado pelo presidente.

À guisa de personalidades institucionais, o empresário Luciano Hang, dono de uma rede varejista depois investigada e punida por fazer campanha indevida pró-Bolsonaro, inclusive constrangendo funcionários, tomou o lugar do presidente português na posição imediatamente ao lado do presidente brasileiro. Em novo discurso dando vezo a perversidades machistas, algo que havia se tornado comum no curso da campanha, Bolsonaro pediu aos apoiadores dispersos pela Esplanada que comparassem as primeiras-damas. Fez menção direta a Michelle Bolsonaro e à mulher de Luiz Inácio Lula da Silva (PT), a socióloga Rosângela da Silva. Também usou o palanque para espalhar que é "imbrochável". Ou seja, que não tem problemas de virilidade e nem estaria, ao menos até aquele momento, acometido de males decorrentes da impotência masculina.

— É obrigação de todos jogar dentro das quatro linhas da Constituição. Com a minha reeleição, nós traremos para as quatro linhas todos aqueles que ousam ficar fora dela — disse. — Podemos fazer várias comparações, até entre as primeiras-damas. Não há o que discutir. Uma mulher de Deus, da família e ativa na minha vida. Não é ao meu lado, não, às vezes ela está na minha frente. Eu falo aos homens solteiros: procure uma mulher, uma princesa, se case com ela para serem mais felizes ainda — discursou Bolsonaro. Depois, ele mesmo puxou o coro de "imbrochável!, imbrochável!", sorrindo garbosamente e ensaiando pulinhos no palanque.

De Brasília, Jair Bolsonaro voou para o Rio de Janeiro. Na cidade em que sempre fez campanha — ao longo das dez eleições que havia disputado, a primeira delas para vereador em 1988 — o desfile militar havia sido estrategicamente deslocado da Avenida Presidente Vargas, no centro, para a Praia de Copacabana, na zona Sul. A ideia dos organizadores era converter tudo em palanque de campanha — e conseguiram. Ali, ao falar por pouco mais de 15 minutos, ele concentrou os ataques à esquerda, fez referência aos governos de outros países, e ao petista Luiz Inácio Lula da Silva (PT). Lula era o principal adversário na corrida ao Planalto, numa campanha típica de 2º turno já ocorrendo no 1º turno — mais uma vez, como anteviu o cientista político Marcos Nobre na entrevista dada em 6 de setembro de 2021. Depois de afirmar que governos de esquerda são marcados por corrupção, Bolsonaro disse que "esse tipo de gente tem de ser extirpada da vida pública". Referia-se a Lula em particular e aos petistas em geral. Em tópicos, o que ele disse:

- *"Compare o Brasil, os países da América do Sul, compare com a Venezuela, compare com o que está acontecendo na Argentina e compare com a Nicarágua. De comum esses países têm nomes que são amigos entre si. Todos esses chefes dessas nações são amigos do quadrilheiro de nove dedos que disputa a eleição. Não é apenas voltar à cena do crime. Esse tipo de gente tem que ser extirpado na vida pública."*
- *"Repito: três anos e meio sem corrupção. Isso não é atitude, isso é obrigação. Não adianta a esquerda nos atacar. Não estamos do lado da Venezuela. Tampouco do lado da Nicarágua, que prende padres, expulsa feiras e fecha rádios e televisões católicas".*
- *"Falo palavrão, mas não sou ladrão. Lula é um quadrilheiro de nove dedos".*

No dia 31 de outubro de 2023, mais uma vez pelo placar de 5 votos contra 2, o Tribunal Superior Eleitoral decretou nova inelegibilidade de Jair Bolsonaro, também por oito anos, em razão de abusos cometidos na organização dos comícios de 7 de setembro do ano da reeleição, 2022. Não foi separado o que era cerimônia pública e o que era campanha de reeleição. Nesta segunda ação, o candidato a vice-presidente, general Braga Netto, também foi sentenciado e se tornou inelegível por oito anos.

Independentemente dos arroubos e laivos de Bolsonaro e de seus eleitores mais animados ou consternados, os dois turnos da eleição presidencial de 2022 ocorreram em razoável clima de normalidade institucional nos dias programados, de acordo com o calendário previsto na Constituição, 2 e 30 de outubro daquele ano, o primeiro e o último domingo do mês. No dia 30, durante o segundo turno, houve um fato fora do comum: a Polícia Rodoviária Federal empreendeu uma operação atípica no Nordeste, e apenas lá na região do país em que o adversário de Bolsonaro obtinha historicamente os melhores índices de votação. A ação da PRF era destinada a reter ônibus, vans e carros de passeio que transportavam eleitores entre comunidades isoladas e seções eleitorais onde estavam as urnas eletrônicas. Comandada em instância derradeira pelo ministro da Justiça — que, naquele momento, ainda era o delegado federal Anderson Torres, o mesmo que advertira os presentes à "Reunião do Golpe" de 5 de julho, que todos estariam "na merda" (*sic*) se o petista Luiz Inácio Lula da Silva vencesse — a Polícia Rodoviária Federal entrou na alça de mira do presidente do Tribunal Superior Eleitoral. Antes das 13 horas do dia do segundo turno, o ministro Alexandre de Moraes deu uma ordem ao diretor-geral da corporação, Silvinei Vasques. O delegado havia ascendido funcionalmente na PRF em razão da amizade com os filhos de Jair Bolsonaro. Vasques escutou de Moraes uma determinação direta, lacônica e sem espaço para tergiversações:

— Ou você libera, já, a partir de agora, todos os veículos apreendidos e parados e deixa as pessoas irem votar, ou irá preso.

Sem argumentos, pois a operação no Nordeste não tinha nenhuma justificativa técnica, apenas política, e se enquadrava na estratégia de desenlace da tática golpista desmantelada pela *Tempus Veritatis*, Vasques recuou.

Luiz Inácio Lula da Silva, do PT, venceu a eleição presidencial com 50,9% dos votos válidos: 60,346 milhões de votos. Bolsonaro foi o primeiro incumbente a perder uma tentativa de reeleição à Presidência desde 1998, quando a possibilidade de reeleição passou a vigorar no Brasil. Em que pese a vitória, a diferença de votos entre os candidatos foi muito menor do que o previsto por quase todos os analistas políticos. Também foi menor do que todos os prognósticos dos institutos de pesquisa. O país estava inevitavelmente rachado, dividido por um discurso de ódio e com o eleitorado calcificado e dividido ao meio entre "lulistas" e "bolsonaristas". A expressão passou a ser de domínio público para definir o panorama nacional depois da publicação do livro "Biografia do Abismo", publicado em coautoria pelo cientista político Felipe Nunes e pelo jornalista Thomas Trauman.

Derrotado, Jair Bolsonaro fechou-se no Palácio da Alvorada e se recusou a dar o prosaico e simbólico telefonema para o adversário eleitoral, admitindo ter sido vencido e iniciando o processo de desinflar tensões políticas. O gesto, marco civilizatório assentado nas grandes Democracias ocidentais, jamais foi empreendido pelo primeiro presidente que não logrou a reeleição ao tentá-la. Somente dois dias depois do pleito, arrancado da letargia por alguns integrantes políticos de seu núcleo operacional de poder — notadamente, os ministros Ciro Nogueira, da Casa Civil, e Fábio Faria, das Comunicações —, aceitou figurar numa locução de início da transição no Palácio da Alvorada, mas delegou a Nogueira a coordenação do processo. Relutante sobre falar ou não, decidiu fazê-lo, porém, sem admitir a derrota. Ciro Nogueira e Fábio Faria rascunharam o discurso, com a ajuda de assessores. Foi assim o que ele falou, em não mais do que 2 minutos e 14 segundos (depois, retornou para dentro do Alvorada, onde permaneceu recluso por mais duas semanas):

> *"Quero começar agradecendo os 58 milhões de brasileiros que votaram em mim no último dia 30 de outubro. Os atuais movimentos populares são fruto de indignação e sentimento de injustiça de como se deu o processo eleitoral. As manifestações pacíficas sempre serão bem-vindas, mas os nossos métodos não podem ser os da esquerda, que sempre prejudicaram a população, como invasão de propriedades, destruição de patrimônio e cerceamento do direito de ir e vir.*
>
> *A direita surgiu de verdade em nosso país. Nossa robusta representação no Congresso mostra a força dos nossos valores: Deus, pátria, família e liberdade. Formamos diversas lideranças em todo o Brasil. Nossos sonhos seguem mais vivos do que nunca. Somos pela ordem e pelo progresso.*
>
> *Mesmo enfrentando todo o sistema, superamos uma pandemia e as consequências de uma guerra. Sempre fui rotulado como antidemocrático e, ao contrário dos meus acusadores, sempre joguei dentro das quatro linhas da Constituição. Nunca falei em controlar ou censurar as mídias e as redes sociais.*

Enquanto presidente da República e cidadão, continuarei cumprindo todos os mandamentos da nossa Constituição. É uma honra ser o líder de milhões de brasileiros que, como eu, defendem a liberdade econômica, a liberdade religiosa, a liberdade de opinião, a honestidade e as cores verde e amarela da nossa bandeira. Muito obrigado."

Afinal, mesmo estropiadas pelo processo eleitoral e pelas derrotas colecionadas nos confrontos dentro das trincheiras silenciosas de resistências, as derradeiras engrenagens do "dispositivo golpista" ainda rangiam no submundo da política nacional. Mais uma vez a dupla Augusto Aras, procurador-geral da República, e Dias Toffoli, ministro do STF, ainda que não tivessem combinado o dueto, testemunharam os estertores do aparelho que pareceu estar sempre pronto a dar um Golpe de Estado no Brasil, entre 2021 e 2022. Contudo, nunca o sacramentou.

Em 20 de novembro, vencida a tensa eleição que deu a Lula o terceiro mandato presidencial, durante um almoço em celebração a seu aniversário no Bar dos Arcos, no subsolo do Teatro Municipal de São Paulo, Dias Toffoli reuniu personagens diferentes e divergentes do enredo político que se encenava no país. Estavam lá Nelson Jobim, ex-ministro da Defesa de governos dos petistas Lula e Dilma Rousseff, e também ministro da Justiça e do STF indicado pelo ex-presidente Fernando Henrique Cardoso; Joaquim Barbosa, ex-ministro do Supremo que relatou a denúncia contra a cúpula do PT na Ação Penal 470 (caso celebrizado com imprecisão histórica como "mensalão") entre 2011 e 2012; Kássio Nunes Marques, um dos dois ministros do STF indicados por Bolsonaro; Alexandre de Moraes, ministro do Supremo e então presidente do TSE; Jorge Oliveira, coronel reformado da Polícia Militar do Distrito Federal e ministro do Tribunal de Contas da União, indicado pelo presidente que se despedia do cargo, íntimo de todo o clã Bolsonaro; Fábio Faria, então ministro das Comunicações do governo que vivia o ocaso.

Em bate-papos descontraídos mantidos no encontro social que durou até a noite, Toffoli disse a alguns dos presentes que atuava para amenizar as tensões entre o presidente eleito, Lula, e o derrotado, Bolsonaro. Numa das conversas, relatada em texto do jornal *Folha de S.Paulo*, o aniversariante chegou mesmo a declarar que seu objetivo era "impedir um acirramento na relação que agitasse, ainda mais, manifestações golpistas de bolsonaristas inconformados com o resultado eleitoral". Ao menos foi assim que registrou a publicação, no dia seguinte. Àquela altura, o ex-ministro Nelson Jobim já havia revelado publicamente a recusa ao convite feito por Lula para voltar ao posto no Ministério da Defesa. Jobim chancelou a escolha para o cargo do ex-deputado e ex-ministro do Tribunal de Contas da União, José Múcio Monteiro.

A amplitude das conversas estabelecidas por Toffoli deixou-o na condição de receptor privilegiado de informes e alertas extra-oficiais de militares — ativos e da reserva —, que davam conta da movimentação do tal "aparelho golpista". Ele recebeu mais de um informe nesse sentido, depois do segundo turno da eleição presidencial, e os levou a sério. Augusto Aras recebeu as mesmas advertências, mas conservava-se aparentemente estático *apesar* de ainda estar na ribalta. Aras atuava ativamente nos bastidores. A missão que diz ter se imposto era fazer com que o ainda presidente Jair Bolsonaro acatasse o veredito das urnas. Nem o ministro do STF, nem o procurador-geral da República sabiam se compartilhavam as mesmas fontes. Ainda assim, confiaram nos relatos dando conta da existência de recalcitrantes "movimentações golpistas".

Toffoli e Aras conversaram sobre os ruídos captados a partir de fontes militares e combinaram que passariam os alertas adiante e agiriam com cuidado, para não assustar os interlocutores que estabeleciam como pontos de contato com o governo que tomaria posse no dia 1º de janeiro de 2023. O objetivo desse "aparelho golpista" flagrado mais uma vez em movimento pela dupla era impedir a diplomação de Lula e gerar perturbações sociais e políticas no país. A cronologia das movimentações atípicas que assustaram o então procurador-geral e o ministro do Supremo bate com a investigação

240 — O Procurador

da minuta de decretação de Estado de Sítio e de GLO (Garantia da Lei e da Ordem) colhidas nas buscas e apreensões empreendidas contra Bolsonaro, Mauro Cid e Anderson Torres. O instrumento seria a justificativa bizarra que pretendiam usar no último suspiro do ciclo de intentonas golpistas. Na cabeça dos bolsonaristas aloprados, a combinação de Estado de Sítio e GLO cancelaria a solenidade formal no TSE. A diplomação de um presidente eleito decreta o fim do processo eleitoral e determina a inexorabilidade da troca de comando no país — ou seja, a partir dali o resultado da eleição vira fato consumado. Bolsonaro seguia sem reconhecer a derrota.

Aras chamou à sua casa os amigos Rui Costa, ainda governador baiano, e Jacques Wagner, senador pela Bahia e conselheiro sênior muito ouvido por Lula. Contou-lhes o que ouvia de "fontes que merecem crédito", conforme destacou. O procurador-geral foi peremptório: sugeriu aos dois petistas que propusessem à equipe de transição de Lula, e ao corpo jurídico do PT, antecipar a diplomação do presidente eleito. Aquilo desarticularia os preparativos para a intentona golpista, imaginava.

Dias Toffoli, por sua vez, comunicou-se com o colega de STF, Alexandre de Moraes, presidente do TSE e senhor do calendário da Corte Eleitoral, e com o general da reserva Gonçalves Dias. Tendo integrado o aparato de segurança de Lula em seus dois mandatos anteriores, entre 2003 e 2010, o general estava encarregado da segurança pessoal do presidente eleito e da família dele durante a campanha. Seria indicado ministro do Gabinete de Segurança Institucional na primeira formação do ministério do 3º mandato lulista, mas aquele fato não era público ainda. Com seus interlocutores, Toffoli tentou asseverar os apelos pela antecipação da diplomação. As alegações dele eram as mesmas apresentadas por Aras a Rui Costa e Jacques Wagner. Alexandre de Moraes, por meio da assessoria do TSE, nega que tenha sido procurado por Toffoli numa cogitação de antecipação da diplomação de Lula. O fato: no dia 28 de novembro, depois de receber lideranças políticas de diversos matizes, Luiz Inácio Lula da Silva anunciou a antecipação da diplomação no TSE, do dia 19 para o dia 12 de dezembro, pediu que todos comparecessem e permitiu o vazamento da informação. A assessoria do TSE confirmou a antecipação na sequência.

No dia 9 de dezembro, sexta-feira anterior à diplomação do adversário como presidente eleito, conservando o longo silêncio sobre o processo eleitoral, Jair Bolsonaro ressurgiu em público. Era dia de jogo do Brasil na Copa do Mundo do Catar, quartas--de-final. À tarde, a seleção seria eliminada pela Croácia ao perder a disputa de pênaltis por 4 a 2, depois de empatarem em 1 a 1 na prorrogação. No início da manhã, entretanto, diante de um grupo selecionado de apoiadores que o aguardavam no espaço celebrizado como "chiqueirinho", Bolsonaro falou sobre a eleição e o próprio futuro. Com olhar perdido, evitando encarar os presentes diretamente, soou emblemático.

— Tenho certeza que, entre as minhas funções garantidas na Constituição, é ser o chefe supremo das Forças Armadas. As Forças Armadas são essenciais em qualquer país do mundo. Sempre disse ao longo desses quatro anos que as Forças Armadas são o último obstáculo para o socialismo — disse. E prosseguiu: — Quem decide o meu futuro, para onde eu vou são vocês. Quem decide para onde vão as Forças Armadas são vocês. Quem decide para onde vai a Câmara e o Senado são vocês também.

À luz de tudo o que iria ocorrer em 8 de janeiro de 2023, parecia ou um lamento, ou uma senha convocatória.

As advertências levadas à luz por Aras e Toffoli surtiram efeito. No dia 12 de dezembro, uma semana antes do programado, o presidente do Tribunal Superior Eleitoral entregou o diploma de posse ao petista Luiz Inácio Lula da Silva para que ele cumprisse o terceiro mandato como presidente da República. Alexandre de Moraes empenhou-se por ver na plateia cada um dos personagens que gostaria de ver presentes no auditório do Tribunal Superior Eleitoral naquela manhã de um verão inesquecível em Brasília. Fez isso em paralelo à supervisão direta dada à organização do esquema de segurança. As vias de acesso ao prédio do Tribunal

Superior Eleitoral pelas avenidas L2 e L4, na Asa Sul de Brasília, começavam a ter barreiras de contenção dois quilômetros antes da chegada ao pátio de manobristas. O estacionamento foi evacuado.

A antecipação da diplomação do presidente eleito desarticulou apenas momentaneamente o ambiente golpista vislumbrado por Aras e Dias Toffoli a partir da leitura conexa da conjuntura passada a eles por atores ativos da cena militar. As informações eram sempre analisadas em conjunto pela dupla. Desde 2021, trocavam impressões sobre o desenvolvimento do drama brasileiro. O país vivia sobressaltado, no limiar de novas aventuras antidemocráticas. A dupla atuou em sintonia para desmontar silenciosamente o primeiro arreganho golpista realmente efetivo de Bolsonaro. Partilhavam uma convicção: Bolsonaro queria golpear as instituições e se converter em algo parecido com um ditador. Porém, faltava coragem ao presidente derrotado nas urnas para acender a centelha do golpe. Também carecia de apoio real no comando das Forças Armadas. Sendo assim, acreditavam, reações que entregassem a ele o que desejava — argumento para se converter em vítima e chamar um dispositivo como a GLO — tinham de ser analisadas sob um crivo muito rígido.

Antecipar em uma semana o calendário político nacional desorganizou e expôs o levante pretendido pelos bolsonaristas com afinco. Ainda assim, um prédio localizado na via S1, zona central de Brasília, sede da Polícia Federal, que vivia seus últimos dias respondendo ao comando do então ministro da Justiça Anderson Torres, foi atacado a partir das 19h30 do dia 12 de dezembro de 2022. Com o pretexto de resgatar dali uma liderança menor de movimentos antidemocráticos, grupos organizados de baderneiros tomaram as ruas da capital brasileira lançando botijões de gás para bloquear vias, incendiando automóveis e ônibus de transporte de passageiros e ateando fogo a árvores. O alvo do resgate alegado era uma pessoa esquisita ligada a produtores rurais do Mato Grosso, que se apresentava como "cacique xavante" e "pastor evangélico", atendendo pelo vulgo José Acácio Tserere Xavante. O tal Tserere Xavante tinha sido preso a pedido da Procuradoria-Geral da República e do ministro Alexandre de

Moraes no âmbito do inquérito que apurava disseminação de *fake news* e tentativa de abolição do Estado Democrático em reação ao resultado eleitoral de 2022.

Subitamente, pouco depois das 18 horas, o badernaço se disseminou sem qualquer repressão da Polícia Militar do Distrito Federal ou mesmo da PF, cujo prédio era ameaçado pela turba. Três carros que estavam estacionados em frente à sede da Polícia Federal foram destruídos pelo fogo. Cinco ônibus foram incendiados. Estranhamente, mas denotando métodos de quem entendia da produção de confusão urbana, diversos botijões de gás, cheios, foram distribuídos em pontos estratégicos do local que pode ser considerado uma espécie de "centro expandido" de Brasília. Pareciam estar prontos para serem detonados como "bombas caseiras de dispersão".

Já devidamente diplomado na cerimônia que ocorreu naquela manhã, o presidente Lula, sua mulher e alguns assessores e futuros ministros do governo, que tomariam posse em 1º de janeiro de 2023, descansavam em um hotel a menos de um quilômetro do epicentro da baderna golpista. Nem a PF, nem a Polícia Militar de Brasília, chefiada em última instância pelo governador do Distrito Federal, Ibaneis Rocha, esboçaram repressão aos atos na primeira hora em que eles eclodiram. Ninguém foi preso — sequer no dia seguinte. Numa entrevista concedida no dia seguinte, Ibaneis Rocha disse cândida e placidamente: "acho que ninguém foi preso". Nem o ministro da Justiça da época, Anderson Torres, nem mesmo a direção-geral da Polícia Federal, manifestaram-se contra o levante cujo pretexto risível era resgatar da PF uma liderança obscura que respondia a um inquérito por tentativa de Golpe de Estado.

O silêncio das autoridades federais e distritais, que deveriam reunir o comando sobre forças policiais encarregadas de manter a ordem pública e o respeito institucional, incomodou Augusto Aras. Ele foi ao encontro de Dias Toffoli no início do dia 13 de dezembro de 2022. Queria manter a parceria e o compartilhamento de informações, tão funcional até ali, em ritmo de "assembleia permanente" até a posse do novo presidente, Lula, em 1º de janeiro de 2023.

— Uma de minhas fontes militares disse que Bolsonaro não passará a faixa para o presidente Lula — informou Toffoli tão logo recebeu o procurador-geral.

— Suspeito que seja verdade. Também tive a mesma informação — respondeu Aras. — Se ele não passar a faixa, é melhor que não esteja nem em Brasília, nem no Brasil.

A dupla — procurador-geral da República e um dos 11 ministros do Supremo — especulou a possibilidade de fazer um apelo formal a Jair Bolsonaro e aos comandantes militares para que se empenhassem por desmontar os acampamentos de bolsonaristas diante dos quartéis do Exército. Aquelas aglomerações de bolsonaristas fanatizados persistiam em diversas cidades, sobretudo na capital da República. Aras e Toffoli também concordaram em outro ponto: passara da hora de Bolsonaro reconhecer formalmente a derrota nas urnas. Pactuaram, então, promover uma conversa restrita e reservada com o ainda presidente. Com o auxílio de Fábio Faria, ministro das Comunicações, foi marcado um jantar para o domingo, 18 de dezembro de 2022. Seria na confortável casa de Faria, em um condomínio seguro e discreto no Setor de Mansões Dom Bosco, no Lago Sul, em Brasília. Além do anfitrião, de Jair Bolsonaro e dos dois idealizadores do encontro, chamaram o presidente do partido Progressistas e ainda ministro da Casa Civil, Ciro Nogueira. O senador Nogueira levou de contrabando um deputado paulista, Gilberto Nascimento, que deu carona aérea a ele no dia do jantar. Bolsonaro compareceu com o inseparável tenente-coronel Mauro Cid, o ajudante de ordens da Presidência.

Jair Bolsonaro estava desolado, triste, amofinado. Chorou em alguns momentos, ao ouvir as conversas dos presentes. Nos poucos intervalos em que pediu a palavra, externou o temor de ser preso no curso das ações relatadas pelo ministro Alexandre de Moraes, do Supremo Tribunal Federal. Disse ter medo da possibilidade de prisão de alguns de seus filhos. Revelou, sem usar palavras diretas, que se arrependia de ter disputado a Presidência. Segundo ele, o intuito de ter posto o nome à disposição da campanha de 2018 não era vencer, mas articular e dar organicidade ao seu grupo político. Aproveitando uma deixa da conversa, Aras cumpriu o prometido durante uma das conversas com o general Freire Gomes e os outros comandantes militares. Repentinamente, pôs o tema "Forças Armadas" à mesa.

— Presidente, o senhor sabe que não existe essa história de Chefe Supremo das Forças Armadas, não sabe? E que, na hora H, militar profissional atende é à ordem do comandante de sua Força. Não existe essa história de "meu Exército", "minhas Forças Armadas".

Estavam sentados à mesa em meio a uma iluminação bruxuleante, assemelhada à atmosfera de uma casa noturna e Bolsonaro olhou para o PGR fazendo uma cara de quem não entendia bem o que o outro dizia, em que pese soubesse exatamente qual era o recado dado ali. O ainda presidente sentou-se a uma das cabeceiras da mesa e o anfitrião, Faria, na outra. O procurador-geral Augusto Aras sentou-se à esquerda do ainda presidente da República. Ciro Nogueira, à direita. Toffoli, ao lado de Aras. A certa altura, o homem derrotado nas urnas de outubro por seu maior adversário, Lula, pediu para se trancar no escritório da residência do genro do apresentador de TV Silvio Santos. Se fosse uma dessas esquetes populares nas redes sociais, tão caras ao bolsonarismo, dir-se-ia que ali rolava um *Drama King*. No escritório, Bolsonaro recebeu isoladamente Dias Toffoli e Augusto Aras. Ao sair de lá, ao cabo das duas conversas, proclamou aos presentes na sala:

— Não estarei no Brasil no dia da posse do Lula. Não vou passar a faixa a ele. Vou para o exterior.

Fábio Faria e Ciro Nogueira impuseram-se a missão de definir um destino para o chefe. Como se sabe, ele acabou em Orlando (EUA), vizinho da Disneylândia. Nogueira, ainda chefe da Casa Civil, ministério que detém o poder de administração da Presidência, saiu dali comprometido a cuidar dos trâmites burocráticos para a viagem. Mauro Cid recebeu instruções detalhadas para se dedicar à evasão de Jair Bolsonaro de Brasília com o intuito de não se tornar testemunha e coadjuvante da passagem de faixa presidencial e de comando do país. Como também é público, graças às investigações conduzidas por Alexandre de Moraes e pelo Ministério Público, um dos primeiros atos do ajudante de ordens da Presidência na sequência daquele jantar foi falsificar os cartões de vacina do clã Bolsonaro e de sua própria família para que entrassem sem problemas nos Estados Unidos.

O vírus do golpismo e da anarquia dentro das forças militares e nas franjas dos quartéis estava irremediavelmente inoculado na sociedade brasileira. E a tinha adoecido. Na véspera do Natal de 2022, George Washington de Oliveira Souza, um pequeno empresário paraense, que frequentava o acampamento antidemocrático de bolsonaristas em frente ao Quartel-General do Exército, no Setor Militar Urbano de Brasília, foi preso ao ficar constatada a tentativa de acionar uma bomba caseira, confeccionada com bananas de dinamite, num caminhão-tanque estacionado num posto de gasolina dentro do Aeroporto Juscelino Kubitschek. Era um ato terrorista raras vezes tentado em território brasileiro: uma bomba incendiária podia ter explodido no aeroporto que serve a capital do país, na véspera de Natal e a sete dias da troca de comando no governo nacional. George Washington se dizia apoiador de Jair Bolsonaro. Proclamava-se também inconformado com o resultado da eleição de outubro de 2022. Ele foi levado até o aeroporto JK por um ex-funcionário de gabinete onde a ex-ministra de Bolsonaro, Damares Alves, tinha voz de comando.

Em 29 de dezembro de 2022, uma coluna de informações políticas do jornal *O Estado de S. Paulo*, assinada pelas repórteres Júlia Lindner e Beatriz Bulla, registrou de raspão a relevância do jantar na casa de Fábio Faria. Sem entrar em detalhes mais agudos do que havia sido conversado, as duas repórteres revelaram que os convidados agiram junto a Bolsonaro para "convencê-lo a reconhecer o resultado do processo eleitoral". Segundo ele, o grupo argumentou "que o gesto esvaziaria os acampamentos golpistas pelo país" e que "Bolsonaro eximiu-se de responsabilidade e disse que 'não mobilizou nada, então não vai desmobilizar nada'". De acordo com as jornalistas de *O Estado de S. Paulo*, "ele prometeu aos presentes, no entanto, que não faria 'nenhuma aventura' em relação ao fim do seu mandato".

Em 30 de dezembro, enfim, após um hiato de dois meses sem promover suas transmissões ao vivo em canais de *streaming* nas redes sociais, Jair Bolsonaro realizou a última *live* do mandato antes de embarcar rumo ao autoexílio em Orlando, na Flórida.

— Nada justifica, aqui em Brasília, essa tentativa de ato terrorista ali na região do aeroporto. Nada justifica — disse o ainda presidente da República. E seguiu sem admitir a derrota para Lula. — O elemento que foi pego, graças a Deus, com ideias que não coadunam com um cidadão. Massifica, em cima do cara, como 'bolsonarista' o tempo todo — argumentou no seu português trôpego.

Foi o último ato do trânsfuga antes de se instalar em Orlando, numa casa de condomínio alugada por empresários amigos.

No Brasil, antes da noite de *réveillon* para o ano de 2023, o ministro Dias Toffoli e o procurador-geral Augusto Aras voltaram a se falar por ao menos duas vezes. Trocaram informações sobre suas fontes imiscuídas dentro do poder militar e nos aparatos de segurança do governo, que tomaria posse a 1º de janeiro. Não registraram nenhuma informação relevante que apontasse para intercorrências nas cerimônias de posse do petista para cumprir seu terceiro mandato presidencial.

— O sistema de controle, monitoramento e ação preventiva que estabelecemos em 2021, para atuar no desmonte de eventuais manifestações e provocações antidemocráticas no 7 de Setembro daquele ano, foi aperfeiçoado em 2022 e seguiu funcionando até a última hora do mandato do ex-presidente Bolsonaro — contou Augusto Aras depois de deixar o cargo de procurador-geral da República. — No dia da posse, tudo funcionou a contento e não houve uma única ameaça de golpe ou atentado. Estávamos em plantão permanente, com todo o esquema pronto para funcionar.

Os comandantes militares das três Forças — Exército, Marinha e Aeronáutica — entregaram os cargos ao ministro da Defesa indicado por Lula, o ex-deputado e ex-ministro do TCU, José Múcio Monteiro, dias antes da posse presidencial. Não houve uma transição propriamente dita entre os militares do Gabinete de Segurança Institucional (GSI), órgão que deveria ser responsável pelo controle de acesso e pela circulação de pessoas no perímetro da Presidência e em torno do presidente da República. Os personagens que integraram o "dispositivo informal" de vigilância e de ação silenciosa contra as intentonas golpistas de 2021 e de 2022 haviam mudado em larga medida, e nem as relações, nem os canais de comunicação, migraram para os novos integrantes da equipe de governo.

Depois da posse, Aras voltou à Bahia, onde passava férias. Alexandre de Moraes viajou para Paris com a família. Dias Toffoli ficou em Brasília. Até o dia 8 de janeiro de 2023, não se falaram. Pouco antes das 14 horas daquele domingo fatídico, quando o presidente Luiz Inácio Lula da Silva completava uma semana no cargo, em seu terceiro mandato, e estava em Araraquara, no interior de São Paulo, para onde havia ido prestar solidariedade ao prefeito Edinho Silva (PT), em razão dos estragos decorrentes de um temporal na cidade, Augusto Aras pediu licença para levantar da mesa do almoço na casa da sogra, em Salvador. O ex-procurador-geral do Ministério Público Militar, Marcelo Weitzel, ligava para ele no celular.

— Doutor Aras, o senhor está vendo o que está acontecendo em Brasília? — quis saber.

— Não — ouviu de volta.

— Uma manifestação que me parece violenta está tomando a Esplanada dos Ministérios. E acho que está sem controle.

Ainda procurador-geral da República, cargo que só deixaria em 26 de setembro de 2023, Aras procurou o controle remoto para ligar a TV em canais de notícia. Espantou-se com o que viu, consultou *sites* pelo *smartphone* e não deixou de associar o quebra-quebra, o badernaço, às ameaças que ajudara a debelar nos dois anos anteriores. A "tentativa de golpe" que era teórica, consumava-se ao vivo e era transmitida pela televisão. Contudo, não era o presidente que esgrimia um "dispositivo militar" quem estava no cargo. Era o adversário dele. Adversário temido.

De Araraquara, uma das primeiras reações pragmáticas vazadas por Lula foi descartar a adoção da GLO, almejada e desejada por Bolsonaro na esquizofrênica descrição de sua dinâmica golpista. As imagens da devastação nas sedes do Supremo Tribunal Federal, no Congresso Nacional e no Palácio do Planalto chocavam um PGR que não descolara os olhos da TV desde a hora em que recebeu o telefonema de Weitzel. Ele e o ministro Dias Toffoli se falaram. Já era noite quando o celular de Aras tocou e a tela indicou: "Rui Costa". O ministro da Casa Civil falava em nome do presidente da República.

— Aras, você está em Brasília? — quis saber o ministro.

— Não, em Salvador.

— Viria a Brasília amanhã? O presidente vai fazer uma reunião com todos os Poderes da República, por causa dessa barbaridade, e gostaria de sua presença.

— Claro que vou. Mas como você bem sabe, não consigo voo cedo para sair de Salvador para Brasília. A que horas seria a reunião?

— Nós vamos mandar um avião da FAB (Força Aérea Brasileira) ir pegá-lo. Vou cuidar disso.

Às 17 horas do dia 9 de janeiro de 2023, o procurador-geral da República estava ao lado de Lula quando o presidente abriu uma das reuniões mais inusitadas da história da República: a reunião em desagravo à Democracia e ao assalto do qual foram alvo as sedes dos Três Poderes republicanos. O Palácio do Planalto, o Palácio da Justiça e os salões centrais do Palácio do Congresso estavam destruídos. Escombros, restos de mobiliário, papéis e documentos incendiados, computadores e aparelhos eletrônicos amontoavam-se na praça idealizada pelos arquitetos Lúcio Costa e Oscar Niemeyer para congregar e balizar os humores políticos no transcurso do funcionamento normal do Estado de Direito. Encerrada a reunião, Lula convidou Aras para caminhar com ele e com a presidente do STF, Rosa Weber, e os presidentes das Casas Legislativas, pelo acervo da destruição. O procurador-geral foi, cumprimentou Weber, colocou-se à disposição dela e depois passou na sede da Procuradoria-Geral da República antes de voltar para casa. Trancou-se a sós, e se deprimiu reflexivamente por algum tempo.

— Talvez o hiato da troca de comando, a primeira semana de mandato, a falta de uma estrutura de comunicação fluida nos núcleos de segurança, tenham permitido a invasão da Esplanada dos Ministérios, em 8 de janeiro de 2023, e a depredação das sedes dos Três Poderes republicanos. Consumou-se, naquele dia, o que pareciam tentar em 7 de setembro de 2021 e de 2022, e no dia 12 de dezembro de 2022 — processou depois.

* * *

Os golpistas de 8 de janeiro de 2023, bolsonaristas, sem dúvida, não sabiam qual era o passo seguinte a ser dado depois de invadirem os prédios do Congresso, do Supremo Tribunal Federal e do Palácio do Planalto. Estavam sem comando, sem propósito. O suposto líder de um Golpe de Estado, que os redimiria, resguardava-se na Flórida (EUA) e esperava voltar para Brasília aos apupos de um clamor popular regido por baionetas. Só ele e seus apoiadores mais fanáticos acreditavam ser possível tão fantasioso *looping* histórico. O revés viria galopante a partir da prisão do tenente-coronel Mauro Cid, flagrado em meio às investigações do cartão de vacinação de Jair Bolsonaro e da apreensão de joias do acervo público negociadas privadamente, por ordem do ex-presidente, em lojas de Miami. Foi então que o tempo cronológico encontrou o tempo histórico e ainda havia oportunidade para contar todos esses fatos à luz dos relatos de um dos personagens centrais daqueles dias tão estranhos vividos no Brasil, entre 2019 e 2022.

O *clinch* sugerido pelo ex-presidente Fernando Henrique Cardoso a Dias Toffoli, e pelo ministro do Supremo ao procurador-geral da República, Augusto Aras, quando era iminente a sua indicação à PGR, havia funcionado ao longo dos quatro duros anos em que, no exercício da Presidência, um candidato a autocrata tentou romper a normalidade democrática e institucional. Contudo, quando ele já não estava mais ao alcance de um *jab*, deu-se o golpe que durou uma tarde de verão em Brasília.

BRASÍLIA, 23 DE FEVEREIRO DE 2024

EPÍLOGO

ENTREVISTA FINAL

* * *

*"Julguem-me pelo que fui, não pela imagem
distorcida que projetaram de mim."*

Em 2018, logo depois do resultado daquela eleição, o ex-presidente Fernando Henrique Cardoso disse ao ministro do Supremo Tribunal Federal, Dias Toffoli, que ele devia estabelecer com Jair Bolsonaro uma relação de boxeurs — *o movimento de* clinch, *quando um dos lutadores conserva distância prudente do adversário e permanece pronto para desferir um golpe direto e frontal, na face, quando necessário. Toffoli usou essa metáfora com o senhor, para explicar como pretendia exercer a presidência do STF com Bolsonaro no Palácio do Planalto, quando foi comunicado da sua pretensão de disputar a indicação para Procurador-Geral da República ainda em 2019. Em sua passagem pela PGR, nos quatro anos da presidência de Bolsonaro, vigorou o movimento de* clinch? *Funcionou? Ou ele poderia ter sido denunciado por crimes que eventualmente tenha cometido?*

Cogitar não é crime. A Teoria do Crime trabalha com ações efetivas, a tentativa e a consumação; e as omissões quando houver dever de agir. Assistimos ao desenrolar de um governo que tinha muito de teatral no que dizia, mas cumpria a norma e fazia o que se esperava que fosse feito quando os fatos aconteciam. Falo isso em relação à pandemia da Covid-19 e também em relação aos atos antidemocráticos.

Pode-se dizer do presidente Jair Bolsonaro que ele falou o que quis, que cometeu diversas impropriedades, que disse muitos impropérios, que não se portou dentro do figurino que se esperava de um Chefe de Estado e de governo. Porém, ele não tinha, ou coragem, ou disposição, para dar o passo adiante e cometer um ato que alguém disse: "é crime". Pode-se dizer que ele tinha juízo para não sair das tais quatro linhas da Constituição de que tanto falava. Se tivesse saído, seguramente o movimento de *clinch* da Procuradoria-Geral da República seria usado contra ele. A minha instituição é uma instituição de Estado. Não existe para servir a governo algum, a grupo ideológico nenhum. Nem mesmo aos grupos ideológicos que nasceram e se criaram dentro da própria instituição infelizmente.

Não havia motivo para iniciar um processo alegando crime de responsabilidade contra Jair Bolsonaro nem mesmo durante a trágica administração do combate à pandemia por coronavírus, em 2020 e 2021, especificamente?

Esse é um tema sobre o qual me debruço há muito tempo, desde a pandemia em si, e sempre me pergunto: o que mais eu poderia ter feito, como procurador-geral da República, que não fiz? A pandemia foi um desses eventos absolutamente imprevisíveis que determinam a forma como toda uma geração será vista. Dentro do Ministério Público — e faço questão de falar em Ministério Público Brasileiro, como um todo, e não só da PGR — nós nos debruçamos sobre o coronavírus antes mesmo de o primeiro caso ser relatado no Brasil. Antes mesmo, ressalto, de a Organização Mundial da Saúde declarar que o mundo enfrentava uma pandemia. Criamos o GIAC — Gabinete Integrado de Acompanhamento da Epidemia de Covid-19, no âmbito do Ministério Público da União, no dia 16 de março de 2020. Nós, procuradores e subprocuradores da República, criamos uma linha de frente para acompanhar o que estava acontecendo — num período da história da humanidade que ninguém sabia exatamente o que estava acontecendo. O que era o coronavírus? De onde vinha exatamente? Como era o contágio? Não havia vacina, mas daria tempo para se desenvolver uma vacina? Como barrar a chegada do vírus ou de novas cepas no Brasil e, ao mesmo tempo, repatriar brasileiros que estavam fora do país quando a pandemia começou? Ninguém sabia de nada. Em meio àquele cenário caótico, aqui, o presidente da República resolve duvidar do coronavírus, da letalidade dele, da eficácia da vacina... faz tudo o que não deveria ter feito como personalidade pública. Mas, nas ações de governo, as coisas andavam. O distanciamento social foi adotado, os *lockdowns* ocorreram. O uso de máscaras foi instituído, mesmo que não existisse consenso sobre a eficácia delas.

Faltou oxigênio em Manaus, no Amazonas, e ao menos duas dezenas de pessoas morreram sem oxigênio por incúria administrativa. Ou não?

Sim. Sobretudo, do governo do Estado e da prefeitura de Manaus. Quando recebeu a informação de que poderia faltar oxigênio no Estado, o Ministério da Saúde cuidou disso. E digo isso porque fomos chamados, nós, do Ministério Público, a nos envolvermos diretamente no caso. E trabalhamos duro, varamos uma ou duas madrugadas direto nisso, criando condições para que levasse oxigênio para o Amazonas por meio de transporte aéreo público estivessem onde estivessem as unidades disponíveis para serem transportadas para lá. Na pandemia, o mundo se viu diante do exemplo pronto e acabado do que o Direito chama de "incertezas empíricas". Como a Justiça poderia atuar sobre algo que ninguém sabia ao certo qual era o melhor comportamento? Portanto, se o personagem Bolsonaro foi desagradável, falou o que não devia ter falado, embora como chefe de governo ele não tenha atrapalhado em nada, porque as vacinas foram compradas pelo Ministério da Saúde e encaminhadas aos estados para vacinação; hospitais de campanha foram montados; não houve sabotagem a nenhuma estratégia de prevenção à Covid-19 no país... ia-se denunciar um presidente com base em quê? Na vontade política de atores da oposição que não conseguiram produzir prova de crimes?

Mas houve a CPI da Pandemia no Senado Federal. E o senhor, como procurador-geral, é acusado pelos integrantes da CPI de ter arquivado as denúncias esboçadas ali. A acusação procede?

Não arquivei nada. O Supremo Tribunal Federal determinou o arquivamento da maioria dos casos. E o fez porque chegou à mesma conclusão que o Ministério Público chegou: não havia provas para efetuar as denúncias pretendidas pelos políticos. Você mesmo demonstra isso aqui nesse trabalho. O Direito tem de atuar sobre um fato específico. O fato precisa ser determinado para gerar uma denúncia criminal — e esse cuidado tem de ser redobrado, triplicado, quando tratamos de denunciar um presidente da República ou um ministro de Estado, por esse fato. Não faço jogo político. Não me submeto a jogo político. Os políticos não deveriam continuar caindo nessa armadilha da judicialização da atividade parlamentar, porque terminou inflando o poder do Judiciário, do Supremo Tribunal Federal, e isso desequilibrou o sistema de freios e contrapesos.

Lidamos com incertezas empíricas na pandemia. Como eu iria denunciar o Bolsonaro, ali, se não havia fato determinado que o ligasse diretamente às mortes ocorridas?

Ok, vencemos a pandemia. Tanto de fato, como aqui, como tema dessa breve entrevista. Mas, e as intentonas golpistas? Por que Jair Bolsonaro, ainda presidente da República, não foi denunciado pelas tramas que ele urdiu e que visavam abolir o Estado Democrático?

Volto ao ponto da minha primeira resposta: cogitar não é crime. Excepcionalmente, em certos crimes específicos, admite-se punir atos preparatórios que podem ser aferidos objetivamente. Crimes políticos que envolvem manifestações difusas estão em uma linha limítrofe difícil de intervenção do sistema de justiça, sob pena de usurpação da função do Poder Legislativo. Não houve golpe nem em 2021, nem em 2022. Talvez não tenha havido, em 2021, sobretudo, porque os comandantes das Polícias Militares e os Procuradores--Gerais de Justiça dos estados receberam o alerta: se houver baderna, se houver sublevação, os governadores e os comandos das PMs serão responsabilizados. Refugaram? Talvez. Mas, o fato ocorreu? O golpe ocorreu? Não. Eu não tinha a menor noção de quão agudas eram as conversas daquela turma para tentar criar um clima golpista. A reunião gravada do dia 5 de julho, da qual tomei conhecimento, estupefato — pelo fato de ter ocorrido, pelo fato de terem falado o que falaram e pelo fato de terem gravado! — mostra que havia muita água correndo abaixo da crosta terrestre em cujo solo pisamos.

Mas, as instituições não apenas reagiram, como sobreviveram. E, aí, volto ao 8 de janeiro de 2023: aquilo só aconteceu porque os canais de interlocução foram cortados, porque as equipes mudaram... os comandantes militares eram outros, e não nos falávamos. Os comandantes das PMs em muitos estados eram outros, até mesmo no Distrito Federal, que reelegeu o governador; o comando da PM mudou, e o da Secretaria de Segurança Pública também. Houve um hiato de comunicação. Nesse hiato, fermentou o golpe, que deu errado porque o personagem central das tentativas anteriores já não estava mais nem no governo, nem no Palácio, sequer no Brasil.

O senhor, como procurador-geral, sente que pode ser marcado pela imagem de alguém que não fez o que deveria ter feito: denunciado um presidente cuja imagem é a pior possível, de "genocida", de "golpista"?
Um dos motivos pelos quais decidi almejar ser procurador-geral e sentar naquela cadeira foi, justamente, tirar o espírito anarco-sindicalista do Ministério Público e devolver a instituição à profissão de fé pelo republicanismo. Procurador da República não tem de ter paixões políticas, não pode ter grupo. Procurador tem de ser técnico, tem de zelar pela aplicação das Leis e da Constituição. Tem de ser técnico. Inúmeras vezes, reuni subprocuradores, a vice-procuradora-geral, os subprocuradores que atuavam no STJ, no TSE, nas Câmaras, e perguntei: o que estamos deixando de fazer? O que mais temos de fazer? Fizemos tudo o que estava ao nosso alcance, com a Lei e a Constituição nas mãos. Fora delas, não agiria jamais. Portanto, não posso ter medo de firmar imagem. Quero que me julguem pelo que fui, e não pela imagem distorcida que projetaram de mim decorrente das visões apaixonadas e turvadas pelas opiniões políticas ou pela má-fé. Mantivemos a paz, enfim.

ÍNDICE ONOMÁSTICO

A

Abreu, Heitor Freire de 143

Adanon, Tedros 110, 112, 113

Albo, Ronaldo 104

Alcolumbre (Davi) 115

Alcolumbre, Davi 46, 114, 118, 130

Alvarenga, Daniela 211

Alves, Damares 29, 246

Alves, Rafael Francisco Carmo 135

Alvim, Paulo Cézar 210

Andrada, José Bonifácio Borges de 90

Andrade, Thiago Lemos de 88

Aras (Augusto) 21, 25, 28, 45, 61, 63, 68, 88, 91, 92, 95, 102, 103, 161, 175, 176, 177, 178, 180, 240, 244, 249

Aras, Antônio Augusto Brandão de 11, 31

Aras, Augusto 12, 14, 15, 16, 17, 18, 19, 20, 22, 23, 24, 26, 27, 29, 30, 36, 37, 38, 39, 40, 41, 42, 44, 48, 49, 50, 51, 52, 57, 58, 59, 60, 62, 64, 65, 72, 74, 86, 87, 90, 96, 100, 101, 104, 105, 116, 140, 141, 153, 154, 172, 174, 188, 195, 196, 197, 208, 209, 229, 231, 232, 238, 239, 242, 243, 245, 247, 248, 250

Aras, Roque 12, 50

Araújo, Ernesto 132

Araújo, Ernesto Henrique Fraga 135

Araújo, Lindôra 47, 68, 72, 74, 83, 85, 98, 99, 100, 103, 104, 155, 181, 209

Araújo, Lindôra Maria 71, 82

Assunção, Jonathas 211

Azevedo e Silva, Fernando 165, 168, 169, 188

Azevedo, Luciano Dias 135, 138

Aziz, Omar 140, 148, 160

B

Baena, Daniel Garrido 135

Baptista Jr., Carlos 210

Baptista Jr., Carlos de Almeida 169

Baptista, Carlos de Almeida 174

Barbosa, Alexandre Espinosa 104

Barbosa, Alexandre Espinosa Bravo 61

Barbosa, Ilques 169

Barbosa, Joaquim 238

Barros, Filipe 218

Barros, João Paulo F. 135

Barros, Ricardo 140, 160

Barros, Ricardo José Magalhães 134, 136, 138, 143, 144

Barros, Rodrigo Janot Monteiro de 63

Barroso (Roberto) 222, 228, 229

Barroso, Luis Roberto 144, 178, 182, 216

Bastos, Marcus Vinícius Reis 148

Batista Júnior, Pedro Benedito 134

Batista, Wesley 104, 105

Battisti, Cesare 228

Bento, Ronaldo 210

Bermudez, Antônio Carlos 169

Bianco, Bruno 178, 197, 211, 225

Biden, Joe 183

Bigonha (Antônio) 47

Bigonha, Antônio Carlos 46

Blanco, Marcelo 135

Bogo, Joel 77

Bolsonaro (Jair) 22, 30, 37, 46, 49, 126, 127, 130, 157, 158, 159, 171, 176, 179, 180, 185, 187, 208, 210, 211, 233, 238, 240, 242, 255, 256

Bolsonaro, Carlos 51, 134

Bolsonaro, Eduardo 134

Bolsonaro, Eduardo Nantes 144

Bolsonaro, Flávio 134, 136

Bolsonaro, Flávio Nantes 144

Bolsonaro, Jair 11, 15, 18, 19, 20, 21, 24, 25, 26, 28, 29, 35, 38, 39, 40, 41, 47, 48, 50, 51, 52, 57, 62, 110, 112, 113, 114, 115, 117, 118, 124, 125, 128, 129, 131, 132, 141, 153, 165, 166, 167, 168, 172, 174, 178, 181, 182, 184, 186, 188, 189, 191, 195, 196, 197, 199, 200, 207, 209, 215, 216, 217, 220, 222, 224, 225, 226, 230, 231, 232, 234, 235, 236, 237, 239, 239, 241, 244, 245, 246, 247, 248, 250, 253, 254

Bolsonaro, Jair Messias 31, 134, 143, 144, 145, 198, 212, 213, 214, 221

Bolsonaro, Michelle 234

Bonsaglia, Mário 49, 84

Braga Netto, Walter Souza 134, 143, 213

Branco, Paulo Gonet 15, 104

Brasil, Raimundo Nonato 135, 136

Britto, Carlos Alberto 210

Bulla, Beatriz 246

C

Cadegiani, Flávio Adsuara 135

Calheiros, Renan 132, 133, 140, 148

Callegari, André 103
Callou, Adonis 47
Camargo, Felipe 77
Campião, Luiz Armando 63
Campos, Francisco 211
Cancellier, Luiz Carlos (reitor da UFSC) 43
Cardoso, Fernando Henrique 131, 173, 238, 250, 253
Cardozo, Joaquim 35
Carla Guerra 134
Carlos (sobrenome não especificado) 133
Carvajal, General 215
Carvalhido, Eunice 161
Carvalho, Cristiano Alberto Hossri 135
Carvalho, Tarcísio Vieira de 13, 14, 15
Castilho, Ela Wiecko de 45
Castro, Cláudio 176, 178
Catarina, Áurea 95
Caxias, Duque de 181
Célio (não especificado) 222
Chateaubriand, Hindemburgo 47
Cid, Mauro 28, 29, 37, 165, 211, 225, 231, 240, 244, 245, 250
Cid, Mauro Cesar 214
Correa, Camargo (construtora) 44
Costa, André de Sousa 210
Costa, Lúcio 249
Costa, Rui 13, 24, 240, 249
Coutinho, Paulo 177

Cruz e Alves, Adler Anaximandro de 211
Cunha, Eduardo 131

D

Dallagnol (Deltan) 68, 87, 88, 99, 16, 51, 63, 65, 72, 73, 77, 82, 86, 89, 93, 98
Dallagnol, Deltan Martinazzo 85
Dallou, Blal 49
Datena, José Luiz 114
Delgado, Célia 47, 154, 155
Delgado, Célia Regina Souza 86
Deltan (Dallagnol) 92, 94, 96
Dias, Gonçalves 25, 240
Dias, Roberto 132
Dias, Roberto Ferreira 135, 136
Dilma (Rousseff) 118, 130
Diniz, Antonio 77
Dodge, Raquel 16, 36, 37, 40, 46, 59, 62, 64, 93, 97, 99
Doria, João 131, 175, 179
Dulce (Irmã Dulce) 41

E

Eduardo (sobrenome não especificado) 133
Eneas, Paulo de Oliveira 135
Esper, Rodrigo 133, 134
Eustáquio, Bruno 210
Eustáquio, Oswaldo 135

F

Facchini, Maria Iraneide Olinda Santoro 17, 100

Fachin (Edson) 222, 228, 229,
Fachin, Edson 216, 220
Fakhoury, Otávio 133
Fakhoury, Otávio Oscar 135
Faria, Célio 211
Faria, Fábio 28, 29, 211, 237, 238, 244, 245, 246
Faria, Marconny Nunes Ribeiro Albernaz 135, 144
Felitti (Guilherme) 183
Felitti, Guilherme 182
Fernandes, Mário 210, 213, 223
Ferreira, Daniel de Oliveira 211
Figueiredo, Rogério 178
Filho, Antônio Elcio Franco 135, 136, 143
Filho, Élcio Franco 145
Filho, Olímpio Mourão 232
Flávio (Bolsonaro) 132
Fontelles, Cláudio 52, 66, 97
Fraga, Alberto 38, 39, 50
França, Carlos 226
Franco, Itamar 131
Franco, Marielle 168, 179
Frischeisen, Luíza 49
Fux (Luiz) 189
Fux, Luiz 22, 145, 156, 187, 188, 190, 196, 233

G

Galvão, Ilmar 13
Galvão, Paulo 77
Garnier, Almir 169, 174, 231
Ghebreyesus, Tedros Adanon 109

Goidanich, Roberto 135
Gomes, Anderson 168, 179
Gomes, Eduardo 213
Gomes, Freire 208, 231, 232, 233
Gomes, Marco Antônio Freire 207, 211, 230
Gonet, Paulo 47
Goulart, João 232
Guedes, Paulo 129, 211
Guimarães, Ulysses 39
Gurgel, Roberto 39, 66

H

Haddad, Naief 183, 184
Haddad, Naief
Hang, Luciano 51, 133, 135, 234
Heleno, Augusto 210, 223
Heleno, Augusto
Henche, Lucas Pauperio 81
Henrique, Fernando 118
Henrique, Fernando (FHC) 38

I

Igarashi, Fernanda de Oliveira 135
Inácio, Genival 23

J

Jabur, Alexandre 77
Jacques (Humberto Jacques) 175
Jacques (Humberto) 62, 18, 59, 60, 61, 64, 87, 180, 196, 200
Janot (Rodrigo) 18, 96, 99

Janot, Rodrigo 16, 17, 36, 40, 42, 43, 46, 59, 60, 62, 64, 66, 73, 90, 97, 100

Jefferson, Roberto 135

Jobim, Nelson 238, 239

Joesley (Batista) 17, 104, 105

Jordy, Carlos 134, 183

Jr., Baptista 230, 231, 233

Júnior, Carlos Roberto Coelho de Mattos 145

Júnior, José Odilon Torres da Silveira 135

K

Kicis, Bia 133, 134, 183

Kirchner, Cristina 215

Krieger, Sandra 154, 155

Kubitschek, Juscelino (aeroporto) 29, 246

Kubitschek, Juscelino (ex-presidente) 51

Kuster, Bernardo 135

L

Lacerda, Aleksander 175

Lacerda, Aleksander Toledo 179

Leite, Joaquim Álvaro Pereira 211

Leite, Maíra 80

Lewandowski, Ricardo 66, 144

Lima, Andreia da Silva 135, 136

Lima, Carlos Fernando dos Santos 81

Lindner, Júlia 246

Lindôra (Araújo) 73, 84, 159

Lira, Arthur 233

Lopes, Anselmo Henrique Cordeiro 94

Lopes, Marcelo Antônio C. Queiroga 134

Lopes, Marcelo Antônio Cartaxo Queiroga 143, 145

Lorenzoni, Onyx 132

Lorenzoni, Onyx Dornelles 134, 144

Lúcia, Cármen 143, 199

Lula (Luiz Inácio Lula da Silva) 24, 26, 27, 29, 94, 118, 159, 180, 185, 209, 216, 217, 233, 235, 238, 239, 243, 244, 245, 247, 249

M

Magalhães, Simas 210

Maia (Rodrigo) 115, 36, 46, 114, 117, 118, 130

Mandetta, Luiz 114, 155

Mandetta, Luiz Henrique 18, 113, 127

Marcos (delegado de Polícia Federal) 83

Marques, Kássio Nunes 149, 238

Marques, Nunes 144

Martello, Orlando 77

Martínez, Viviane 86, 87, 94

Martínez, Viviane de Oliveira 93

Martins, Carlos Wizard 135, 138

Martins, Filipe G. 135

Martins, White (fabricante de insumo médico) 128, 129

Matsuda, Yuri (general) 188

Maximiano, Francisco 132, 144

Maximiano, Francisco Emerson 135, 136, 140

Medeiros, Humberto Jacques de 16, 17, 22, 57, 58, 89, 90, 96, 97, 99, 172, 174, 195, 199, 209

Medeiros, Sérgio Ricardo Cavaliere de 225

Medrades, Emanuela Batista de Souza 135, 136

Mello, Marco Aurélio Farias de 15

Mendes, Gilmar 13, 14, 15, 22, 36, 45, 152, 160

Mesquita, Herbert Reis 103

Monteiro, José Múcio 239, 247, 248

Montes, Marcos 211

Moraes (Alexandre de) 223, 243, 22, 23, 25, 26, 27, 28, 102, 174, 178, 179, 181, 182, 183, 187, 190, 191, 193, 194, 196, 197, 198, 199, 210, 212, 216, 225, 233, 236, 238, 240, 241, 242/243, 244, 245, 248

Morales, Evo 215

Moro (Sergio) 96

Moro, Sergio 13, 14, 16, 19, 47, 48, 49, 51, 68

Mouco, Elsinho 198

Moura, Maria Thereza de Assis 230, 231

Mourão (Hamilton) 130, 190

N

Nascimento, Gilberto 28, 244, 245

Netto, Braga 169, 170, 174, 190, 210, 220, 230, 233, 235

Netto, Hélio Angotti 143

Netto, Walter Braga 132, 168, 188, 207

Neves, Aécio 20

Niemeyer, Oscar 35, 249

Nigri, Meyer 50

Nobre (Marcos) 184

Nobre, Freitas 183

Nobre, Marcos 183, 188, 207, 234

Nóbrega, Adriano da 179

Nogueira, Ciro 28, 29, 237, 238, 244, 245

Nogueira, Paulo Sérgio 167, 170

Noronha, Júlio 77

Nunes, Felipe 236

O

Odebrecht (construtora) 18, 44, 65, 103

Oikawa, Fernando 134

Oliveira, Carla Zambelli Salgado de 145

Oliveira, Jorge 238, 239

Oliveira, José Carlos de 211

Oliveira, Paulo Sérgio de 174

Oliveira, Paulo Sérgio Nogueira de 181, 207, 208, 211, 213, 220, 221, 222

P

Pacheco, Rodrigo 132, 178, 182, 233

Paludo, Januário 68, 72, 98

Parrillo, Eduardo 135
Parrillo, Fernando 135
Paula (procuradora-chefe do Paraná) 83
Paulino, Galtiênio 84
Paulino, Galtiênio da Cruz 72
Pazuello (Eduardo) 128
Pazuello, Eduardo 19, 127, 132, 134, 143, 144, 145, 155, 160
Penha, Maria da (Lei) 58, 59, 65
Pereira, Augusto Heleno Ribeiro 213
Pereira, Luiz Paulo Dominguetti 135
Pinheiro, Mayra 132
Pinheiro, Mayra Isabel Correia 134
Pires, César Matta (sócio controlador da empreiteira OAS) 44
Pires, Luiz Henrique Marinho 178
Pivetta, Otaviano 176
Pozzer, Richards 135
Pujol, Edson 166
Pujol, Edson Leal 169

Q
Queiroga, Marcelo 129, 132, 211

R
Ramos, Elizeta Maria de Paiva 71, 74, 82
Ramos, Elizeta Paiva 47
Ramos, Maria Elizeta de Paiva 104
Randolfe (Rodrigues) 160

Reis, Anselmo 103
Reis, Herbert 104
Reis, Rinaldo 65
Reis, Sérgio 179, 180
Renan (Calheiros) 160
Ribeiro, Mauro Luiz de Brito 134, 139
Rocha, Ibaneis 189, 243
Rodrigues, Randolfe 140, 148, 199
Rodrigues, Randolph 200
Roosevelt, Franklin D. 21
Rosângela (esposa de Lula) 27
Rosário, Wagner 210
Rosário, Wagner de Campos 134, 144
Rousseff, Dilma 13, 20, 36, 40, 66, 117, 119, 167, 197, 238
Ruschel, Leandro 135

S
Sá, Carlos Alberto de 135, 136
Sá, Teresa Cristina Reis de 135, 136
Sachsida, Adolfo 210
Santana, José Ricardo 135
Santini, José 210
Santoro, Maria Iraneide 102, 104
Santos, Allan dos 183
Santos, Allan Lopes dos 135
Santos, Carlos Frederico dos 100
Santos, Marcos Ferreira dos 72, 84
Santos, Silvio 28, 51
Santos, Victor Riccely dos 103

Sarney, José 166

Sérgio, Paulo 215

Silva, Azevedo e 166, 167, 170, 171

Silva, Carlos Moisés da 176

Silva, Daniella de Aguiar Moreira da 135

Silva, Edinho 248

Silva, Luiz Inácio Lula da 14, 21, 23, 25, 30, 37, 44, 48, 66, 97, 207, 224, 228, 234, 236, 240, 241, 248

Silva, Lula da 215

Silva, Marcos Tolentino da 135, 136

Silva, Rosângela da 234

Silveira, Daniel 202

Silveira, Túlio 135, 136

Soligo, Airton Antonio 135

Sordi, Beatriz Kicis Torrents de 144

Sousa, Marcelo Rebelo de 233

Souza, Antônio Fernando de 39, 66

Souza, George Washington de Oliveira 29, 246

T

Teich, Nelson 19, 127

Temer, Michel 36, 40, 118, 149, 168, 196, 197, 198, 225

Terra, Osmar Gasparini 134, 138, 143, 144

Tessler, Laura 77

Thá, Paula Cristina 71, 84

Toffoli (Dias) 24, 28, 130, 232, 239, 244

Toffoli, Dias 14, 18, 22, 23, 25, 26, 27, 29, 30, 38, 102, 143, 167, 172, 173, 174, 187, 197, 209, 238, 240, 242, 243, 245, 247, 248, 249, 250, 253

Toffoli, José Antônio Dias 13, 37, 103, 231

Tomaz, Técio Arnaud 135

Torres, Anderson 27, 210, 213, 217, 218, 219, 220, 231, 236, 240, 242, 243

Trauman, Thomas 236

Trento, Danilo Berndt 135, 136

Trump, Donald 112, 113, 183

V

Valério, Marcos 215

Vargas, Getúlio 209

Vasques, Silvinei 236

Veiga, Victor Godoy 210

Vitor (não especificado) 223

Viviane (Matínez) 95

W

Wagner, Jacques 13, 24, 240

Wajngarten, Fábio 113, 135

Weber, Rosa 21, 143, 144, 145, 147, 249

Weintraub, Arthur 135, 138

Weitzel (Marcelo) 175, 249

Weitzel, Marcelo 22, 172, 174, 209, 229, 233, 248

Werneck, Paola 135
Wesley (Batista) 17
Witzel, Wilson 176, 178
Wizard, Carlos 133
Wong, Anthony 136

X
Xavante, José Acácio Tserere 27,
242

Y
Yamaguchi, Nise 133, 136
Yamaguchi, Nise Hitomi 135,
138

Z
Zambelli, Carla 133, 134, 182
Zanotto, Paolo 133
Zanotto, Paolo Marinho de
Andrade 135, 138

• A SAGA •
TRAPAÇA

....
KIT COM OS TRÊS VOLUMES
....

Saga política no universo paralelo brasileiro: uma devassa eletrizante nos bastidores dos governos de Collor, Itamar, FHC, Lula e Dilma. Agora reunidos, os três volumes da saga de Luís Costa Pinto percorrem quase 30 anos de nossa história, retratando de forma impiedosa personagens grandiosos e também repulsivos do cenário político. **Jornalismo literário da melhor qualidade.**

VOLUME 1

FERNANDO COLLOR

Pela primeira vez, o jornalista Luís Costa Pinto – que há quase 30 anos deu início ao processo que resultou no *impeachment* do presidente Collor – revela os bastidores de uma investigação dramática, num tempo em que nem a Polícia Federal nem o Ministério Público estavam aparelhados para cumprir com o papel que exercem hoje. Da entrevista de Pedro Collor que deflagrou o processo de *impeachment* até o assassinato de PC Farias, um *thriller* eletrizante, com prefácio do professor Renato Janine Ribeiro.

VOLUME 2

....

ITAMAR FRANCO
FERNANDO HENRIQUE CARDOSO

....

O enredo do volume 2 de "Trapaça" começa horas antes do ponto em que se encerra a história do volume 1. O diapasão temporal vai da madrugada do dia 1º de outubro de 1992, quando Itamar Franco assume a Presidência da República, substituindo Fernando Collor, que passava a responder a um processo de *impeachment*, até a segunda-feira de 26 de abril de 1999, já no governo de FHC, quando o ex-presidente do Banco Central, Francisco Lopes, sai preso do Senado Federal, acusado de malfeitos.

VOLUME 3

LULA E DILMA
ATÉ A VÉSPERA DO GOLPE

Ao longo dos seis capítulos do Volume 3, o leitor acompanha a trajetória final do jornalista Luís Costa Pinto nas redações formais da mídia tradicional brasileira e fica sabendo por que ele deixou a revista *Época*, que ajudara a criar em 1998, quando um diretor de redação tentou mudar uma entrevista do Senador Antonio Carlos Magalhães para proteger o presidente Fernando Henrique Cardoso de denúncias que o ex-aliado vinha fazendo. Uma devassa impressionante nas redações da chamada grande imprensa, com suas qualidades e ações danosas contra os próprios leitores.

INFORMAÇÕES SOBRE A
GERAÇÃO EDITORIAL

Para saber mais sobre os títulos e autores
da **GERAÇÃO EDITORIAL**,
visite o *site* www.geracaoeditorial.com.br
e curta as nossas redes sociais.

Além de informações sobre os próximos lançamentos,
você terá acesso a conteúdos exclusivos
e poderá participar de promoções e sorteios.

🏠 geracaoeditorial.com.br

f /geracaoeditorial

🐦 @geracaobooks

📷 @geracaoeditorial

Se quiser receber informações por *e-mail*,
basta se cadastrar diretamente no nosso *site*
ou enviar uma mensagem para
imprensa@geracaoeditorial.com.br

GERAÇÃO EDITORIAL

Rua João Pereira, 81 — Lapa
CEP: 05074-070 — São Paulo — SP
Telefone: (+ 55 11) 3256-4444
E-mail: geracaoeditorial@geracaoeditorial.com.br

Impressão e Acabamento | Gráfica Viena
Todo papel desta obra possui certificação FSC® do fabricante.
Produzido conforme melhores práticas de gestão ambiental (ISO 14001)
www.graficaviena.com.br